Peter Simm
Silvia Sussmann

MIT DEM WOHNMOBIL NACH SLOWENIEN

Die Anleitung für einen Erlebnisurlaub

Ohne unseren Perfektionisten Frank B. Meichelböck hätten wir es auch diesmal nicht geschafft. Herzlichen Dank alter Freund!

DER WOHNMOBIL-VERLAG
D-98634 Mittelsdorf/Rhön

Bibliografische Information der Deutschen Bibliothek

Die Deutsche Bibliothek verzeichnet diese Publikation in der Deutschen Nationalbibliografie.
Detaillierte bibliografische Daten sind im Internet über <http://dnb.ddb.de> abrufbar.

Titelbild: Schloss Otočec
Innenbild: Am Wanderweg zur Ribniška koča

Neu bearbeitete und erweiterte 5. Auflage 2017

Druck:
www.schreckhase.de

Vertrieb:
GeoCenter ILH, 70565 Stuttgart

Herausgeber:
WOMO-Verlag, 98634 Mittelsdorf/Rhön
Position: N 50° 36' 38.2" E 10° 7' 55.6"

Fon: 0049(0)36946-20691
Fax: 0049(0)36946-20692
Autoren-eMail: Simm@womo.de
Verlags-eMail: verlag@womo.de
Internet: www.womo.de

Alle Rechte vorbehalten
Alle Angaben ohne Gewähr

ISBN 978-3-86903-565-9

EINLADUNG

Das kleine Wörtchen „Urlaub" besitzt etwas Magisches. Kaum ausgesprochen oder auch nur angedacht, zaubert es potentiellen Anwärtern ein Lächeln ins Gesicht. Beschäftigt man sich eingehender mit diesem Thema, kann es passieren, dass die Hochstimmung wie eine Seifenblase zerplatzt. Die einzelnen Mitglieder so mancher Familie möchten die Prioritäten unterschiedlich gesetzt wissen. „Sie" möchte natürlich ans schöne blaue Meer, baden, sich in der Sonne aalen und dem Rauschen des Meeres lauschen. „Er" bevorzugt die Bergwelt, liebt schroffe Felsen und sanfte Hügel und will sich beim Wandern erholen. In die Berge oder ans Meer - diese alte Grundsatz-Diskussion erübrigt sich, fasst man Slowenien als Reiseziel ins Auge!

Wir sind sicher, jeder findet hier das Gewünschte und die verschiedenen Interessen lassen sich gar prächtig unter einem Hut vereinen. Der vermeintliche Spagat ist wirklich nicht so groß, die Entfernungen zwischen den alpinen Bergregionen und den Stränden des Mittelmeers sind leicht zu bewältigen. Slowenien nur auf Berge und Meer zu reduzieren, wäre allerdings fatal. Die Gesichter dieses kleinen Staates sind überaus vielfältig - Sie werden überrascht und erstaunt sein! Besuchen Sie mit uns die topgepflegten Thermalbäder und genießen Sie die heilende Wirkung des warmen Wassers. Schlendern Sie mit uns durch altehrwürdige Städte und erfreuen Sie sich an deren imposanten Bauwerken und wertvollen Kunstschätzen. Für Blumenliebhaber empfehlen sich herrliche Parkanlagen, die zu jeder Jahreszeit ein anderes farbenprächtiges Kleid präsentieren. Zahlreiche Höhlen warten darauf, von Ihnen erkundet zu werden, darunter auch die ausgedehnte und weltberühmte Unterwelt von Postojna. Natürlich können Sie auch Radeln, Reiten, Golfen, Raftingtouren unternehmen, Gleitschirmfliegen und und und...

Mitten im Herzen Europas liegt ein kleines, aber feines Land, das nur darauf wartet, von Ihnen entdeckt zu werden. Vieles ist noch ursprünglich, kaum bekannt und könnte Ihren Pioniergeist wecken.

Begrüßen Sie Slowenien – es lohnt sich.

Ihr

Peter Simm

Sehr geehrter Leser, lieber WOMO-Freund!

Reiseführer sind für einen gelungenen Urlaub unverzichtbar – das beweisen Sie mit dem Kauf dieses Buches. Aber aktuelle Informationen altern schnell, und ein veralteter Reiseführer macht wenig Freude.

Sie können helfen, Aktualität und Qualität dieses Buches zu verbessern, indem Sie uns nach Ihrer Reise mitteilen, welchen unserer Empfehlungen Sie gefolgt sind (freie Stellplätze, Campingplätze, Wanderungen, Gaststätten usw.) und uns darüber berichten (auch wenn sich gegenüber unseren Beschreibungen nichts geändert hat).

Bitte füllen Sie schon während Ihrer Reise das Info-Blatt am Buchende aus und senden Sie es uns <u>sofort nach Ihrer Rückkehr</u> zu (per Brief, Fax oder formlos als eMail). Dafür gewähren wir Ihnen bei Ihren nächsten Buchbestellungen direkt beim Verlag ein Info-Honorar von 10%.

Bitte schreiben Sie evtl. Korrekturen auch in unser Forum unter: forum.womoverlag.de

Um die freien Übernachtungs- und Campingplätze auf einen Blick erfassen zu können, haben wir diese im Text in einem Kasten nochmals farbig hervorgehoben und, wie auf den Karten, fortlaufend durchnummeriert. Wir nennen dabei wichtige Ausstattungsmerkmale und geben Ihnen eine kurze Zufahrtsbeschreibung. "Max. WOMOs" soll dabei andeuten, wie viele WOMOs dieser Platz maximal verträgt und nicht, wie viele auf ihn passen würden (schließlich gibt es auch Einwohner und andere Urlauber)!

Übernachtungsplätze mit **B**ademöglichkeit sind mit hellblauer Farbe unterlegt. **W**anderparkplätze sind grün gekennzeichnet. **P**icknickplätze erkennen sie an der violetten Farbe. Auf Schlafplätzen, denen die gerade genannten Merkmale fehlen – also auf einfache **S**tellplätze – weist die Farbe Gelb hin.

Empfehlenswerte **C**ampingplätze haben olivgrüne Kästchen. Wanderungen, die wir Ihnen besonders ans Herz legen möchten, haben wir hellgrün unterlegt.

Und hier kommt das Kleingedruckte:

Jede Tour und jeder Stellplatz sind von uns meist mehrfach überprüft worden, wir können jedoch inhaltliche Fehler nie ganz ausschließen. Bitte achten Sie selbst auf Hochwasser, Brandgefahr, Steinschlag und Erdrutsch!

Verlag und Autoren übernehmen keine Verantwortung für die Legalität der veröffentlichten Stellplätze und aller anderen Angaben. Unsere Haftung ist, soweit ein Schaden nicht an Leben, Körper oder Gesundheit eingetreten ist, ausgeschlossen, es sei denn, unsere Verantwortung beruht auf Vorsatz oder grober Fahrlässigkeit.

INHALTSVERZEICHNIS

Gebrauchsanleitung

für einen Erlebnisurlaub 6

Anreisewege 8

12 Touren durch Slowenien

Tour 1: Goldhorns Reich 12

Tour 2: Ruhe und quirliges Leben 36

Tour 3: Geheimnisvolle Täler 60

Tour 4a: Ab durch die Mitte 76

Tour 4b: Querschüsse 92

Tour 5: Kunst, Kultur und Kohle 102

Tour 6: Sonne, Wein und warme Quellen 126

Tour 7: Heilendes Nass mit Badespaß 150

Tour 8: Stadt, Land, Fluss 170

Tour 9: Wälder und Höhlen 184

Tour 10: Dunkle Grotten und viel Meer 202

Tour 11: Mediterraner Duft und klare Bergesluft 220

Tipps von A - Z 248

Packliste 278

Stichwortverzeichnis 280

Tourenübersicht 289

Gebrauchsanleitung für einen Erlebnisurlaub

Slowenien präsentiert sich als Ferienland mit vielen Vorteilen und Qualitäten. Kommt man nicht gerade aus dem hohen Norden, so lässt sich das Ziel an einem Tag erreichen, langersehnte Urlaubswünsche finden also eine schnelle Erfüllung. Auf relativ kurzen Wegen kann man eine Fülle von Attraktionen „erfahren". Das Land bildet eine Schnittstelle zwischen den Kulturen und vereint dadurch österreichische Gemütlichkeit mit osteuropäischem Charme, bietet aber auch südländisches Flair. Eigenen Aktivitäten sind kaum Grenzen gesetzt. Von leichten Spaziergängen über erlebnisreiche Wanderungen bis hin zu extremen Klettertouren und allerlei Sportarten - alles ist möglich. Zur Erfrischung kann man anschließend ins klare Wasser eines Bergsees eintauchen oder sich vielleicht sogar von den Wellen der Adria schaukeln lassen. In den Dörfern und Städten erwarten Sie prachtvolle Kulturschätze aus verschiedenen Epochen. Sollte das Wetter einmal nicht so ganz mitspielen, dann steigen Sie hinab in die Unterwelt der Höhlenlabyrinthe und besuchen die Berggeister und Trolle. Die **Postojnska jama** (Adelsberger Grotte) ist mit 23 km erforschter Länge die weitläufigste der unterirdischen Welten.

Es gibt freilich auch eine stolze Anzahl nicht ganz so großer Höhlen, die viel Interessantes und Überraschendes bieten. Nicht entgehen lassen sollten Sie sich einen Besuch der **Škocjanske jama** (Grotte von St. Kanzian), nahe dem kleinen Dörfchen ŠKOCJAN. In schwindelerregender Höhe läuft man entlang der Felsen und überblickt einen weitläufigen Canyon, auf dessen Grund sich zwei tosende Flüsse vereinen.

Ein weiterer Tipp - falls Petrus mal der Urlauberschar nicht gewogen ist - wäre der Besuch eines Thermalbades. Thermen gibt es in vielen Teilen des Landes, die höchste Konzentration der Heilbäder befindet sich aber in den östlichen Gebieten. Praktisch alle Anlagen wurden in den letzten Jahren saniert und präsentieren sich in gutem Zustand.

Auf unseren Touren stellen wir Ihnen bekannte und weniger bekannte Sehenswürdigkeiten vor. Wir haben uns bemüht, auch nicht so auffällige und berühmte Dinge am Wegesrand zu sehen. Gerade solche „stillen" Entdeckungen tragen dazu bei, dass man sich gerne an die Urlaubszeit zurückerinnert. Um zu dem Ergebnis zu kommen, welches Sie anschließend lesen werden, wandten wir viele Wochen Zeit auf. Wir bereisten Slowenien von Frühjahr bis Herbst und bastelten daraus ein umfangreiches **Tourenpaket**. Nach Lust und Laune lassen sich die Touren abkürzen oder miteinander kombinieren.

Um auf einen Blick das Wichtigste erfassen zu können, haben wir jeder unserer Touren eine Übersicht vorangestellt. Ebenso finden Sie am Anfang der Tourenbeschreibungen **Übersichtskarten** mit der Streckenführung und der Markierung der **Wander-**, **Bade-**, **Picknick-** und sonstigen **Stellplätze**. Eingezeichnet sind natürlich auch günstig gelegene **Campingplätze**, prägnante **Sehenswürdigkeiten** und **Wasserzapfstellen**. Obwohl wir uns bei den Skizzen um Genauigkeit bemüht haben, können diese keine detailgerechte Information bieten und somit keine Straßenkarte ersetzen. Bei längeren Touren haben wir regelmäßig **Entfernungsangaben** vermerkt. So wissen Sie auf Anhieb, wie weit zwei markante Punkte auseinander liegen. Sehen Sie bitte diese Angaben nur als Anhaltspunkte und nicht als absolut korrekt an.

Die schnelle Auffindung des jeweiligen **Übernachtungsplatzes** ist von großer Bedeutung. Wir haben uns um eine akribisch genaue **Zufahrtsbeschreibung** bemüht. Exakte Angaben und kurz gehaltene Streckenabschnitte lotsen Sie zuverlässig zum Schlafplätzchen Ihrer Wahl. Ist eine Toilette vorhanden, setzen wir Sie davon in Kenntnis. Gibt es anderweitige sinnvolle Einrichtungen in der Nähe, erfahren Sie auch das von uns. Über eventuell anfallende Gebühren informieren wir Sie ebenfalls.

Nach Möglichkeit geben wir Ihnen auch die verschiedenen **Eintrittsgebühren** für Burgbesichtigungen, Museumsbesuche, Benutzung der Thermalbäder und Ähnliches an.

Unseren Touren haben wir einen **Informationsteil** angehängt. Lesen Sie diesen bitte vor Ihrer Reise möglichst vollständig durch, denn vieles in unseren Tourenbeschreibungen baut darauf auf. Örtliche Gegebenheiten können sich verändern. Teilen Sie uns deshalb Ihre eventuellen abweichenden Erfahrungen (besonders zu den einzelnen Übernachtungsplätzen) mit. Sie helfen uns damit, unseren Führer zu aktualisieren. Vielleicht kennen oder entdecken Sie weitere schöne Plätzchen. Schreiben Sie uns doch bitte!

<u>Unsere Adresse:</u> Peter Simm / Silvia Sussmann, Gränzendorfer Straße 19, D-87600 Kaufbeuren, Tel./Fax: 08341/68609, E-Mail:Simm@WOMO.de.

<u>Last but not least:</u> Slowenien ist seit vielen Jahren eigenständig und gehört zur EU. Die Zugehörigkeit zu Jugoslawien - das war einmal! Das Land blieb von den Kriegen und Unruhen der jüngeren Vergangenheit gänzlich unberührt, und es gibt keine Krisengebiete. Der Slowene schätzt seine Identität und möchte diese bewahrt wissen. Bitte denken Sie daran!

Wir wünschen Ihnen einen erholsamen Urlaub mit vielen spannenden Abenteuern!

Die Anreise

Mittlerweile gibt es etliche, gut ausgebaute Straßen, die ans Ziel der Urlaubsträume führen. Allerdings sind diese manchmal auch verstopft, vorwiegend natürlich in den Ferienzeiten. Auch durch die auf Grund der Flüchtlingsproblematik wieder eingeführten Grenzkontrollen kann es Wartezeiten geben. Betroffen sind vor allem die großen Übergänge.
Wichtig: Sloweniens Autobahnen sind mautpflichtig (siehe Straßenverhältnisse/Straßenverkehr unter Tipps von A bis Z).
Je nach Gusto kann man eine schnelle Hauptverbindung nutzen oder gemäß dem Motto „der Weg ist das Ziel" agieren. Nachstehend finden Sie eine Reihe von Routenvorschlägen. Wir hoffen, dass wenigstens ein Volltreffer auch für Sie dabei ist! Die Einreise nach Slowenien ist an vielen Grenzübergängen möglich. Auf welchen schließlich die Wahl fällt, hängt natürlich davon ab, welche Region Sie sich auserkoren haben bzw. wo Sie vielleicht unsere Spur aufnehmen möchten.
Die wohl beliebteste Route führt über die Autobahn MÜNCHEN, SALZBURG, VILLACH und den **Karawankentunnel**. Das Licht am Ende des Tunnels stammt bereits aus slowenischen Gefilden! Für die Benutzung der **österreichischen Autobahn** ist der Kauf einer **Vignette** nötig (8,80 EUR für das 10-Tage-Pikkerl - siehe auch unter Österreich-Maut bei Tipps von A bis Z), zusätzlich werden Sie für die Durchfahrt des 6,4 km langen **Tauerntunnels** und des **Katschbergtunnels** (5,5 km Länge) mit 11,50 EUR zur Kasse gebeten. Die Passage der **Karawanken-Röhre** (8,9 km Länge) schlägt mit 7,20 EUR zu Buche. Für die Strecke von MÜNCHEN bis zur slowenischen Grenze sind ca. 340 km zu veranschlagen, der Straßenzustand ist gut. Leider muss mit Stauungen gerechnet werden. Stark betroffen sind häufig die langen Tunnel. Bei hohem Verkehrsaufkommen herrscht hier Blockabfertigung, was zu erheblichen Wartezeiten führen kann. Seit dem Sommer 2011 ist die Situation durch die Eröffnung einer zweiten Tunnelröhre im Tauerntunnel (zumindest etwas) entspannter geworden. Achten Sie vorher auf die Meldungen des Verkehrsfunks oder Ihres Navis. Nur so können Sie rechtzeitig einem drohenden Stau entfliehen und sich auf eine Ausweichroute konzentrieren. Sitzen Sie erst einmal fest, gibt es kaum ein Entrinnen.
Von RADSTADT führt parallel zur Autobahn eine landschaftlich sehr reizvolle Strecke über den **Tauernpass** und den **Katschberg** in Richtung Süden. Nutzt man diese Alternative zumindest bis zur Ortschaft RENNWEG, so kann man den **Tauerntunnel** und die **Katschbergröhre** umgehen. Die Stra-

ße ist gut ausgebaut, kaum länger als der Weg über die Autobahn und kostenfrei zu befahren. Etliche Kurven, Kehren, Steigungen bzw. Gefällstrecken (bis 16%) drücken natürlich auf den Reiseschnitt.

Möchte man den **Karawankentunnel** umschiffen, kann man von VILLACH die Landstraße zum **Wurzenpass** (mautfrei) nehmen. Mit 1073 m Seehöhe gehört der Übergang zu den niedrigen, weist allerdings bis 18% Steigung auf. Diese Strecke ist vor allem für Besucher des **Triglav-Nationalparks** und des **Soča-Tals** zu empfehlen.

Der **Karawankentunnel** lässt sich auch auf der westlich davon gelegenen **Loibl-Passstraße** (mautfrei, max. 1369 m Seehöhe, bis 17% Steigung) umgehen.

Eine weitere Alternative nach Slowenien einzureisen, bietet der **Seebergsattel** (Jezersko). Von VILLACH orientiert man sich auf der Autobahn in Richtung KLAGENFURT und biegt dann nach EBERNDORF und EISENKAPPEL ab. Der 1218 m hohe **Seebergsattel** (max. 10% Steigung) ist mautfrei, wenig frequentiert - doch schmal und kurvenreich.

Fast ein Geheimtipp ist die Variante über die Autobahn VILLACH, KLAGENFURT und danach weiter auf der Landstraße über VÖLKERMARKT, LAVAMÜND nach DRAVOGRAD. Die Strecke weist vergleichsweise nur wenige Kurven und Steigungen auf, und Staus haben eher Seltenheitswert.

Nicht tunnelfrei, doch angenehm zu befahren und nicht ganz so stauanfällig wie die Tauernautobahn ist die **Pyrhnautobahn** in Österreich. Dazu folgt man am besten der Achse NÜRNBERG, REGENSBURG, PASSAU nach WELS, weiter durch den **Bosruck-Tunnel** (5,5 km Länge) und den **Gleinalm-Tunnel** nach GRAZ. Hier ist der fast 10 km lange und kostenfreie **Plabutsch-Tunnel** zu passieren, bevor man schließlich danach den **Grenzübergang Spielfeld** erreicht. Ideale Anfahrtsroute für Erkundungen im Osten des Landes und MARIBOR. Für das 10-Tage-Pickerl, **Bosruck- und Gleinalmtunnel,** fallen etwa 32 EUR an Gebühren an.

Die Strecke GRAZ-MARIBOR ist stark befahren, Staus daher nicht selten. Sollte es Sie erwischen, können Sie von GRAZ auf die Landstraße ausweichen und über DEUTSCHLANDSBERG den **Grenzübergang Radlpass** (Radlje) anpeilen (679 m Seehöhe, mautfrei, bis max. 18% Steigung).

Ist die **slowenische Küste** oder der Südwesten des Landes das Ziel, so empfiehlt sich die Anreise über Italien. Eine komfortable Lösung führt über die Autobahn MÜNCHEN, SALZBURG, VILLACH und weiter - ebenfalls auf der Autobahn - über UDINE nach TRIEST. Jetzt hat man Slowenien praktisch schon vor der WOMO-Tür. Diese Route erleichtert Ihr Urlaubsbudget um annähernd 35 EUR (10-Tages-Vignette, Maut für Katschberg- und Tauerntunnel, italienische Straßengebühren). In Italien und Slowenien herrscht Lichtpflicht! Vergessen Sie bitte auch nicht Warnwesten (pro Person eine) mitzunehmen und diese im Innenraum (!) aufzubewahren.

Ziehen Sie bei Ihrer Anreise eine Zwischenübernachtung in Betracht, so werfen Sie einen Blick auf die nachstehend aufgelisteten Plätze - vielleicht finden Sie etwas Passendes.

Ü1: WOMO-Stellplatz Hammer
Zufahrt: Von der A8 (München-Salzburg) nach Traunstein/Siegsdorf (Nr.112) abfahren, dann noch 5,6 km bis zum Gasthof Hörterer in Hammer.
GPS: N 47° 48' 04.3" E 12° 42' 14.5"   max. WOMOs: 5

Ü2: WOMO-Stellplatz Rupertus-Therme/Bad Reichenhall
Zufahrt: Von der A8 (München-Salzburg) nach Bad Reichenhall (Nr.115) abfahren noch 5,9 km, dann rechts (offizieller Stellplatz, 13 EUR inklusiv Strom und Kurtaxe).
GPS: N 47° 44' 03.2" E 12° 52' 32.8"   max. WOMOs: 15

Ü3: WOMO-Stellplatz Untersbergbahn in Grödig (in der Nähe von Salzburg).
Zufahrt: Von der Autobahn auf die Berchtesgadener Straße B160 in Richtung Grödig abfahren, die Seilbahn zum Untersberg ist ausgeschildert.
GPS: N 47° 43' 33.8" E 13° 02' 31.2"   max. WOMOs: 5

Ü4: WOMO-Stellplatz Märchenmeile Trebesing (nahe Gmünd)
Zufahrt: Trebesing durchfahren, im Kreisverkehr links abbiegen, danach kommt auf der rechten Seite ein Parkplatz.
GPS: N 46° 52' 51.5" E 13° 30' 36.9"   max. WOMOs: 3

Ü5: WOMO-Stellplatz Rosegg Schloss (nahe Velden)
Zufahrt: Von der Rosegger Landstraße L52 nach links in die alte Allee einbiegen, gut beschildert.
GPS: N 46° 35' 31.0" E 14° 01' 30.0"   max. WOMOs: 2

Ü6: WOMO-Stellplatz Rosegger Wildpark (nahe Velden)
Zufahrt: Die Einfahrt befindet sich ca. 250 m nach der Schlosszufahrt, gut beschildert (siehe unter Ü5).
GPS: N 46° 35' 12.2" E 14° 01' 36.5"   max. WOMOs: 3

Ü7: WOMO-Campingplatz Putterersee in Aigen
Zufahrt: von der E651 (Radstadt-Liezen) bei Burg Trautenfels rechts abfahren, noch 8,8 km (praktisch für Weiterfahrt auf der A9 in Richtung Graz).
GPS: N 47° 31' 15.7" E 14° 07' 57.4"

Tour 1 (125 km / 5-6 Tage)

Wurzenpass - Planica - Kranjska Gora - Gozd Martuljek - Mojstrana - Jesenice - Bled - Bohinjska Bistrica - Ribčev laz - Ukanc

Freies Übernachten:	Am Wurzenpass, in Planica, in Kranjska Gora und in Mojstrana.
Campingplätze:	„Natura Eco Camp" nahe Kranjska Gora, Kamne" bei Dovje, „Šobec" und „Bled" nahe Bled, „Danica" in Bohinjska Bistrica, „Zlatorag" in Ukanc.
Besichtigen:	Sprungschanze in Planica, Alpenmuseum in Mojstrana, Liznjek-Haus in Kranjska Gora, Peričnik-Wasserfall im Vrata-Tal, Kurort Bled und Umgebung, Museum in Bohinjska Bistrica, Kirche Janez Krsnik in Ribčev laz, Soldaten-Friedhof bei Ukanc, Sarvica-Wasserfall nahe Ukanc.
Wandern:	Viele Möglichkeiten in dieser Tour, vor allem im Triglav-Massiv.
Radfahren:	Mountainbiken bei Planica, Radeln zwischen Gozd Martuljek und Kranjska Gora sowie in der Umgebung von Bled.
Baden:	Im Bleder-See und im Bohinjska-See.

Tauernpass und **Katschberg** liegen bereits hinter uns, und wir nähern uns dem **Knoten Villach**. Dieser Punkt ist die letzte Möglichkeit zu entscheiden, ob man möglichst bequem über den **Karawankentunnel** nach Slowenien einreisen möchte oder ob man alternativ den erlebnisreicheren Weg über den **Wurzenpass** nimmt. Bei der zuerst genannten Strecke kann u. U. durch die (zumindest sporadisch wieder eingeführten) Grenzkontrollen der Zeitgewinn verloren gehen. Wir entscheiden uns für die zweite Variante und folgen daher der **A2** (Italien, Udine). Kaum dass wir VILLACH elegant umschifft haben, schicken uns schon die ersten Hinweisschilder in Richtung **Wurzenpass**. Auf den Wiesen leuchten goldgelb die Köpfe des Löwenzahns, und blühende Bäume malen weiße und rosafarbene Farbtupfer in die Frühjahrslandschaft. In einigen Schwüngen zieht die ordentliche Teerstraße den Berg hinan und beschert uns bald eine 18% Steigung von etwa 600 m Länge. Danach gibt es eine kleine Erholungsphase für unser WOMO, die es zulässt, im zweiten Gang durch den frischgrünen Mischwald zu turnen. Unterwegs entdecken wir den Hinweis auf ein **Bunkermuseum**. Ein weiteres kurzes Steilstück folgt, und schon ist die Passhöhe (1073 m) erreicht, an der auch die österreichisch-slowenische Grenze verläuft. Kurz

Wurzenpass: Stellplatz mit Kunstwerk

davor, nahe einer kleinen Gaststätte, die mit „Brettljause" wirbt, gibt es bei einem interessanten Kunstwerk einen Stellplatz. Dieser ist zwar in Straßennähe, doch nachts recht ruhig!

(001) WOMO-Stellplatz: Wurzenpass 1
GPS: N 46° 31' 09.1" E 13° 45' 05.8" **max. WOMOs:** 3
Ausstattung/Lage: Gaststätte / außerorts.
Zufahrt: Auf der Wurzenpasshöhe, noch kurz vor der österreich-slowenischen Grenze auf der rechten Seite.

Am Wurzenpass: Slowenien empfängt seine Besucher

Der nächste Stellplatz folgt gleich nach dem Grenzübergang. Müde Wohnmobilisten können hier einen relativ großen, aber teils schiefen Parkplatz ansteuern, um ein Stündchen oder auch länger das Haupt aufs Kissen zu betten.

---

(002) WOMO-Stellplatz: Wurzenpass 2
GPS: N 46° 30' 59.2" E 13° 45' 05.5"   **max. WOMOs:** 8
Ausstattung/Lage: Geschäft, Imbiss, Mülltonnen, Dixitoilette nahebei / außerorts.
Zufahrt: Auf der Passhöhe rechts (nach dem Grenzübergang).

Unser Tatendrang ist noch ungebrochen, deshalb gehen wir gleich den Abstieg an. Freundlicherweise hat es längst aufgehört zu regnen, und die Sonne lacht von einem strahlend blauen Himmel - wunderbar!
Schon nach 3,5 km, die auch eine 18% Gefällstrecke beinhalten, laufen wir in PODKOREN ein. Hier biegen wir rechts ab und fahren durch ein waldreiches Tal bis RATEČE. Die kleine Siedlung mit nur wenigen Häusern taucht bereits 3,5 km später auf. Wir orientieren uns nach links mit dem Ziel **Planica**. An den Wiesenrändern stehen zahlreiche Heinzen (Holzgestelle, die zur Heutrocknung verwendet werden). Um diese

Die Villa Klara in Podkoren

Jahreszeit zeigen sie sich freilich noch nackt und verwaist. Im Hintergrund bauen sich die majestätischen Berggipfel des **Triglav-Nationalparks** auf, die dieses Seitental abriegeln.
Planica ist ein weitläufiges **Skigebiet**, auf dessen **Sprungschanzen** die Weltelite zu Hause ist. Bereits anno 1936 gelang es dem Skispringer Sepp Bradel, die 100-m-Marke zu knacken. Heutzutage schafft hier ein „Flieger" - und hier springen die Besten - Weiten deutlich jenseits der 200-m-Grenze.

Planica: Die neuen Sprungschanzen

Nur 3 km nach dem Abzweig mündet die Stichstraße in einen großen Parkplatz, dessen sechs Etagen in den Hang hineingebaut sind. Ein freundlicher Parkwächter knöpft uns 5 EUR ab. Demnächst wird dessen Arbeit von Parkautomaten übernommen. Wir suchen uns ein Fleckchen mit Ausblick. Durch ein Fenster sehen wir die größte aller Sprungschanzen, das andere Fenster gegenüber offenbart uns das beeindruckende Panorama steil aufragender grauer Felsen und eilig vorbeifliegender Wolkenfetzen. In den vergangenen zwei Jahren wurde das Planicagelände neu gestaltet. Weitere Sprungschanzen kamen hinzu, zudem entstand ein futuristisch wirkendes **Informationszentrum**, das auch ein **Museum** beherbergt.

Planica - das neue Informationscenter

Bei unserem letzten Besuch (Mai 2016) standen die Arbeiten kurz vor dem Abschluss. Allerdings wird es noch ein Weilchen dauern, bis die einschneidenden Wunden, die in die Natur gerissen wurden, heilen.

(003) WOMO-Wanderparkplatz: Planica

GPS: N 46° 28' 37.8" E 13° 43' 27.5" **max. WOMOs:** 20
Ausstattung/Lage: Restaurant, Toilette (während unseres Aufenthaltes geschlossen), Bänke, Spielplatz, Mülltonnen / außerorts.
Zufahrt: Am Ende der Stichstraße nach Planica.

Ruhe und Erholung in Planica

Das Gebiet lädt ein zu schönen Spaziergängen und natürlich zu ausgiebigen Wanderungen.
Für Mountainbiker gibt es anspruchsvolle ausgewiesene Routen. Doch auch für die Ansprüche von "Otto Normalradler" ist gesorgt. Der **Fahrradweg D 2**, geteert und in gutem Zustand, verläuft prak-

tisch durch das ganze Tal bis hin zur italienischen Grenze, zumeist relativ eben an der Talsohle entlang und bietet schöne Ausblicke.

Ausgeruht starten wir am nächsten Morgen wieder durch und rollen zurück bis PODKOREN und weiter nach KRANJSKA GORA, einem beliebten Touristenort im **Sava-Dolinka-Tal** mit reichlich Platz für WOMOs.

(004) WOMO-Stellplatz: Kranjska Gora 1
GPS: N 46° 29' 11.0" E 13° 46' 39.5"   **max. WOMOs:** 12
Ausstattung/Lage: VE-Station, Gaststätten und Geschäfte in der Nähe, kostenloses Wi-Fi, sonnig / Ortsrand.
Zufahrt: Von der Hauptstraße nach Kranjska Gora abbiegen, nach 200 m rechts abzweigen, noch ca. 100 m.

Einen zweiten Stellplatz findet man nur 200 m weiter am Ortsrand. Einerseits kann man sich an der schönen Landschaft erfreuen, andererseits blickt man auch in ein wenig aufgeräumtes Haus/Firmengelände.

(005) WOMO-Stellplatz: Kranjska Gora 2
GPS: N 46° 29' 14.7" E 13° 46' 30.7"   **max. WOMOs:** 20
Ausstattung/Lage: VE-Station, Strom, Mülleimer, Gaststätten und Geschäfte in der Nähe, kostenloses Wi-Fi, teils Schatten / Ortsrand.
Zufahrt: Vom zuvor genannten Platz noch 200 m weiterfahren, dann rechts.

Beide Plätze kosten je 15 EUR für 24 Std. Benutzen Sie zum Übernachten keine anderen Parkplätze - das zieht unweigerlich Ärger nach sich!

Die Lage des Ortes ist herrlich, doch über das Erscheinungsbild des Städtchens ist unsere Meinung zunächst etwas zerrissen. Etliche große Hotelburgen und ein mondänes Casino wollen nicht so recht mit den alten Bauernhäusern und ihren hölzernen Verzierungen sowie den schnuckeligen Gärten harmonieren. Neben Supermärkten existieren Tante-Emma-Läden, vornehme Cafés teilen sich die Kundschaft mit einfachen Kneipen. Schlendert man ein Weilchen durch die Gassen, gewöhnt man sich schnell an die Gegensätze und verspürt sogar einen gewissen Charme. Der im romanischen Stil erbaute Kirchturm, dem erst viel später ein gotisches Gotteshaus hinzugefügt wurde, lenkt gekonnt von manchen Bausünden ab. Nicht weit von der Kirche entfernt erhebt sich das **Liznjek-Haus**. Es stammt aus dem 18. Jahrhundert, besticht durch einen kunstvoll verzierten Holzbalkon, die typische Bogentür, wertvolle Möbel und allerlei Gerätschaften aus dieser Zeit (täglich geöffnet von 10.00-17.00 Uhr, samstags und sonntags nur bis 16.00 Uhr, geringer Eintritt).

Ein „sagenhafter" Bock am Jasna-See

Biegt man von der Hauptstraße (202) in Richtung NOVA GORICA/VRŠIČ ab, so gelangt man nach 1,9 km an den schönen **Jasna-See**, der neben dem breiten, steinigen Bett des Flusses **Pišnica** liegt. An seinen Ufern lässt es sich herrlich faulenzen. Wer es dennoch schafft, die Augen offenzuhalten, wird mit einem atemberaubenden Bergblick belohnt. Nach der Flussbrücke rechts wartet ein kleiner, geschotterter Parkplatz auf erholungssuchende WOMO-Fahrer. Unterhalb des Platzes sprudelt ein kleiner Quell, der leider schlecht anzufahren ist, man muss also Handarbeit mit dem Kanister leisten.

---

(006) WOMO-Badeplatz: Jasna-See
GPS: N 46° 28' 29.9" E 13° 46' 55.5" **WOMOs:** 3
Ausstattung/Lage: Restaurant, kleiner Spielplatz, Mülltonnen, Wasser in der Nähe / außerorts.
Zufahrt: Von der 202 bei Kranjska Gora rechts abbiegen, noch 1,9 km.

Übernachten sollte man weder auf diesem noch auf anderen Plätzen im **Triglav-Nationalpark**. Bis vor wenigen Jahren wurde das zwar geduldet, doch mittlerweile setzt die Parkverwaltung das bestehende Verbot auch um. Man riskiert zumindest weggeschickt oder sogar mit Strafe belegt zu werden. Bitte respektieren Sie das Verbot - nicht nur im eigenen Interesse! Wenn Sie den kleinen See in Augenschein nehmen, kommen Sie unweigerlich am **Denkmal** des „**Zlatorog**", dem Steinbock mit den goldenen Hörnern, vorbei. Er ist das Wahrzeichen von KRANJSKA GORA. Die Sage, die sich um ihn rankt, wollen wir Ihnen nicht vorenthalten:

Goldhorn

Vor langer, langer Zeit breitete sich unterhalb des Berges Triglav - dem höchsten Sloweniens - ein Garten Eden aus, in dem die leuchtendsten Blumen erstrahlten. Dies war die Heimat der Schicksalsfeen und eines schneeweißen Steinbockes mit goldenen Hörnern. Das güldene Gehörn des „Zlatorog" oder „Goldhorn" genannten Bockes war der Schlüssel zu einem schier unermesslichen Schatz im Bergesinnern. Die Feen hatten Goldhorn ein Geschenk mitgegeben, die Unverwundbarkeit. Sobald eine Gewehrkugel ihn traf und der erste Blutstropfen die Erde benetzte, erblühte an dieser Stelle eine Triglavrose. Aß nun Zlatorog auch nur ein Blättchen davon, gesundete er sofort und war stärker als je zuvor. Die Jägersleut` wussten von dieser Gabe und ließen ihn unbehelligt.

Nun trug es sich zu, dass in einer Schänke in diesem herrlichen Garten ein Wirtsehepaar mit seinem Töchterlein lebte. Die junge Maid liebte einen Jägersmann, der ihrer Mutter wegen seiner Armut ein Dorn im Auge war. Eines Tages kam ein reicher, venezianischer Händler des Weges, hofierte die Tochter und überhäufte sie mit Juwelen. Der habgierigen Mutter war das sehr recht und sie ersann einen bösen Plan, um den armen Geliebten des Mädchens loszuwerden. Die Schätze des Zlatorog aus des Berges Inneren sollte dieser bringen und eine Triglavrose obendrauf - vor allem zur Winterzeit, die gerade herrschte, eine unlösbare Aufgabe! Doch der arme Jäger wollte seine Liebe nicht verlieren. So zog er los und sobald er Goldhorns ansichtig wurde, legte er an - schoss - und traf. Der erste Blutstropfen fiel auf den Schnee, eine Triglavrose erblühte. Goldhorn zupfte ein Blättchen ab und schon war er wieder auf den Beinen. Plötzlich fielen Sonnenstrahlen auf die goldenen Hörner des Steinbockes, die den Jägersmann blendeten, zu einem Fehltritt verleiteten und ihn in eine tiefe Schlucht stürzen ließen. Goldhorn aber war so aufgebracht, dass er in seinem Zorn das Paradies mit den blühenden Wiesen zerstörte und es so hinterließ, wie wir es heute kennen.

Die Wirtstochter wartete lange auf ihren Geliebten. Erst im Frühjahr ward seine Leiche angeschwemmt - mit einer Triglavrose in der erstarrten Hand...

Was ist sonst noch überliefert? Die habgierige Mutter sei mit dem reichen Händler nach Venedig gegangen. Die Schicksalsfeen und Zlatorog zogen von dannen und wurden nimmermehr gesehen. Ja, und das ist das tieftraurige Ende der Geschichte.

<u>Zu guter Letzt:</u> Fährt man auf der Haupt- bzw. Umgehungsstraße an KRANJSKA GORA vorbei, fällt der Blick auf eine Hinweistafel des Natura Eco Camps. Der Platz verfügt über eine sehr einfache Ausstattung und ist - nomen est omen - naturbelassen. Die Lage mitten im Wald ist einfach herrlich. Allerdings gestaltet sich die Zufahrt recht eng und es gibt nur kümmerliche Ausweichmöglichkeiten - also mehr ein Fall für VW-Busse und kleinere Wohnmobile. Und billig ist er auch nicht gerade!

(007) WOMO-Campingplatz-Tipp: „Natura Eco Camp" bei Kranjska Gora
GPS: N 46° 29' 29.6" E 13° 46' 50.5"
Öffnungszeit: Juni-September
Ausstattung/Lage: Reichlich Schatten, zum Zentrum von Kranjska Gora 1,3 km / außerorts.
Zufahrt: Von der Umgehungsstraße links abbiegen (Hinweistafel), noch 500 m auf schmalem Waldweg.

Unterwegs im Sava-Dolinka-Tal

Nur wenige Kilometer östlich von KRANJSKA GORA duckt sich das Dörfchen GOZD MARTULJEK unter die imposanten Felsen des 2472 m hohen **Berges Špik**. Die Häuser liegen verstreut an der Straße, und nicht wenige Urlauber schätzen das Panorama, das Ihnen hier geboten wird. Zwischen GOZD MATULJEK und KRANJSKA GORA verläuft, abseits der Straße, ein ca. 4 km langer Fahrradweg. Diese Strecke ist nicht nur praktisch, sondern auch angenehm zu befahren und bietet zudem eine wunderbare Aussicht.

Gemütlich bummeln wir weiter

auf guter Teerstraße durch das **Sava-Dolinka-Tal**. Zwischen den dunklen Fichten leuchten überall hellgrüne Laubbäume heraus, die Wiesen sind übersät mit bunten Blumen. Ab und zu versteckt sich ein Häuschen im Tann. Selten, dass sich mehrere Behausungen zu einem kleinen Weiler zusammenkuscheln. Schon nach 7,7 km taucht die Abzweigung nach MOJSTRANA auf. Wir biegen rechts ab, schlängeln uns um ein paar Hausecken herum und orientieren uns in Richtung **Aljažev dom/Vrata-Tal**. Kurz darauf machen wir eine Stippvisite im neuen **Alpenmuseum**, dem **Planinski Muzej**. Wer die Berge liebt, sollte sich eine Besichtigung nicht entgehen lassen (geöffnet täglich von 09.00-17.00 Uhr, außer am 1. Mai, Eintritt 5 EUR, Kinder 3,50 EUR).

Das Alpenmuseum in Mojstrana

Am Ortsende links, am Eingang zum **Vrata-Tal**, liegt ein kleiner geschotterter Parkplatz, an den ein Wiesenstück angrenzt. War das Plätzchen zuvor naturbelassen und auch etwas gammelig, so präsentiert es sich jetzt recht gepflegt. Von hier aus lässt es sich gut ein wenig entlang dem Flusslauf der **Bistrica** herumstreifen.

---

(008) WOMO-Wanderparkplatz: Mojstrana 1

GPS: N 46° 27' 18.7" E 13° 55' 56.1" max. WOMOs: 2
Ausstattung/Lage: Restaurant in der Ortschaft / Ortsrand.
Zufahrt: Am Weg ins Vrata-Tal, gleich am Ortsende links.

Wir folgen weiter dem Verlauf des Sträßchens, das sich jetzt einspurig, aber nicht schlecht (mit Ausweichen) und geschot-

Der Peričnik-Wasserfall

tert präsentiert. Problem stellt dies keines dar, denn der Fahrbahnzustand ist gut und die Steigung gering. Bald führt uns der Weg an zwei Häusern vorbei (kleiner Parkplatz für Wandervögel), und wenig später erreichen wir die auf 720 m Seehöhe gelegene **Slap-Peričnik-Hütte**, nahe des gleichnamigen **Wasserfalls**.

Im Umfeld der nur in der Saison bewirtschafteten Hütte finden wir einen lauschigen Parkplatz. Das Übernachten ist hier allerdings verboten, da wir uns bereits im **Triglav-Nationalpark** befinden.

Eine Weiterfahrt zum gebührenpflichtigen Parkplatz nahe der **Aljažev-Hütte** am Ende des Talkessels verkneifen wir uns. Es wären zwar nur noch 5 km zu bewältigen, diese jedoch mit heftiger Steigung - bis zu 25 Prozent!

> In weniger als einer halben Stunde kann man über einen Rundwanderweg zum **Wasserfall** auf - bzw. wieder absteigen. Zunächst stapfen wir in einem schweißtreibenden Zickzack-Kurs den Berg hinan. Es ist sonnig und heiß, und wir sind froh über die schattenspendenden Fichten. Bald haben wir ein kleines Plateau am Fuß des Wasserfalls erklommen. Neben uns donnern die Wassermassen aus 52 m Höhe herab. Die aufgewirbelte Gischt beschert uns eine willkommene Abkühlung sowie einen kleinen Regenbogen. Über eine Holzbrücke (Vorsicht glitschig!) stiefeln wir auf der anderen Seite wieder hinunter. Der Weg verläuft hier etwas weniger steil durch einen kühlenden Laubwald und endet schließlich bei der **Slap-Peričnik-Hütte**.

Etwas mehr Ausdauer benötigt man, um zur **Aljažev-Hütte** am Talende zu gelangen. Für den Aufstieg entlang des Fahrweges sind ca. 1,5 Stunden zu veranschlagen, zurück darf es ein halbes Stündchen weniger sein. Flotter geht es mit dem Mountainbike, vielleicht haben Sie ja auch ein motorisiertes „Beiboot" - über ein paar PS sollte es aber schon verfügen. Wanderer bzw. Kletterer nutzen die **Aljažev-Hütte** als „Basislager" für die **Triglav-Bezwingung**.

WOMO-Wandertipp: Triglav

Gehzeit: 12-13 Std.   **Schwierigkeit:** Schwer   **Höhenunterschied:** 1850 m
Strecke: Für den Gipfelsturm bieten sich gesicherte Klettersteige an. Für den Aufstieg zur Kredarica-Hütte benötigt man 5 bis 6 Stunden (einfach). Hier rechnet man eine Übernachtung ein und lässt am nächsten Tag den einstündigen Aufstieg zum Gipfel erfolgen. Unbedingt Wanderkarte und Wetterinfos notwendig!

Wir rollen wieder zurück nach MOJSTRANA und folgen hier den Hinweisen „LJUBLJANA/JESENICE". Auf dieser Strecke gelangt man alternativ ebenso nach BLED. Gegenüber einer Skiliftstation entdecken wir einen brauchbaren Übernachtungsplatz. Dieser liegt zwar direkt an der Straße, doch vor allem nachts hält sich das Verkehrsaufkommen sehr in Grenzen.

(009) WOMO-Stellplatz: Mojstrana 2

GPS: N 46° 27' 37.0" E 13° 56' 42.7"   **max. WOMOs:** 3
Ausstattung/Lage: Gaststätten und Geschäfte im Ort / Ortsrand.
Zufahrt: Im Ort rechts nach Ljubljana/Jesenice abbiegen, noch ca. 500 m, hier dann links (nahe dem Skilift).

Jetzt statten wir dem jenseits der Hauptstraße gelegenen Dörfchen DOVJE einen Besuch ab. Eine gewisse Berühmtheit erlangte die Ortschaft durch **Hochwürden Jakob Aljaž** (1845-1927). Der Pfarrer sorgte sich sehr um die Bergsteiger, ließ zahlreiche Berghütten bauen und Wanderwege einrichten. Späte Ehrung erfuhr er durch ein **Denkmal** an der Straße 202. Seine Gebeine ruhen in einem Grab an der Kirche in DOVJE. Am neuen Teil des Friedhofes gibt es einen gut anfahrbaren Wasserhahn - vielleicht müssen Sie ja Ihre Vorräte auffüllen!
Am Ende der Ortschaft - etwas außerhalb - erwartet der hübsche Campingplatz Kamne seine Besucher.

Grabmal am Friedhof von Dovje

(010) WOMO-Campingplatz-Tipp: „Kamne" bei Dovje

GPS: N 46° 27' 52.1" E 13° 57' 27.7"   **Öffnungszeit:** Ganzjährig
Ausstattung/Lage: Kleines Geschäft, Spielplatz, Mini-Swimmingpool, teils Schatten / außerorts.
Zufahrt: Von der Ampel an der Hauptstraße noch ca. 1 km in Richtung Jesenice weiterfahren, hier links abbiegen (nicht den Weg durch den Ort nehmen, die Straße ist durch hervorstehende Hausdächer sehr eng!).

Der berühmte Kurort BLED ist unser nächstes Ziel. Reichlich 25 km trennen uns von ihm, und zwei Routen stehen zur Auswahl. Schnell und bequem ist der Weg über die Autobahn, die von Österreich über den **Karawankentunnel** hereinführt. Hier düsen auch die Wohnmobilisten ins Land, die uns nicht über den **Wurzenpass** begleitet haben. Wir wählen die Alternative und fahren auf der Bundesstraße über JESENICE. Der Stadt können wir nur wenig abgewinnen: Lagerhallen, Industrieanlagen und alte Wohnblocks. Selbst die liebevoll angelegten Blumenbeete vermögen das Erscheinungsbild nicht wirklich aufzupeppen. Einkäufe lassen sich aber gut erledigen.

Über einige Dörfer, die einen besseren Eindruck hinterlassen, nähern wir uns BLED. Für Abwechslung sorgt ein in einer Wiese abgestelltes Feuerwehrauto, das zu einem Bienenstock umfunktioniert wurde.

Bienenhaus der etwas anderen Art

Etwa auf halber Strecke zwischen den Ortschaften LESCE und BLED zweigt linker Hand ein Zubringer zum Campingplatz Šobec ab. Die Lage am Fluss **Sava Dolinka** und einem kleinen, künstlich angelegten See ist wirklich herrlich. Der lichte Kiefernwald sorgt für reichlich Schatten, und zumindest teilweise eröffnen sich schöne Blicke auf die **Karawanken**. Die große Anlage erweist sich als sehr gepflegt und bietet mannigfaltige Freizeitmöglichkeiten. Wo Licht ist, gibt`s auch Schatten. Es herrscht reger Andrang. Freilich gehen auch etliche Aktivitäten mit einer nicht unerheblichen Geräuschkulisse einher. Spiele wie Fußball, Basket- oder auch Volleyball erfordern offensichtlich anhaltend lautstarke Äußerungen der jeweiligen Teilnehmer!

(011) WOMO-Campingplatz-Tipp: „Šobec" bei Lesce

GPS: N 46° 21' 20.7" E 14° 08' 58.8" **Öffnungszeit:** 15.04.-01.10.
Ausstattung/Lage: Restaurant, Geschäft, Bar, Bademöglichkeit, Kinderspiel- und Sportplätze, Minigolf, zum Zentrum von Bled ca. 3 km, reichlich Schatten / außerorts.
Zufahrt: Zwischen Lesce und Bled links abbiegen, an Hand von großen Hinweistafeln bestens ausgeschildert.

Vom Platz aus lassen sich schöne Spazier- und Wanderwege erkunden, zudem werden Rafting- und Canyoningtouren angeboten. Langweilig wird es wohl sicher nicht!
Schließlich empfängt uns BLED, der mondäne Ort, der an den Ufern des Blejsko jezero - des **Bleder-Sees** liegt. 200 Jahre touristische Erfahrung haben die Stadt geprägt - positiv wie

Badefreuden am Bleder-See

negativ. Das weniger Schöne zuerst: Etliche Bausünden wollen nicht so recht in die herrliche Landschaft passen, wahrscheinlich Überbleibsel aus sozialistischen Zeiten! In der Saison vervielfacht sich die Einwohnerzahl (netto knapp 6000), die Bezeichnung „lebhaft" ist nicht mehr ausreichend und wird durch „überlaufen" ersetzt, was auch dem Preisniveau nicht zuträglich ist. Parkplätze sind Mangelware, und schier allerorts zieren Halteverbotsschilder für WOMOs (00.00-24.00 Uhr) die Gegend. Einen freien Stellplatz zu finden, ist faktisch unmöglich. Nun aber genug des Gemeckers, denn man kann sich arrangieren! Während wir auf der Hauptachse durch BLED einen Hügel hinunterfahren, erheischen wir den ersten Blick auf den See. Unten, am Ufer angelangt, präsentiert sich uns

Stilvolles Wassertaxi: Pletna

ein Panorama von überwältigender Schönheit. Auf der gegenüberliegenden Seite ragt ein schroffer Fels aus einem mit Wald bestandenen Hügel heraus, auf dessen Hochplateau majestätisch eine **Burg** (Blejski grad) thront. Im blaugrünen Wasser des Sees, auf dem Tausende von Sonnensternchen tanzen, schwimmt eine **Insel**. Ihren Rücken ziert das barocke **Kirchlein Maria im See** aus dem 14. Jahrhundert, zu dem 99 Stufen hinaufführen. Neben dem Gotteshaus erhebt sich ein **Turm**, der mit einer **Wunschglocke** ausgestattet ist. Jeder Besucher, der das Glöcklein zum Klingen bringt, hat ein Anliegen frei. Das Glöckchen arbeitet fleißig...

Die Göttin Živa

Um die kleine Insel rankt sich noch eine Geschichte. In grauer Vorzeit soll auf diesem Eiland ein Tempel der slawischen Göttin Živa gestanden haben, betreut und bewacht von einem Priester namens Staroslav und dessen Tochter Bogomila. Als eines Tages Fürst Črtomir des Weges kam, verliebte sich Bogomila in ihn und fortan lebten sie glücklich und zufrieden gemeinsam auf der Insel. Doch alsobald kamen Christen, zerstörten den Altar der Göttin Živa und warfen die Brocken ins Wasser. Das Dreigestirn konvertierte zum christlichen Glauben und trug Sorge um die neu errichtete Kirche. Der Fürst zog sogar als Missionar in die Fremde, kehrte aber nach getaner Arbeit in die Arme seiner Bogomila zurück.
Friede, Freude Eierkuchen? Nicht ganz! Die Göttin Živa war natürlich über ihren Rauswurf erzürnt. Es geht die Mär, dass Taucher, die sich den Gesteinsresten ihres Altars am tiefen Seegrund nähern, spurlos verschwinden. Bis zum heutigen Tag! Zumindest Christen seien davon betroffen...

Bevor wir zu einer genaueren Inspektion übergehen, umrunden wir den See zunächst halb und peilen den Campingplatz Bled an, der idyllisch in einem bewaldeten Kessel im Südwesten des Gewässers liegt.

> **(012) WOMO-Campingplatz-Tipp: „Camping Bled" nahe Bled**
> **GPS:** N 46° 21' 40.8" E 14° 04' 45.3" **Öffnungszeit:** 01.04.-15.10.
> **Ausstattung/Lage:** Restaurant, Geschäft, Strandnähe, zum Zentrum 2,5 km, teils schattig / außerorts.
> **Zufahrt:** Ab Bled ausgeschildert.

Der ruhige Platz macht einen sehr gepflegten Eindruck. Die in der Nähe vorbeiführende Bahnlinie ist nicht stark befahren. Für eine Stippvisite kann man auch auf den gebührenpflichtigen Parkplatz (10 EUR pro Tag) neben dem Campingplatz bzw. dem Restaurant ausweichen. Übernachten ist nicht mehr erlaubt, zwei WOMO-Kollegen haben während unseres Aufenthaltes (Nebensaison) dennoch hier unbehelligt gestanden.

> **(013) WOMO-Badeplatz: Bled**
> **GPS:** N 46° 21' 44.4" E 14° 04' 53.6" **max. WOMOs:** 3
> **Ausstattung/Lage:** Geschäft und Restaurant, Stranddusche / außerorts.
> **Zufahrt:** Ca. 100 m seitlich des Campingplatzes.

Um den ganzen See herum verläuft ein schöner **Spazier-/Wanderweg**. Wir beginnen unseren „Rundlauf" am frei zugänglichen Strand (Liegewiese) beim Campingplatz, und zwar gegen den Uhrzeigersinn. Der Weg zeigt sich mal schmaler, mal breiter und führt teils über Holzstege. Äste hängen malerisch vom Ufer übers Wasser, die eine oder andere Trauerweide taucht ihre grünen Ranken sogar ein. Von mehreren Stellen aus kann man sich mit **Ruderbooten**, den sog. pletna, auf die **Insel** befördern lassen (erste Anlegestelle beim Campingplatz). Der geruhsame Ausflug dauert etwa 1,5 Stunden, wobei man eine halbe Stunde Zeit hat, die Schönheiten des kleinen Eilandes zu bewundern und natürlich die Wunschglocke in Gang zu setzen.

Gemütlich bummeln wir am Seeufer entlang und genießen die Aussicht. Bisweilen zieht der Weg recht nahe der Straße entlang, der vorbeifließende Verkehr trübt dann das Vergnügen ein wenig. Ab und zu sitzt ein Angler im Gras, in stiller Erwartung, ein Mittagessen an die Rute zu bekommen. Maler bieten ihre Werke - meist Motive aus der Umgebung - zum Kauf an. Mit einigen Hotelkästen kündigt sich der **Luftkurort** BLED an. Das Weglein beschreibt einen Bogen und berührt den gepflegten **Kurpark** mit seinen bunten Blumenrabatten. In bestimmten Abständen sitzen an den Wegrändern grüne

Frösche und reißen für Einheimische und Touristen die Mäuler auf. Die Burschen sind aus Stein, nett anzusehen und dienen als Müllschlucker. Unter dem Burgberg empfängt uns die Villa Prešeren. In diesem alteingesessenen Restaurant lässt es sich gut speisen, man kann sich auch auf Kaffee und Kuchen beschränken - so wie wir es tun. Kurz danach, bei den **Freibadanlagen**, zweigt ein Steig ab, der sich hinauf zur fast 140 m höher gelegenen **Burg** windet. Die Mühe wird mit einem herrlichen Blick belohnt, der bei klarem Wetter bis zum Triglav-Massiv reicht. Die Ursprünge der Festung reichen bis ins Mittelalter zurück. Sehenswert ist die zwei Brixener Bischöfen geweihte **Kapelle** aus dem 16. Jahrhundert (schöne Fresken). Im jüngeren, barocken Trakt zeigt ein **Museum** Gemälde, Einrichtungsgegenstände, Schmuck, Werkzeuge und erläutert die Geschichte des Ortes. Geöffnet täglich von 08.00-19.00 Uhr (März bis Oktober), geringer Eintritt.

Der Bleder-See, bewacht von der Burg

Spaziert man auf der Seepromenade weiter, so gelangt man schließlich über das **Ruder-Regatta-Zentrum** und eine Gaststätte wieder zum Campingplatz. Ohne Aufenthalte benötigt man für die gesamte Tour etwa zwei Stunden. Wer es bequemer liebt, kann sich mit dem Kurbähnchen um den See schippern lassen oder sich vielleicht mit dem Fiaker (Pferdekutsche) zur Burg befördern lassen. Natürlich sind auch Teilstrecken möglich.
Nun wollen wir Ihnen noch zwei weitere Punkte, die eine Be-

Die Kirche Maria im See

reicherung Ihres Aufenthaltes in BLED darstellen, nennen. Ca. 4 km nordwestlich von BLED, nahe PODHOM, befindet sich der Eingang zur **Vintgar-(Rotwein)Klamm**. Sie wird durchflossen von der **Radovna**, die sich mit kleinen **Wasserfällen**, aufwirbelnder Gischt und frechen Stromschnellen in Szene setzt. Über Brücken wechselt man mehrmals die Flussseite, und lange Strecken der engen Klamm sind nur auf **Holzstegen** durchwanderbar, die teilweise recht glitschig werden können. In manchen kleinen Felsengumpen erfreuen sich prächtige Forellen ihres Lebens und werden das voraussichtlich noch eine Weile tun, denn angeln ist hier, zumindest für Otto Normalverbraucher, verboten. Nach 1,6 km ist Schluss, man kann jetzt entweder zurücklaufen oder über den **Berg Hom** (834 m) zur **Kirche der Heiligen Katharina** eine Rundtour unternehmen (Dauer ca. 2 Stunden). Die Klamm ist während des Sommerhalbjahres täglich von 08.00-20.00 Uhr geöffnet, der Eintritt beträgt pro Nase 5 EUR.

Ein Vergnügen ganz anderer Art stellt eine Fahrt mit der traditionellen **Eisenbahn** von BLED über BOHINJSKA BISTRICA bis MOST NA SOČI dar. Die kleine Reise führt durch eine wunderschöne Landschaft mit Brücken und Schluchten und dauert hin etwa eine dreiviertel Stunde, zurück - wegen der Steigungen - mehr als eine Stunde. Der **Bahnhof** in BLED liegt oberhalb des Campingplatzes und ist somit gut und schnell erreichbar. Von April bis September verkehren auch immer wieder prustend, schnaufend und in grauweiße Wolken gehüllt Dampfzüge auf dieser Strecke. Meist starten diese bereits in JESENICE, freilich kann man ebenso in BLED zusteigen, der Zwischenstopp ist allerdings nur kurz. Die Mitnahme eines Fahrrades ist gestattet und kann Sinn machen, wenn man die schöne Gegend am gewählten Zielpunkt genauer inspizieren möchte. Übrigens verlaufen diese Fahrten recht stilecht. Die Bediensteten tragen Uniformen wie vor 100 Jahren, und in der Poststation des Zuges stempelt ein Postler (ebenfalls in altem Gewand) Postkarten für Sammler ab.

Die Abfahrtszeiten unterliegen einem ständigen Wechsel. Am besten ist es, sich im Bedarfsfall vor Ort zu erkundigen.

Nächster Anlaufpunkt dieser Tour ist das **Sava Bohinjka-Tal**, an dessen Ende der **Bohinjsko-See** liegt. Wir fahren vom Campingplatz Bled ca. 2 km zurück und orientieren uns an einer Kreuzung rechts, in Richtung BOHINJSKA BISTRICA. Die gut ausgebaute Straße kreuzt mehrmals die **Sava** und bietet wunderschöne Ausblicke auf die bewaldeten Höhenzüge. Fluss und Eisenbahn begleiten uns. Die Besiedlung ist dünn. Ab und zu taucht ein kleiner Weiler auf, nur selten nehmen die Ansiedlungen den Charakter eines Dorfes an. Nach ca. 20 km laufen wir bereits in BOHINJSKA BISTRICA ein, welches sich malerisch vor der Kulisse hoher Berge auf den Talgrund kuschelt. Bei schönem Wetter kann man den Gipfel des fast 1500 m hohen **Hausberges Kobla** erstürmen. Sollte der Himmel weinen, empfiehlt sich ein Besuch im neuen **Aqua/Wellnesspark** (täglich von 09.00-21.00 Uhr geöffnet).

Der „Regenmann" von Bohinjska Bistrica

Wir widmen uns zunächst dem **Tomaž Godec Museum** in der Ortsmitte, welches in einer nachgebauten **Gerberei** untergebracht ist. In verschiedenen Abteilungen erfährt man hier viel über den Beruf des Gerbers und die **Eisengießerei**. Oberhalb der Mühle erinnert eine Sammlung (Fotos, Waffen usw.) an die Schrecken der zwei Weltkriege. Geöffnet ist das Museum täglich (außer montags) von 10.00-12.00 Uhr und von 16.00-18.00 Uhr, geringer Eintritt.

Am Ortsende entdecken wir einen weitläufigen und schön gelegenen Campingplatz, der nun nochmals um ein ganzes Stück vergrößert wurde. Der Ansturm ist groß und freies Stehen ist im ganzen Tal verboten. All die schönen Parkplätze sind mit einem Nachthalteverbot (22.00 Uhr-07.00 Uhr) für Wohnmobile belegt!

> **(014) WOMO-Campingplatz-Tipp: „Danica" in Bohinjska Bistrica**
> **GPS:** N 46° 16' 28.6" E 13° 56' 52.4"   **Öffnungszeit:** April bis September
> **Ausstattung/Lage:** Gaststätten, Geschäft, Tennisplatz, teils Schatten, zum Zentrum ca. 400 m / Ortsrand.
> **Zufahrt:** Am Ortsende rechts.

Noch 6 km trennen uns von RIBČEV LAZ, einen winzigen Touristenort, der bereits an den Gestaden des **Bohinjsko**-**Sees** liegt. Auf einem Hügel (rechts am Ortsanfang) erinnert ein **Denkmal** an die **Erstbesteigung des Triglav-Gipfels**. Die vier Pioniere, die 1778 das bis dato Unmögliche möglich machten, stehen hier - aus Bronze gegossen - und blicken zum **Triglav** hin. Der praktische Parkplatz gegenüber dem Denkmal ist leider mit einem Nachtverbot für Wohnmobile belegt (22.00-07.00 Uhr). Das Gleiche gilt für den 200 m entfernten Busparkplatz.

Das Triglav-Denkmal in Ribčev Laz

Wir unternehmen einen kleinen Rundgang. Das **Kirchlein Janez Krsnik** (Johannes der Täufer) zieht uns mit seinem verzierten bzw. kunstvoll bemalten Turm in den Bann. Das Gotteshaus selbst zieren alte **Fresken** aus verschiedenen Epochen. Ein Blick in das Innere bleibt uns leider verwehrt, das Tor ist verschlossen.

Der Bohinjsko-See - von Bergen umrahmt

Goldhorns Reich

Der schwarzgrüne See lädt allerdings nur Hartgesottene zum Bade, denn selbst im Hochsommer erreicht er kaum die 20-Grad-Marke. Für ein Sonnenbad und ausgedehnte Spaziergänge ist er aber wie geschaffen.

Am Ortsausgang links verbirgt sich ein weiter, großer Parkplatz unterhalb eines **Kletterfelsens**. Er ist auch als sog. Canyoning-Point ausgewiesen.

---

(015) WOMO-Badeplatz: Canyoning-Point
GPS: N 46° 16' 35.4" E 13° 53' 02.6" max. **WOMOs:** 3
Ausstattung/Lage: Kleine Imbissgaststätte, Wasser, Toilette / Ortsrand.
Zufahrt: 200 m nach dem Ortsende links.

Gegenüber der Platzeinfahrt wacht bei einem kleinen Bootshafen wieder einmal der **Zlatorog** über den See. Erhaben steht der „Bock mit den goldenen Hörnern" auf einem Felsblock.

Neben dem **Kletterfelsen** beginnt ein **Rundwanderweg** um den **Bohinjsko-See**, dem größten Binnengewässer Sloweniens. Die Ausdehnung beträgt in der Länge ca. 4 km, in der Breite 1 km. Rechnet man ein paar Schlenker mit ein, so addieren sich etwa 11-12 km, für die ungefähr drei Stunden benötigt werden. Der Weg verläuft größtenteils im Schatten, weist nur unerhebliche Höhenunterschiede auf und ist daher als familienfreundlich zu werten. In UKANC, einer kleinen Siedlung am Seeende, freut sich Ihr Nachwuchs über den Spielplatz beim Hotel Zlatorog. Während die Kinder überschüssige Kräfte abbauen, können Sie inzwischen bei einer Erfrischung auf der Hotelterrasse neue für den Rückweg sammeln.

Wir besteigen wieder unser fahrbares Häuschen, um uns bis zum Talschluss vorzuarbeiten. Biegt man am Ende des Sees links ab, so gelangt man kurz darauf zur Talstation der **Vogelbergbahn**, deren Parkplatz die mittlerweile hinreichend bekannten WOMO-Verbote (22.00-07.00 Uhr) zieren. Wenn Sie möchten, schaukelt Sie die Gondel in höhere Regionen (Bergstation 1540 m) und beschert Ihnen eine Aussicht aus der Vogelperspektive - im wahrsten Sinne des Wortes! Abfahrt ist jede halbe Stunde von 08.00-18.00 Uhr.

Direkt unterhalb der Talstation, versteckt im Grünen, befindet sich ein **Soldatenfriedhof**. Hier haben die Gebeine zahlreicher Gefallener des Ersten Weltkrieges eine letzte Ruhestätte gefunden. Ein schlichtes **Holzkirchlein** wacht über die Gräberreihen mit ihren einfachen Holzkreuzen.

Die Straße wird nun schmaler, etwas kurviger, doch sie bleibt gut befahrbar. Mit leichter Steigung windet sie sich durch einen Mischwald, der mit unzähligen Felsbrocken durchsetzt ist. Die Sonne schickt ihre Strahlen durch das Blätterdach und sorgt für interessante Licht- und Schattenspiele. Noch eine letzte Kurve und die Straße mündet in einen Parkplatz mit mehreren Etagen. Wer eine Stärkung benötigt, kann zwischen zwei Gaststätten wählen oder sich gleich auf Schusters Rappen machen. Zuerst fordert aber ein emsiger Parkwächter 3 EUR an Gebühren ein. Wir fragen, ob wir über Nacht stehen dürfen, denn die obligatorischen Verbotsschilder prangen auch hier an den Bäumen. Der gute Mann verneint freundlich, verweist auf das Gesetz und empfiehlt uns auf den Campingplatz in UKANC. So weit, so gut! Oberhalb des Parkplatzes informiert eine Hinweistafel über verschiedene Wandermöglichkeiten. Eine schöne Wanderung führt zum **Sarvica-Wasserfall**, diese Möglichkeit haben wir uns herausgepickt.

> Voller Tatendrang marschieren wir los und erleben gleich die erste Überraschung. An einem Kassenhäuschen werden uns erstmal 2 EUR abverlangt, das ist der Preis, so man den sich über die Felsen stürzenden Wasserfall sehen will! Der Aufstieg verläuft über viele Stufen und ist teilweise durch ein Geländer gesichert. Der Weg zeigt sich in einem perfekten Pflegezustand, gewissermaßen eine Rechtfertigung für den „Eintrittspreis in die Natur", und wir sind schon wieder versöhnlicher gestimmt.
>
> 250 Höhenmeter sind zu überwinden, bei warmen Temperaturen freut man sich über den schattenspendenden Wald. Immer wieder erfreuen uns weite Ausblicke ins Tal, die bis hin zum See reichen. Schließlich ist es geschafft. Auf einer kleinen Anhöhe steht ein Holzhäuschen mit Bank, von hier hat man einen prächtigen Blick auf den annähernd 60 m hohen Wasserfall, der jetzt im Frühjahr aktiv ist. Für den netten Ausflug sind - hin und zurück - ca. 45 Minuten zu veranschlagen.

Wir befolgen den Rat des Parkwächters und rollen ein Stück weit zurück, um den Campingplatz Zlatorog anzupeilen. Das kleine Areal liegt idyllisch an den Gestaden des **Bohinj-See**. Leider überzeugt der Pflegezustand nicht. Im Sommer bekommt man ohne Reservierung kaum einen Platz. Möchte man allerdings hier am **Bohinj-See** verweilen, so ist dieses Camp alternativlos.

(016) WOMO-Campingplatz-Tipp: "Avtokamp Zlatorog" in Ukanc
GPS: N 46° 16' 44.7" E 13° 50' 10.5"   **Öffnungszeit:** 25.04.-30.09.
Ausstattung/Lage: Geschäft, Restaurant nahebei, Bootsverleih, Seelage, reichlich Schatten / außerorts.
Zufahrt: 200 m unterhalb der Vogelbergbahn.

Das Dörfchen UKANC mag etwa 300 m vom Camp entfernt sein und präsentiert sich mit seinen fünf Häusern sehr übersichtlich! Größter Bau ist das Hotel Zlatorog. Bilder im Hause belegen, dass sich hier auch schon Tito und Willy Brandt wohlgefühlt haben! Leider ist dieses Haus auf unbestimmte Zeit geschlossen. Eine Neueröffnung scheint fraglich. Die ersten Verfallsspuren sind schon deutlich zu erkennen. Verhungern muss allerdings niemand. Nur ein paar Schritte weiter empfängt das Gostišče (Gasthaus) „Erlah" seine Gäste und bietet bodenständige Gerichte an.

Den Abend verbringen wir auf unseren Stühlchen direkt am See. Es ist still, sehr still. Ab und zu erschallt der Ruf eines Vogels oder ein Fischlein springt mit einem Platschen aus den dunklen Fluten, um sich eine Fliege zu erhaschen. Für einen Moment gerät Bewegung in die glatte Oberfläche des Wassers, doch die Kreise verebben schnell. Die Dämmerung weicht allmählich der Dunkelheit, und wir genießen die blaue Stunde an diesem Ort der Ruhe und des Friedens.

Zu guter (?) Letzt: Wir schreiben den Wonnemonat Mai! Am Abend sitzen wir gemütlich auf unseren Stühlchen und genießen den Blick über den ruhenden See. Natürlich - die Jacke verträgt man noch ganz gut! Es ist eben Frühling, die lauen Sommerabende stehen noch bevor. Schließlich gehen wir schlafen. Gegen Morgen fühlt es sich seltsam kühl an im Wohnmobil. Also, die Bettdecke bis zur Nasenspitze hochge-

Spaziergang im „Wonnemonat" Mai...

zogen, umgedreht und weiter geschlafen. In der Früh ist es letztendlich lausig kalt. Die Heizung wird aufgedreht, dabei fällt der Blick aus dem Fenster, und die Überraschung ist perfekt. Die Welt da draußen hat ein weißes Kleid bekommen. Es liegen bereits etliche Zentimeter Neuschnee und - Frechheit - es schneit munter weiter! Die vollbelaubten Bäume ächzen und knacken unter der Last. Auch die Blütenpracht der Äpfel, Kirschen sowie vieler anderer Gewächse lugt recht verstimmt unter der weißen Decke hervor. Das Wetter schlägt eben gerne Kapriolen, gerade in den Bergregionen! Aber an Bord findet sich bestimmt etwas Warmes zum Anziehen. Und im Frühling ist die heutige weiße Pracht schon morgen Schnee von gestern...

Blütenpracht im Schnee

Wohnmobil oder Iglu...?

Goldhorns Reich 35

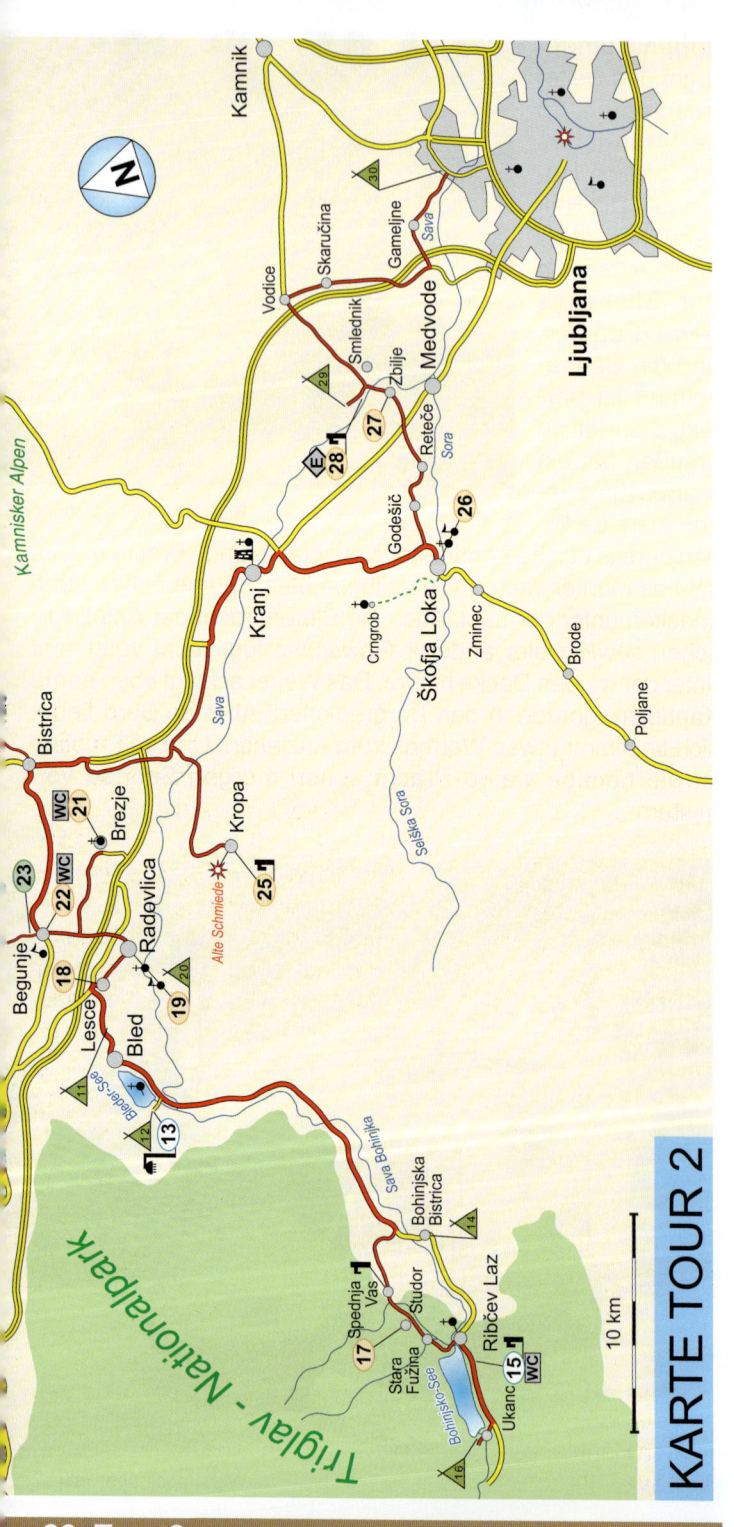

KARTE TOUR 2

Tour 2 (135 km / 6-7 Tage)

Ukanc - Ribčev laz - Stara Fužina - Studor - Spednja vas - Bohinjska Bistrica - Bled - Radovljica - Brezje - Begunje - Bistrica - Kropa - Kranj - Škofja Loka - Smlednik - Ljubljana

Freies Übernachten:	In Studor, in Lesce, in Radovljica, in Brezje, in Begunje, in Kropa, in Škofja Loka, in Zbilje und beim Hotel Kanu nahe Smlednik.
Campingplätze:	„Dragočajni/Smlednik" nahe Smlednik, „Ježica" in Ljubljana.
Besichtigen:	Sennereimuseum in Stara Fužina, Bauernmuseum und Heuharfen in Studor, Imkermuseum in Radovljica, Basilika in Brezje, Burg Kamen bei Begunje, das Dörfchen Kropa, den Stadtkern von Kranj, Škofja Loka und natürlich Ljubljana.
Wandern:	Rund um Begunje, zum Weiler Crngrob nahe Škofja Loka.
Baden:	Im Fluss Sava am Campingplatz „Dragočajni/Smlednik", nahe Smlednik.

Von UKANC fahren wir zurück nach RIBČEV LAZ. Am Ende des Sees biegen wir links ab, überqueren die Brücke bei dem schönen **Janez-Krsnik-Kirchlein** und beginnen mit der Erkundung des **Oberen Bohinjka-Tales**. Dies bedeutet nur einen kleinen Umweg auf der Rückfahrt nach BLED, ist aber sehr lohnend. Die Straße, die bis vor einiger Zeit fast nur geschottert war, zeigt sich jetzt durchgehend geteert. Bei Ortsdurchfahrten ist sie manchmal recht schmal, doch insgesamt erweist sie sich als gut befahrbar. Bald taucht die blitzsaubere Ortschaft STARA FUŽINA auf, in deren Mitte es einige Parkplätze gibt. Wir stellen unser Mobil ab und spazieren ein wenig umher. Es ist eine ländliche Idylle, die ihresgleichen sucht! Hinter blühenden Obstbäumen verstecken sich gefällige Bauernhäuser, und ein eingefasstes Bächlein durcheilt den Ort. Im Hintergrund erheben sich die schneebedeckten Häupter des **Triglav-Gebirges**.

Dorfidylle in Stara Fužina

Ruhe und quirliges Leben

In einem Seitengässchen entdecken wir ein altes Bauernhaus aus dem Jahre 1883, das jetzt das **Sennereimuseum (Plansarški musej)** beherbergt. Es informiert in mehreren Räumen über das Leben der Senner und die Käseherstellung (Werkzeuge, allerlei Gerätschaften, Fotografien). Geöffnet täglich von 10.00-12.00 Uhr und von 17.00-19.00 Uhr, Montag geschlossen, geringer Eintritt.

Am Ende der Ortschaft steht eine hübsche **Kirche**, deren Wände **schöne Fresken** zieren. Ähnlich wie bei der Janez-Krsnik-Kirche sticht sofort der ansprechend **bemalte Turm** ins Auge.

Ein kleiner Parkplatz neben der Straße bietet genügend Raum für einige Fahrzeuge und stellt einen guten Ausgangspunkt für eine Exkursion in die nette Gemeinde dar. Übernachten ist hier nicht (mehr) zu empfehlen - einer unserer Leser wurde bereits unter Androhung von Strafe weggeschickt. Außerdem kann sich das neue, auf dem Platz befindliche Müllhäuschen als „anrüchig" erweisen.

Rast in Stara Fužina

Kaum das Einsteigen lohnt sich, um nach STUDOR zu gelangen. Der Weiler ist berühmt geworden durch die sog. **Heuharfen**. Diese überdachten Holzgestelle dienen der Heutrocknung und bieten zudem Einstellmöglichkeiten für Heuwagen, Traktor oder Sonstiges. Die im Slowenischen „kozolci" genannten Bauten sind im Lande weit verbreitet - besonders schöne und zahlreiche Heuharfen kann man aber hier bestaunen.

Dort, wo die Häuschen des Weilers sich am dichtesten zusammendrängen, finden wir das **Oplenov-Haus**. Es stammt aus dem vorletzten Jahrhundert und dient jetzt als **Bauernmuseum**. Zu besichtigen gibt es eine alte Bauernstube, Stallungen aus längst vergangenen Zeiten und verschiedene Werkzeuge. Um einen Blick hineinzuwerfen, muss man nebenan im **Haus 14 a** nachfragen. Beim Museum gibt es einen Miniparkplatz. Die Zufahrt ist schmal (überhängendes Hausdach), doch für kleinere WOMOs durchaus machbar.

„Heuharfen" in Studor

> **(017) WOMO-Stellplatz: Studor**
> GPS: N 46° 17' 43.2" E 13° 54' 57.4"   max. WOMOs: 2
> Ausstattung/Lage: Museum, Reiterhof / im Ort.
> Zufahrt: Rechts vor dem Museum.

Pferdeliebhaber können ihren Vergnügungen auf einem nahen **Reiterhof** nachgehen (Ausritte unter anderem auch mit Islandponys).
Die nächste Perle dieses Tales ist schon in Sichtweite. In SPEDNJA VAS wacht in erhöhter Lage die Kirche über den Ort. Hungrige und Durstige finden hier auch die Einkehrmöglichkeiten, die sie vielleicht in STUDOR schon vermisst haben. Wohnmobilisten, die Wasser benötigen, freuen sich über die zwei Brünnlein, die da munter plätschern. Nach dem Ort senkt sich die Straße langsam ab und führt durch eine Schlucht (10 % Gefälle) wieder hinunter zur Hauptader des **Unteren-Bohinjka-Tales**. Die Einmündung befindet sich nahe BOHINJSKA BISTRICA - nach diesem schönen Abstecher stehen gerade mal 10 km mehr auf dem Tacho.
Entlang der **Sava** brausen wir nun BLED entgegen. Eigentlich ist uns die Strecke schon bekannt, doch die Befahrung in umgekehrter Richtung vermittelt neue spannende Perspektiven. Viel zu schnell erreichen wir den **Bleder-See**, quälen uns dafür anschließend langsam durch den Ort. Ein Stück außerhalb von BLED, in Fahrtrichtung LESCE, preist sich der **Campingplatz Šobec** an (ausführliche Beschreibung in der ersten Tour). Sicher haben Sie schon die allerorts präsenten Hinweistafeln

Ruhe und quirliges Leben

Dieser Stellplatz verleiht Flügel...

gesehen - man kann ihnen kaum entgehen.
LESCE selbst bietet außer Einkaufsmöglichkeiten nicht viel. Am kleinen Flughafen BLED/LESCE darf man beim Restaurant nach Rücksprache mit dem Wirt auch übernachten. Natürlich wird die Einnahme einer Mahlzeit erwartet.

(018) WOMO-Stellplatz: Bled/Lesce Flughafen
GPS: N 46° 21' 42.2" E 14° 10' 18.6" **max. WOMOs:** 3
Ausstattung/Lage: Restaurant, Mülltonne / außerorts.
Zufahrt: Den Flughafensymbolen folgen, gut beschildert.

Jetzt wenden wir uns RADOVLJICA zu, wo es ein hübsches Plätzchen für kleinere WOMOs gibt. Leider haben die Parkflächen nur Standardgröße, sind also nur für Fahrzeuge von 5-6 m Länge geeignet. Vom Ortsschild am Ortseingang folgen wir dem Verlauf der Hauptstraße und orientieren uns dann geradeaus in Richtung „center". Nach insgesamt 1,3 km biegen wir rechts ab in die **Kajnhova ulica** (Straße). Ca. 100 m weiter beginnt links an der Hangkante eine relativ lange Reihe von Parkplätzen, von denen man eine herrliche Aussicht ins **Sava-Tal** hat.

(019) WOMO-Stellplatz: Radovljica
GPS: N 46° 20' 32.4" E 14° 10' 12.6" **max. WOMOs:** 3
Ausstattung/Lage: Zentrumsnähe, Beleuchtung, Bänke, Mülleimer / im Ort.
Zufahrt: Vom Ortsschild am Ortsanfang 1,3 km in Richtung „center" fahren, hier rechts abbiegen, noch gut 100 m.

Sind die vorhandenen Plätze zugeparkt (was leider immer wieder vorkommt), so kann man auch auf einen kleinen, recht hübschen Campingplatz zurückgreifen. War bis dato der Platz nur im Sommer für gut zwei Monate geöffnet, so bemüht man sich jetzt mehr um seine Klientel. Die Öffnungszeiten wurden deutlich verlängert, der Pflegezustand ist gut (allerdings sind die Sanitäranlagen nicht gerade neu) und das Schwimmbad nebenan ist natürlich auch eine feine Sache.

(020) WOMO-Campingplatz-Tipp: „Radovljica" in Radovljica
GPS: N 46° 20' 51.5" E 14° 10' 21.5" **Öffnungszeit:** 20.04.-15.09.
Ausstattung/Lage: Spielplatz, Schwimmbad, teils Schatten, zum Zentrum mit Gaststätten und Geschäften ca. 500 m / im Ort.
Zufahrt: In der Ortschaft gut beschildert.

Von beiden Plätzen benötigt man nur wenige Minuten bis zum Ortskern des Städtchens, wobei es vom Stellplatz aus noch etwas näher ist. Orientieren kann man sich dabei an der Kirchturmspitze. Bald öffnet sich der **Linhartov Trg**. Der Platz ist nach Sloweniens erstem Historiker, Tomaž Linhart, benannt und umgeben von bemalten Häusern aus dem 16. Jahrhundert. Hier wird fleißig restauriert. Am Platzende erhebt sich die **Pfarrkirche St. Peter** mit ihren gotischen Portalen, zuvor empfängt ein wuchtiger Barockbau (**Schloss Thurn**) seine Besucher. Den Clou in diesem ehrwürdigen Hause stellt das **Imkereimuseum** dar. Der Slowene liebt diese emsigen Tierchen,

Bemaltes Bienenstock-Stirnbrett

die Bienenzucht blickt auf eine lange Tradition zurück. In mehreren Räumen dreht sich hier alles um diese Honigproduzenten. Besonders interessant sind dabei die liebevoll gestalteten Bienenstöcke, etwa in Form eines Schlosses, einer Kirche oder auch eines Löwen. Ein Muselmane mit Turban zeigt wieder eine andere Richtung auf. Übrigens liegt die Einflugschneise der Bienen genau im Schritt des armen Mannes aus dem Morgenland. Nett anzusehen sind auch die zahlreichen, schön bemalten Bienenstock-Stirnbretter. Diese Brettchen erleichtern den Honigproduzenten den Anflug in den Stock und sind mit verschiedenen Motiven versehen. Historische, religiöse und auch witzige Malereien wechseln sich dabei ab. Angenehm sind die in deutscher Sprache verfassten Erklärungen, das freundliche Personal steht mit Rat und Tat zur Seite. Geöffnet ist das Museum täglich - außer montags - und zwar von 10.00-13.00 Uhr und 16.00-18.00 Uhr von Mai bis August. Die restlichen Monate steht es dem Besucher von 10.00-12.00 Uhr und von 15.00-17.00 Uhr offen, Eintritt 3,50 EUR.

Der Slowene und seine Bienen

Honigbienen haben im Leben der Slowenen einen hohen Stellenwert. Seit rund 500 Jahren spielt die Bienenzucht eine bedeutende Rolle. Im 16. Jahrhundert wurde begonnen intensiv und großflächig Buchweizen zu kultivieren. Dadurch schuf man auch die Ernährungsgrundlage für die emsigen Sammler - die vom Fachmann „apis" genannten Tierchen stehen auf diese Getreideart.

Früher züchtete man die Völker in alten hohlen Baumstämmen oder auch in geflochtenen Körben. Das funktionierte zwar recht gut, doch um an den Honig zu kommen, musste jeweils das Innenleben zerstört werden. Erst mit der Erfindung des sog. Kranjič-Bienenstockes konnten diese Beschädigungen vermieden werden. Man behalf sich jetzt mit austauschbaren Schubläden, die in einer Art Schrank oder Kasten ruhten. Oberhalb der Einflugöcher versah man die Stöcke mit Holzbrettchen. Die sog. Stirnbretter boten Platz genug, um als Basis für wahre Kunstobjekte zu dienen. Wie schon zuvor kurz erwähnt, gab es historische, religiöse - vor allem aber humorvolle Motive für diese Malereien. Es dürften wohl vorwiegend Männer gewesen sein, die den Pinsel geschwungen haben. Wie erklärte es sich sonst, dass auf den Bildern z. B. vom Teufel alte Frauen gegen junge ausgetauscht wurden, wobei der Mann lachend daneben steht. Anderenfalls sieht man ebenso einen sich diebisch freuenden Mann, während sich seine Frau eines dichten Bienenschwarms erwehren muss. Beliebt waren auch die „Verkehrte Welt" - Motive, auf denen Tiere den Jäger erschießen oder dann auch schon mal zu Tische sitzen und sich anschicken den Weidmann zu verspeisen.

Die Bienenstock-Stirnbrettmalerei erlebte ihren Höhepunkt im 19. Jahrhundert. Danach kam sie fast zum Erliegen. Das Faible für die Bienenzucht besteht bis heute. Oft steht nicht mehr die Honiggewinnung im Vordergrund. Nebenprodukte wie Pollen oder Gelée Royale lassen sich gut vermarkten und füllen die Kasse.

Bienen können Farben unterscheiden und wieder erkennen. Die bunten Malereien sind also nicht nur Zierde, sondern dienen den fleißigen „Summserichen" zur Orientierung.

Ein Ausflug von nur wenigen Kilometern führt uns von RADOVLJICA in östlicher Richtung hinaus in das Dörfchen BREZJE - berühmt durch das sog. **„Slowenische Marienheiligtum"**, auch gerne das „Slowenische Lourdes" genannt. Im 15. Jahrhundert wurde hier in BREZJE die St. Veitkapelle errichtet. 300 Jahre später baute man schließlich die Marienkirche an. Diese wurde von **Leopold Layer** kunstvoll bemalt, auch das „Gnadenbild der wundertätigen Maria mit Kind" entstand aus seiner Hand. Im Jahre 1999 ernannte Papst Johannes II das Gotteshaus zur **Basilika**. Zu dieser

Basilika „Maria hilf"

Zeremonie reiste das Oberhaupt eigens an und verlieh der Kirche den Namen „**Maria hilf**".

Möchte man in BREZJE nächtigen, so bietet sich der große und schattige Parkplatz nahe der Basilika an. Im nahen Umfeld findet man alles, was das Herz begehrt - Restaurant, Café, Geschäft und natürlich einen Andenkenladen. An hohen Kirchenfeiertagen herrscht großer Andrang, da sollte man den Platz den Gläubigen überlassen!

(021) WOMO-Stellplatz: Brezje

GPS: N 46° 19' 43.0" E 14° 13' 51.4" **max. WOMOs:** 12
Ausstattung/Lage: Gaststätte, Café, Geschäft, Spielplatz, Mülleimer, Toilette in der Nähe / im Ort.
Zufahrt: In der Ortschaft bei der Kirche rechts.

BEGUNJE steht jetzt auf dem Programm. Auch dieses Ziel erreichen wir schon nach wenigen Kilometern. Am Ortsanfang, rechter Hand, bietet eine große Fabrik vielen Leuten Arbeit. Schön anzusehen ist sie nicht, wohl aber notwendig. Es scheint gerade Schichtwechsel zu sein, denn der Verkehr um das Werk ist ausgesprochen heftig und stockt immer wieder. Man hat also ausgiebig Zeit, den Blick über die bewaldeten Höhen der Umgebung schweifen zu lassen. Bald geht es wieder vorwärts, und wir peilen einen relativ großen, sonnigen Parkplatz am linken Ortsrand an. Ein Teil davon ist geschottert, der andere (bei der Post) geteert.

(022) WOMO-Stellplatz: Begunje

GPS: N 46° 22' 31.5" E 14° 11' 54.2" **max. WOMOs:** 5
Ausstattung/Lage: Gaststätte, Kinderspielplatz, Imbiss mit öffentlicher Toilette nahebei, Sportplatz, Mülltonnen / im Ort.
Zufahrt: Vom Ortsschild am Ortsanfang noch 300 m, danach links.

Sollte hier Parkplatznot herrschen, lässt es sich auf den großen öffentlichen Parkplatz am Ortsanfang rechts ausweichen. Dieser ist zwar nicht schön, aber praktisch. BEGUNJE ist der **Ursprungsort** der beliebten und weit über die Landesgrenzen hinaus bekannten Folklore-Gruppe „**Die Ober-**

Ruhe und quirliges Leben

Wilder Hengst in Begunje

krainer". Das Lokal gegenüber unserem Stellplatz trägt den Namen des Bandleaders: "Avsenik". Im Haus findet der interessierte Besucher auch ein **Museum**. Hier erfährt man allerlei Wissenswertes über das Leben und Wirken der Oberkrainer (geöffnet täglich außer Montag von 11.00-17.00 Uhr). Gleich daneben bietet ein Musikgeschäft Instrumente und Zubehör an - für alle, die gerne selbst musizieren! Wer lieber zuhören möchte, dem sei ein Besuch der Gastwirtschaft empfohlen. Mehrmals wöchentlich spielen hier Volksmusikgruppen auf und sorgen für Stimmung. Ab und zu geben sogar die Original-Oberkrainer ein Konzert. Freilich darf auch das Tanzbein geschwungen werden! Sollte der Abend etwas zu feuchtfröhlich verlaufen sein und der Kopf einem Bienenschwarm gleichen, kann eine kleine Wanderung Abhilfe schaffen. Von einem nahen bewaldeten Berg leuchtet das weiße **Kirchlein Sv. Peter** herunter. In rund 1,5 Stunden (hin und zurück) lässt sich das Gotteshaus erwandern, und danach wird der lästige Bienenschwarm wohl ausgeflogen sein...

Der weitere Straßenverlauf durch den Ort ist sehr schmal, man tut gut daran, vorausschauend zu fahren. Am Ortsende zweigt links ein geteerter Weg ab, der u.a. zu den Ruinen der **Burg Kamen** führt, die sich imposant zwischen zwei Bergrücken aufbauen und das Tal nahezu abriegeln. Biegen Sie aber bitte keinesfalls über die Steinbrücke zur Burg hin ab! Der Weg ist sehr schmal, es gibt keinen Parkplatz und keine Wendemöglichkeit! Bleiben Sie auf dem Teersträßlein und fahren Sie weiter bis zu einem komfortablen Waldparkplatz, der in nur 500 m auf Sie wartet! Gegenüber dem Parkplatz liegt ein eigenwillig

Burg Kamen in Begunje

gestalteter Friedhof mit einer **Gedenkstätte,** auf der die Gebeine zahlreicher SS-Opfer ruhen.

(023) WOMO-Wanderparkplatz: Gedenkstätte Begunje
GPS: N 46° 23' 03.4" E 14° 13' 05.0" max. WOMOs: 3
Ausstattung/Lage: Mülltonne / außerorts.
Zufahrt: Am Ortsende von Begunje links abbiegen, noch 500 m.

Wir spazieren zur Burg. Uns erwartet ein eindrucksvolles altes Gemäuer, dem ein winziges Museum angeschlossen ist, welches alte Gerätschaften beherbergt. Kassenhäuschen gibt es keines, doch ein Schild an einer fest installierten „Schatztruhe" bittet um den Einwurf von einem Euro. Natürlich kommen wir der Bitte nach.

Gedenkstätte nahe Begunje

Fährt man vom Friedhof aus das Sträßchen 1,3 km weiter, so mündet dieses in einen schattigen, teils gebührenpflichtigen Parkplatz bei einer Wirtschaft, der sich ideal als Ausgangspunkt für verschiedene, markierte Wanderungen herausstellt.

(024) WOMO-Wanderparkplatz: Waldgaststätte Begunje
GPS: N 46° 23' 42.9" E 14° 13' 06.1" max. WOMOs: 3
Ausstattung/Lage: Restaurant, Mülltonne / außerorts.
Zufahrt: Am Ortsende von Begunje links abbiegen, noch 1,8 km.

WOMO-Wandertipp: Umgebung von Begunje
Begunjščica:	6-7 Stunden,	2060 m Seehöhe
Roblekov-Hütte:	4,5-5 Stunden	
Planinca:	2 Stunden	
Planina-Preval:	3-3,5 Stunden	1137 m Seehöhe

Die Angaben gelten für Hin- und Rückweg (leichte/ mittelschwere Wanderungen).

Wir touren weiter. Der weitere Straßenverlauf bis BISTRICA ist schmal und kurvenreich. Steigungen und Gefälle wechseln sich ab, zeigen sich aber moderat. Einige hübsche Weiler liegen auf der Strecke, und ein Gasthaus lockt seine Kunden mit „alpiner Kriegsbemalung"! Farbintensiv prangen Enzian und Almrausch auf dem weißen Mauerwerk. Das Wetter präsentiert sich von seiner wonnigsten Seite, die Sicht ist einfach wunderbar. Nach rund 12 km erreichen wir BISTRICA. Das ist der Punkt, an dem die **Loibl-Passstraße** von Österreich hereinkommt. Einer Empfehlung zufolge unternehmen wir einen kurzen Abstecher nach TRŽIČ. Hier gibt es einen großen Einkaufsmarkt und zahlreiche kleine Geschäfte in den dunklen Altstadtgassen. Großartige Sensationen entdecken wir keine, und etwas enttäuscht düsen wir weiter in Großrichtung KRANJ/LJUBLJANA. Bevor wir uns aber KRANJ widmen, steht erst einmal KROPA auf der Wunschliste. Es bedeutet keinen großen Umweg und verspricht interessant zu sein. Jahrhunderte lang wurden hier **Eisennägel produziert**. Über 50 Mühlräder drehten sich einst am Fluss und betrieben massive Hammerwerke. Verblieben sind davon nur zwei oder drei. Zwar wird auch heutzutage noch produziert, freilich nicht mehr mit antiquierter Technik. Man muss sich ein wenig an die Industriesiedlung gewöhnen, der eigentliche Reiz zeigt sich erst auf den zweiten Blick. Viele Häuser haben schon reichlich Patina angesetzt; doch schaut man genauer hin, entdeckt man kunstvolle handgeschmiedete Lampen an den Wänden und andere Zeugen des alten Handwerkes, wie etwa Tierfiguren und schöne Zäune. Oberhalb des Dorfzentrums kann man in einer waschechten **alten Schmiede** dem Schmied bei der Arbeit zusehen.

Kropa: Eisernes Unwesen

Im **Schmiedemuseum** (Kovaski muzej), das die Geschichte dieses Handwerks erläutert, können zudem Unmengen verschiedener Nägel bestaunt werden, angefangen von winzigen für Schuhe bis hin zu riesigen Exemplaren, die in Venedig zur Verbindung der Stützstreben verwendet wurden. Es heißt, kein Schmied in KROPA konnte den Meisterbrief erwerben, wenn er es nicht schaffte einem Hühnerei ein Hufeisen anzupassen - natürlich ohne die Schale zu beschädigen! Das Museum ist täglich (außer

Der fleißige Meisterschmied von Kropa

montags) von 10.00-13.00 Uhr und von 15.00-18.00 Uhr geöffnet, geringer Eintritt.

Zieht man in KROPA eine Übernachtung in Betracht, so bietet sich gegenüber dem **Dorfteich** (in dem prächtige Forellen schwimmen) ein kleiner Parkplatz an.

---

(025) WOMO-Stellplatz: Kropa
GPS: N 46° 17' 25.6" E 14° 12' 17.2"   **max. WOMOs:** 2
Ausstattung/Lage: Restaurant und Wasserstelle in der Nähe, Spielplatz, Mülltonnen / im Ort.
Zufahrt: Gegenüber dem Dorfteich und oberhalb der Post in Kropa.

Die Wasserstelle befindet sich bei der Brücke und kann nur per Druckknopf bedient werden. Wasserfassen wird so zum Geduldsspiel.

Knapp 11 km sind es von KROPA bis nach KRANJ, der viertgrößten Stadt Sloweniens. In den Außenbezirken haben sich große Firmen und Industrieanlagen niedergelassen, beispielsweise werden hier die bekannten Continental-Reifen hergestellt. Über ein paar Ampelanlagen arbeiten wir uns zum Stadtkern vor und finden an dessen Peripherie schnell einen (gebührenpflichtigen) Parkplatz.

Dorfidylle in Kropa

In wenigen Minuten schlendern wir zur Altstadt, die erhöht auf einem Felsplateau zwischen den zwei Flüssen **Sava** und **Kokra** liegt. Eine Menge bunter Sonnenschirme begrüßt uns. In den zahlreichen Cafés und Restaurants herrscht Hochbetrieb, bei Kaiserwetter sitzt man eben gerne draußen! Wer trotz eitlem Sonnenschein noch Lust verspürt, sich die Sehenswürdigkeiten des Städtchens anzuschauen, wird sich über die kurzen Wege freuen. Auf je zwei oder drei Plätzen bzw. Straßenzügen findet man die meisten kulturellen Schätze, die KRANJ zu bieten hat. Auf dem Hauptplatz, dem **Glavni trg**, erhebt sich eine der bedeutendsten gotischen **Kirchen - Sveti Kancijan**. Neben dem Gotteshaus baden die Tauben in einem **Brunnen** mit zwei leidvoll dreinblickenden Figuren. Etwas zurückversetzt steht

Ruhe und quirliges Leben

Brunnen in Kranj

eine wuchtige **Statue** des berühmten **Dichters France Prešeren**, der im Lande allgegenwärtig zu sein scheint. Der Poet verbrachte hier seine letzten Jahre und ist am örtlichen alten Friedhof beerdigt. Neben dem imposanten Standbild befindet sich das sorgfältig restaurierte **Stadttheater**. Spaziert man die Fußgängerzone bis zum Ende ab, so passiert man die **Rosenkranzkirche** und gelangt schließlich zur **Pestkirche** und dem **Verteidigungsturm**.

Wir lassen dem Kulturgenuss noch einen leiblichen folgen und gönnen uns ein Eis, bevor es uns ein paar Kilometer weiter in die mittelalterliche Stadt ŠKOFJA LOKA zieht (zunächst in Großrichtung LJUBLJANA fahren).

Kaffeeklatsch in Kranj

Unterwegs sehen wir rechts auf einer waldigen Anhöhe das **Kirchlein Mariä Verkündung** im Weiler CRNGROB. An der Außenwand findet man eine der **wertvollsten Fresken** Sloweniens, gestaltet von **Johanes de Laibaco**. Der Künstler informiert damit alle Welt, wie sich ein guter Christ sonntags zu verhalten hat. Er darf die heilige Messe besuchen, beten und den Bedürftigen helfen. Zu unterlassen hat er folgende Dinge: Trinken, Faulenzen, Ballspielen oder gar Kämpfen. Nach CRN-

GROB gelangt man zu Fuß oder mit dem Fahrrad am besten von ŠKOFJA LOKA aus, und zwar über GROHARJEVO NASELJE.

ŠKOFJA LOKA gefällt uns gleich bei der Anfahrt. Erhöht thront die trutzige **Burg** über den Häuserdächern, und man kann sich gut vorstellen, dass Eindringlinge sich die Zähne daran ausbissen. Unterhalb der Festung streckt die **Pfarrkirche St. Jakob** ihren schlanken Turm dem Himmel entgegen. Seitlich der Altstadt nimmt ein Parkplatz die Karossen der Besucher auf. Von hier aus lässt sich ein Stadtrundgang starten. Über die **Stein**- oder **Kapuzinerbrücke** erreicht man bequem den Ortskern, doch bitte seien Sie vorsichtig, damit es Ihnen nicht so geht wie dem einstigen Bauherrn **Bischof Leopold**. Nach Fertigstellung der Brücke (14. Jahrhundert) ritt er hoch zu Ross über dieselbe und just, als er in der Mitte war, stürzte besagtes Bauwerk in sich zusammen. Das Pferd brach sich den Hals, der Bischof ertrank im Fluss - seine Gebeine fanden in der **Ursulinenkirche** den ewigen Frieden. Uns hat die Brückenkonstruktion ausgehalten, und wir sind wohlbehalten am Hauptplatz,

Brückenheiliger in Škofja Loka

Das hübsche Škofja Loka

dem **Mestni-Trg**, angekommen. Die Häuser sind farbenfroh bemalt, besonders das **Homan-Haus** sticht gleich ins Auge. Bemerkenswert ist auch das verzierte **Rathaus** mit seinem **Arkadenhof**. Nicht weit davon steht das alte **Pfarrhaus**. Die **Marien**- oder **Pestsäule** am Rande des Platzes stammt aus dem Jahre 1751 und wurde aus Dankbarkeit errichtet (die Stadt blieb von der Pest verschont). Bevor wir nun den Wiesenhang zur Burg hinauf in Angriff nehmen, werfen wir noch einen Blick auf das **Martins-Haus**, das im 17. Jahrhundert regelrecht an die Stadtmauer geklebt wurde. Fünf Minuten später kommen wir am **Burgtor** an und genießen die Aussicht auf die liebliche Landschaft mit ihren bewaldeten Hügelketten. Eine hübsche **Parkanlage** seitlich des wuchtigen Gemäuers lädt zur Rast ein. Die **Burg Loka** beherbergt auch ein **Museum**, welches

Die Burg zu Škofja Loka

sich rühmt, die beste **volkskundliche Sammlung** Sloweniens zu besitzen. Interessanteste Stücke der Ausstellung sind die Goldaltäre, die aus einer im Zweiten Weltkrieg zerstörten Kirche aus der Umgebung stammen. Zwischen 09.00-18.00 Uhr - außer montags - sind Besucher willkommen, der Eintritt beträgt 3,50 EUR.

Wir spazieren wieder hinunter zur Altstadt unter Verwendung eines schattigen Weges, der über die **Ursulinenkirche** zurück zur **Kapuzinerbrücke** führt.

Einen sonnigen Übernachtungsplatz mit zwei Gesichtern finden wir unterhalb des Ortskerns am Fluss **Selška Sora**, an deren Ufer auch zwei lauschige Bänkchen stehen. Das freundliche Gesicht ist die absolute Zentrumsnähe, eher grimmig zeigt sich das Antlitz durch den recht hohen Geräuschpegel des vorbeifließenden Verkehrs.

(026) WOMO-Stellplatz: Škofja Loka

GPS: N 46° 09' 59.9" E 14° 18' 32.8" **max. WOMOs:** 5
Ausstattung/Lage: Zentrumsnähe, Bänke, Mülltonne / im Ort.
Zufahrt: Unterhalb der Altstadt an der Selška Sora.

Möchte man auf einen abendlichen Ausflug bzw. auf das Nachtleben im Städtchen verzichten, dann gibt es gemütlichere Domizile. Wir verlassen ŠKOFJA LOKA und folgen den Hinweisen nach LJUBLJANA. Über GODEŠIC und RETECE gelangen wir zur Verbindungsachse **211**. Spätestens hier tauchen die ersten Hinweise zu einem offiziellen Wohnmobilstellplatz (weiße Schilder) auf, gleichermaßen ist auch der Campingplatz Smlednik ausgewiesen. Doch zunächst queren wir die Straße **211** und gelangen nach ZBILJE, wo wir einen großen und sonnigen Wiesenplatz entdecken. In dessen Nähe gibt es ein Freizeitgelände mit Sportanlagen. Für Sonnenhungrige steht eine weite Wiesenfläche zur Verfügung, an der sich der Fluss **Sava** träge vorbeischleppt.

Im Freizeitpark Sidro

(027) WOMO-Stellplatz: Zbilje Sidro
GPS: N 46° 09' 25.7" E 14° 25' 15.6"   **max. WOMOs:** 10
Ausstattung/Lage: Gaststätte und Sportanlagen nahebei / außerorts.
Zufahrt: Am Ende der Ortschaft rechts abbiegen, dann noch ca. 100 m (blauer Parkplatzhinweis).

Kurz darauf erreichen wir das Hotel Kanu, dem der zuvor genannte, offizielle Stellplatz angeschlossen ist. Die ebenen Parkflächen bieten etwas Schatten, und es gibt eine Entsorgestation. Nebenan, auf dem Tennisplatz, kann man Steffi Graf nacheifern. Wer das Glück auf dem Rücken der Pferde sucht - Reitmöglichkeiten sind ebenfalls geboten.

(028) WOMO-Stellplatz: „Hotel Kanu" bei Smlednik
GPS: N 46° 10' 10.2" E 14° 25' 17.6"   **max. WOMOs:** 15
Ausstattung/Lage: Entsorgung, Wasserstelle, Restaurant, Mülltonnen / außerorts.
Zufahrt: Beim Hotel Kanu, beschildert.

Die Benutzung des Platzes sowie die der Ver- und Entsorgungseinrichtungen waren anfangs wundersamer Weise kostenlos. Mittlerweile verlangt man aber 10 EUR pro Tag und Wohnmobil.

Fährt man die Straße in ihrer Verlängerung noch ca. 700 m weiter, so steht man vor den Toren des Campingplatzes Smlednik, der auch unter dem Namen Dragočajni geführt wird. Das Gelände ist in drei Etagen unterteilt, die untere liegt direkt an der **Sava**. Es gibt auch einen FKK-Teil am Strand.

> **(029) WOMO-Campingplatz-Tipp: „Avtokamp Smlednik" bei Smlednik**
> **GPS:** N 46° 10' 27.3" E 14° 24' 58.2"   **Öffnungszeit:** 01.05.-30.09.
> **Ausstattung/Lage:** Kleines Restaurant (Saison), Geschäft, zum Zentrum Kranj 11 km/Ljubljana 20 km, vorwiegend Schatten / Ortsrand.
> **Zufahrt:** Gut ausgeschildert.

Krönung und Abschluss unserer zweiten Tour stellt ein Besuch der Landeshauptstadt LJUBLJANA dar. Die Metropole mit ihren 300.000 Einwohnern ist das Herz Sloweniens und liegt, geographisch gesehen, fast in der Mitte des Staates.

Der Kongressplatz in Ljubljana

Wir fahren von SMLEDNIK aus nach VODICE, weiter nach SKARUČNA und schließlich über GAMELIJNE nach LJUBLJANA. Schnell erreichen wir den **Ortsteil Ježica**, an dessen nördlichem Rand der von viel Grün umgebene Campingplatz Ježica liegt. Angeschlossen ist neben einem Hotel auch der **Badepark Laguna**, dessen Benutzung für Campingplatzbesucher nicht mehr gratis ist, doch werden immerhin 50% Preisnachlass gewährt - Tickets gibt es an der Rezeption.
Als Ausgangspunkt für eine Stadtbesichtigung ist dieser Platz

ideal. Man spart sich die lästige Parkplatzsuche in Zentrumsnähe, und das Mobil steht sicher.

Die in der Nähe vorbeiführende Bahnlinie stellt kaum einen Störfaktor dar - der Güterverkehr hat mittlerweile abgenommen.

> **(030) WOMO-Campingplatz-Tipp: „Ježica/Resort" in Ljubljana**
> **GPS:** N 46° 05' 52.4" E 14° 31' 08.5"   **Öffnungszeit:** Ganzjährig
> **Ausstattung/Lage:** Restaurant, Bäckerei (mit Pizzaverkauf) ca. 150 m, Geschäft 500 m, Spielplatz, Fahrradverleih, Schwimmbad, bis zum Zentrum 5 km, mittlerweile reichlich Schatten / im Ort.
> **Zufahrt:** In den Ortsteil Ježica fahren, beschildert.

Direkt vor der Platzeinfahrt gehen die **Buslinien 6** und **11** ab, die ca. alle zehn Minuten das Zentrum anfahren. Im Bus kann nicht mehr bar bezahlt werden. Für 6,80 EUR erhält man in der Rezeption des Campingplatzes eine **Chipkarte**, die man dann im Autobus entwerten muss. Der genannte Preis gilt für 2 Personen und zwar für die Hin- und Rückfahrt. In den Bussen lässt es sich auch per Smartphone zahlen. Angeblich verfügen alle Fahrzeuge über ein Lesegerät.

Im Herzen Ljubljanas

Der Bus spuckt uns (nach 11 Stationen) aus, wo man das Herz der Stadt bereits pochen hören kann. Zwei, drei Minuten benötigen wir bis zum **Prešernov trg** (Prešerenplatz), an dem sich das eindrucksvolle Denkmal zu Ehren des Dichters Prešernov erhebt. Nördlich davon steht die mächtige **Franziskanerkirche** mit ihren zwei Türmen (17. Jahrhundert). Im

Inneren des Gotteshauses gefallen die kunstvollen Wand- und Deckenmalereien von Matej Langus - einem slowenischen Künstler. Links des Hauptaltars steht ein gläserner Sarg, der die Reste eines verblichenen Heiligen enthält - ein schauriger Anblick!

Ljubljana: Die imposante Dreierbrücke

Südlich des **Prešernov trg** schließt das wohl berühmteste Bauwerk LJUBLJANAS, die Tromostovje oder **Dreierbrücke**, an. Die drei Brückenkörper, die zu Füßen des **Prešeren-Denkmals** zusammenlaufen, scheinen wie aus einem Guss. Allerdings stammt die mittlere und breiteste Konstruktion aus dem Jahre 1842, erst 1931 fügte der Architekt Jože Plečnik die beiden äußeren Fußgänger- und Radlerbrücken hinzu.

Slowenischer Musikus

„Bedürftige" werden die öffentliche Toilette an der Dreierbrücke schätzen und die Wissensdurstigen freuen sich über die Touristeninfo gleich nebenan.

Der Architekt Jože Plečnik

Jože Plečnik ist einer der berühmtesten Söhne Ljubljanas. Seine Werke fanden nicht nur in Slowenien größte Bewunderung, sondern auch Anerkennung weltweit. 1872 wurde er hier in der Stadt geboren. Nach dem Abitur erfuhr er eine Ausbildung an der Grazer Kunsthochschule, danach studierte er beim Architekten Otto Wagner in Wien. 1911 ging er als Professor an die Kunstschule Prag, später war er maßgeblich an der Renovierung des Prager Hradschin beteiligt. Schließlich kehrte Plečnik in seine Heimatstadt Ljubljana zurück und prägte diese wie kein zweiter. Aus seiner Hand stammen die Kirche St. Franziskus, das Ursulinengymnasium, die National- und Universitätsbibliothek, das Fußballstadion und die Markthallen - nur um einige Beispiele zu nennen. Weitere Spuren seiner Schaffenskraft findet man im ganzen Land und darüber hinaus. Neben Gebäuden, Brücken und Parkanlagen zeichnete sich der Architekt auch für viele (sakrale) Einrichtungsgegenstände (Kelche, Kerzenständer, Leuchter usw.) sowie Möbel verantwortlich, denn er war auch gelernter Möbelbauer bzw. -designer.

Am 7. Januar 1957 verstarb Jože Plečnik. Auf dem Friedhof von Žale, einer Ortschaft etwas außerhalb von Ljubljana, fand er seine letzte Ruhe. Es versteht sich fast von selbst, dass dieser Gottesacker einst von ihm gestaltet wurde. Auch nach dem Tod fanden seine Arbeiten Würdigung in vielen Ausstellungen, u. a. in Wien, München, Mailand, Paris, Washington und New York.

Seitlich der Dreierbrücke beginnen die **Plečnik-Arkaden**, ein überdachter Spazierweg, der ein Stück dem Lauf des Flusses **Ljubljanica** folgt. Dabei berührt man den **Pogarčarjev-Platz**, auf dem jeden Werktag der **Markt** abgehalten wird. Das Angebot ist vielfältig, farbenprächtig und sehr liebevoll angeordnet, da kann man kaum widerstehen. Am Marktplatz erhebt sich auch der **Dom St. Nikolaus**, dessen Inneres herrliche Gemälde zieren. Planen Sie bitte bei einer Stadtbesichtigung ein, dass im allgemeinen Kirchen zwischen 12.00-15.00 Uhr geschlossen sind. Die **Plečnik-Arkaden** enden bei der Zmajski most, der **Lindwurmbrücke**. Dieses 1901 errichtete Bauwerk zählte damals zu den ersten Beton/Eisenkonstruktionen Europas. An jedem Eckpunkt bewacht ein geflügelter Drachen die Brücke. Die Tierchen nehmen diese Aufgabe sehr ernst und wirken

Die Pforte des Doms St. Nikolaus

Ruhe und quirliges Leben 55

Drachen mit sensiblem Schwanz

dementsprechend respekteinflößend. Im übrigen sollen die wilden Gesellen jedesmal - wenn eine Jungfrau des Weges kommt - mit dem Schwanze wackeln. Wir beobachten das Geschehen geraume Zeit und können Ihnen eins berichten: Viel Bewegung ist da ja wirklich nicht drin...

Wir spazieren jetzt hinauf zur **Festung Ljubljanski grad**, die auf einem 376 m hohen Hügel liegt. Ihre Ursprünge gehen bis auf das 9. Jahrhundert zurück, die jetzige Form stammt aus dem 15. Jahrhundert. In den vergangenen Jahren wurde viel restauriert. Mit den alten Vorlagen nahm man es dabei nicht allzu genau, was natürlich vielen Liebhabern solcher Kulturschätze missfällt. Dennoch finden wir die Burg unbedingt sehenswert, und allein der fantastische Blick über die Stadt und weit ins Land hinaus ent-

Ljubljana: Die Universität

schädigt für die kleine Mühe des Aufstieges. Um die schönste Aussicht zu bekommen, muss man allerdings noch den **Burgturm** erklimmen, der täglich von 10.00 Uhr bis zum Einbruch der Dunkelheit geöffnet ist (Eintritt 1,50 EUR). Über einen weiteren Weg, der sich als günstige Alternative erweist, schlendern wir wieder hinab zur Altstadt mit ihren vielen Geschäften und Cafés. In den engen Gassen pulsiert das Leben, und es ist auffallend, wieviele junge Leute hier die „Leichtigkeit des Seins" pflegen. Man trifft sich zum Cappuccino, isst ein Eis, lacht und kichert gern. Man flaniert auf und ab oder rastet auf irgendwelchen Treppenstufen und genießt das Leben. LJUBLJANA ist eine **Universitätsstadt** und zählt nicht weniger als 50.000 Studenten - daher die vielen jungen Gesichter überall in den Straßen!

Markt ist jeden Tag in Ljubljana!

Wir setzen unsere Sightseeing-Tour fort. Noch einmal nehmen wir das **Prešeren-Denkmal** als Ausgangspunkt, gehen jetzt in südlicher Richtung auf die **Schusterbrücke** mit ihren markanten Säulen zu, schwenken aber zuvor rechts in westlicher Richtung ab. Schnell erreichen wir den **Kongressplatz**, in dessen Umfeld zahlreiche Sehenswürdigkeiten auf uns warten. Zum einen ist da die **Philharmonie**, die bereits 1701 gegründet wurde und zu den ältesten der Welt zählt. Beethoven, Brahms und Haydn zählen zu den Ehrenmitgliedern! Nicht weit davon erhebt sich der monumentale Bau der **Universität** mit einer wahrhaft erlesenen Innenausstattung. Vom Balkon des

Gebäudes wurde 1991 die Unabhängigkeitserklärung verlesen. Am westlichen Ende des Kongressplatzes steht die **Ursulinenkirche**, ein Barockbau, der seinesgleichen sucht (geöffnet täglich von 07.30-09.30 Uhr und von 10.30-16.30 Uhr). Der Hochaltar des Gotteshauses zeigt sich prachtvoll und wurde von Meister Robba aus afrikanischem Marmor geschaffen. Vor der Kirche wurde 1693 eine **Pestsäule** (Dreifaltigkeitssäule) errichtet, als Zeichen der Dankbarkeit, dass die Stadt von der Pest verschont blieb.

Hinter der **Ursulinenkirche** schließt der **Platz der Republik** an. Am Rand des Platzes setzt sich das **Kultur- und Kongresszentrum** in Szene. In diesem modernen Bau, an dessen Erscheinungsbild man sich erst ein bisschen gewöhnen muss, finden die mannigfaltigsten Veranstaltungen statt.

Nachdem wir uns kurz mit einem Espresso mobilisiert haben, marschieren wir in nordwestlicher Richtung weiter und berühren dabei das **Nationalmuseum**, das **Opernhaus**, das **Museum der modernen Kunst** und schließlich die **Nationalgalerie**. In Letzterer kann man sich einen Eindruck

Im Kaffeehaus Lolita

über die slowenische Kunst vom Mittelalter bis zum 19. Jahrhundert verschaffen. Die Galerie ist außer montags täglich von 10.00-18.00 Uhr (sonntags nur 10.00-13.00 Uhr) geöffnet, der Eintritt beträgt 2 EUR.

Nachdem wir das Museumsviertel gebührend begutachtet haben, streben wir dem **Park Tivoli** (jenseits der Bahnlinie) zu. In dieser herrlichen Anlage mit ihren bunten Blumenbeeten und einem **barocken Schloss** lässt es sich nach dem Stress der Besichtigungen gut ausspannen.

Falls Sie noch aufnahmefähig sind, dann werfen Sie doch noch einen Blick ins **Internationale Graphikzentrum**, das im Schloss untergebracht ist (täglich außer montags von 10.00-19.00 Uhr und sonntags von 10.00-13.00 Uhr).

Der von uns beschriebene Ljubljana-Rundgang berührt zwar viele sehenswerte und markante Punkte, er spiegelt aber nur einen kleinen Teil dessen wider, was die Metropole zu bieten hat. Ein Stadtplan stellt daher für eine Besichtigung eine unerlässliche Hilfe dar. Entweder Sie lassen sich schon zu Hause einen vom Fremdenverkehrsamt schicken oder Sie wenden sich vor Ort an das **Tourist Information Centre** (TIC) in LJUBLJANA im **Kreskja-Haus** südöstlich der Dreierbrücke (Mačkova Ulica 1, Tel. 1330 111). Hier bekommen Sie das Gewünschte sowie weitere Informationen von einem ausgesprochen freundlichen und kompetenten Personal.

Ljubljana: Schaufenster mit Pep

Was Sie über Ljubljana unbedingt noch wissen wollten...

Ljubljana ist das exakte Zentrum des Landes. Als wacher und aufmerksamer Leser erheben Sie jetzt sicher die Stimme und weisen darauf hin, das Landeszentrum liegt weiter östlich bei der Stadt Litija. Sie haben freilich recht, wenn Sie die geographische Mitte bezeichnen. Hier ist aber die Rede vom energetischen Zentrum Sloweniens, zumindest die Geomantiker haben das festgestellt.

Fällt Ihnen wider Erwarten gerade spontan nichts zu diesem Begriff ein, so wollen wir Ihnen beispringen. Menschen, die aus Linien und Figuren wahrzusagen vermögen, die sich mit spirituellen Ebenen auseinandersetzen und die sich mit unsichtbaren Dimensionen beschäftigen - das sind Geomantiker. Einer dieser Gattung, Marko Pogačnik, behauptet nun folgendes: Es verlaufe eine Energielinie von West nach Ost und zwar vom Tivolipark über die Dreierbrücke und weiter bis zur Kathedrale. Die Nordsüdlinie (selbige führt von Prag nach Ljubljana) stoße im Park auf die Ostwestlinie und verlaufe über die Trnovobrücke zur Kirche des Hl. Johannes. Eine zusätzliche Nordostlinie (das ist jene, die von Graz kommt) treffe bei der Kathedrale auf die Ostwestlinie, fließe dann weiter bis zur Trnovokirche und erreiche dort die zuvor erwähnte Nordsüdlinie. Sie erinnern sich - richtig - das ist die von Prag. Und schon hat sich ein Dreieck erschlossen, in dem es vor Energie nur so knistert!

Wir möchten uns noch einmal des Wissens von Marko Pogačnik bedienen, der da sagt: Die Kräfte der Geburt bündeln sich bei der Trnovobrücke, bei der Dreierbrücke die der Kreativität. Im Navjepark, nördlich des Bahnhofs, wirkt die Energie der Veränderung und Zerstörung. Im Klartext heißt das, die des Todes! Wir waren ja schon viel in Ljubljana unterwegs, in den Navjepark hat es uns noch nie gezogen...

Nur der Vollständigkeit halber: Wie allgemein bekannt ist, nennt man die Energielinien auch Leylinien. Aber wem sagen wir das!

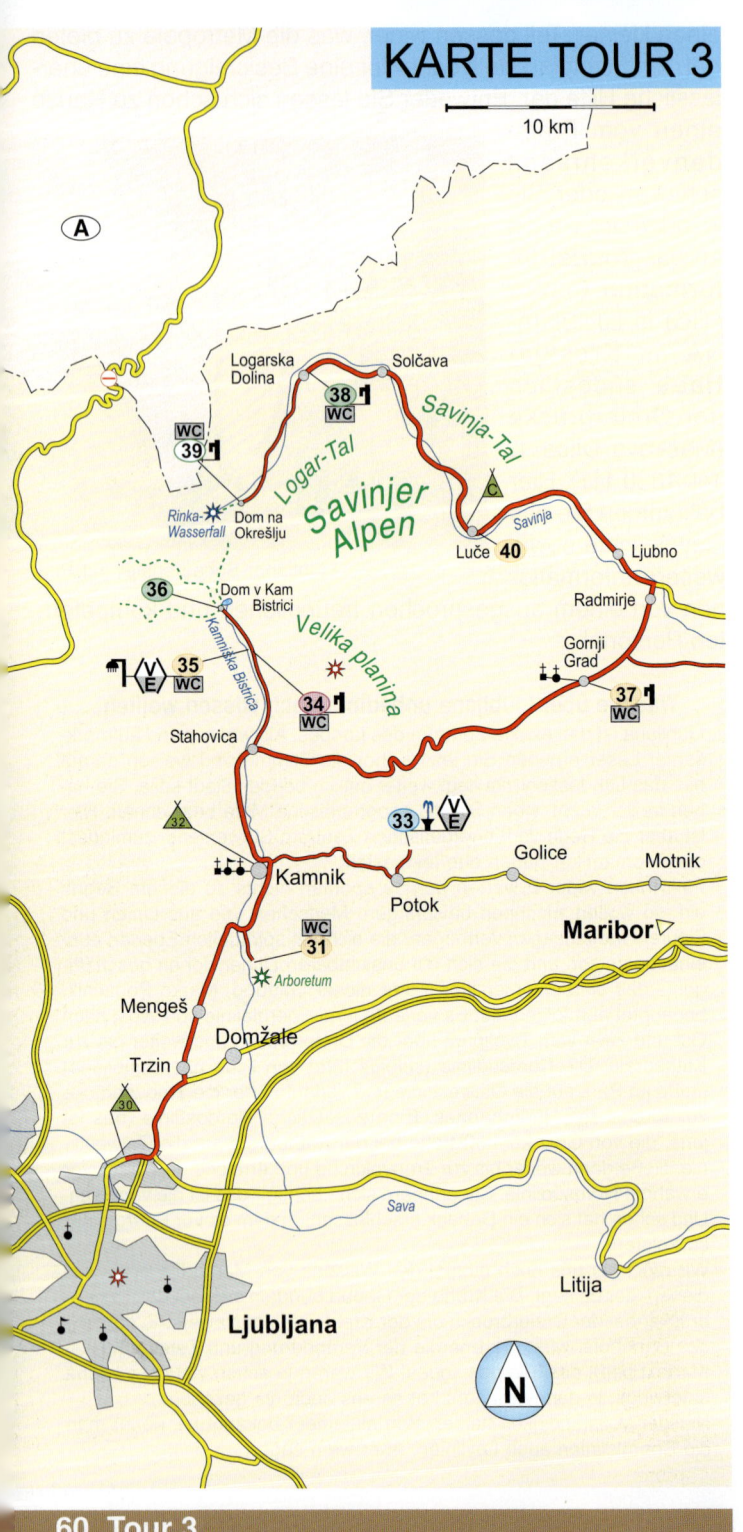

Tour 3 (125 km / 4-5 Tage)

Ljubljana - Domžale - Kamnik - Stahovica - Velika planina - Dom v. Kam Bistrici - Stahovica - Gornji Grad - Radmirje - Luče - Logarska Dolina

Freies Übernachten:	Beim Arboretum Volčji potok, bei der Therme Snovik, an der Velika planina - Talstation, beim Dom v. Kam Bistrici, beim Kloster in Gornji Grad und in Podbreg.
Campingplätze:	„Resnik" in Kamnik, evtl. „Šmica" bei Luče.
Besichtigen:	Das Arboretum nahe Kamnik, den Ortskern von Kamnik, die Hochalm Velika planina, Benediktinerkloster in Gornji Grad, Felsturm Igla im Oberen Savinjatal, Rinka-Wasserfall im Logartal.
Wandern:	Auf dem Hochplateau Velika planina und in den Kamniker-Alpen.
Radfahren:	Im Oberen Savinjatal und im Logartal.
Baden:	In der Therme Snovik.

Nachdem wir drei Tage die Sehenswürdigkeiten der Hauptstadt bewundert haben, freuen wir uns auf neue Abenteuer. Wir verlassen den Campingplatz in LJUBLJANA in nördlicher Richtung und orientieren uns zunächst an den Hinweisen nach MARIBOR. Schon nach 2,5 km biegen wir links nach DOMŽALE ab und bald darauf nochmals links, den Schildern nach KAMNIK folgend. Es ist die reinste Kreisverkehrorgie - aber zugegeben, nicht ganz unpraktisch. Ein Stück vor KAMNIK zweigt rechts eine Straße ab (natürlich auch in einem Kreisel), die uns zu einem wahren Schmuckkästchen führt - und

Das Arboretum Volčji potok - bunt und vielseitig

GeheimnisvolleTäler

zwar zu dem „einzigen und größten" **Arboretum** Sloweniens, wie ein Prospekt sinnigerweise verspricht. Mittlerweile ist auch die Zufahrt gut beschildert. Nach weiteren 1,8 km ist der Eingang zu diesem kleinen Paradies erreicht. Ungefähr auf halber Strecke dahin führt links ein geteerter Weg zum Hotel Arboretum mit einem weitläufigen **9-Loch-Golfplatz** und großem Parkplatz in schöner Umgebung (evtl. Übernachtungsmöglichkeit).

Wir rangieren unser WOMO auf den Arboretum-Parkplatz, den wir uns für die Nachtruhe auserkoren haben. Insgesamt stehen drei Parkplätze zur Verfügung. Eine Polizeistreife kommt vorbei und schaut nach dem Rechten. Sicherheitshalber fragen wir, ob man hier nächtigen kann. „Kein Problem" lautet die Antwort, „aber Markise, Tisch und Stühle dürfen nicht aufgestellt werden".

---

(031) WOMO-Stellplatz: Arboretum Volčji potok
GPS: N 46° 11' 04.9" E 14° 36' 23.4"   max. WOMOs: 10
Ausstattung/Lage: Toilette, Mülltonnen / außerorts.
Zufahrt: Von der Straße nach Kamnik in einem Kreisverkehr rechts abbiegen, dann noch 1,8 km, gut beschildert.

Wir betreten das 88 ha große Gelände durch eine lange Kastanienallee. Die Bäume haben sich für uns feingemacht und empfangen uns mit weißrosa Blütenkerzen. Rechter Hand sind in einer weiten Rasenfläche Beete eingelassen, die die Form von Schmetterlingen aufweisen und mit bunten Tulpen bepflanzt sind. Erhöhte Aussichtspunkte ermöglichen eine bes-

Ein anderes Gesicht des Arboretums: Der Barockgarten

sere Übersicht auf die Blumenpracht. Zur Linken erstrecken sich ebenfalls farbenprächtige Tulpenfelder, und aus einem Teich erschallt ein vielstimmiges Froschkonzert. Auf einem verschlungenen Schienennetz sucht sich eine Bimmelbahn, bestehend aus einer Lokomotive und drei Wagen, ihren Weg durch das Blütenmeer. Kleine und auch „große" Kinder haben offensichtlich viel Spaß daran. Dringt man etwas tiefer in den Park ein, so trifft man auf Figuren von Elefanten und Enten, die mit Stiefmütterchen und Eisbegonien bepflanzt sind. Es folgt ein weiterer Teich, über den zwei Schwäne gleiten. Er ist umstanden mit rotlaubigem Ahorn und edlen Nadelhölzern. In einer Voliere flattern munter einige Goldfasane und Rebhühner hin und her. Auf einer ausladenden rechteckigen Fläche breitet sich ein Barockgarten aus. Früher erhob sich hier ein Schloss, welches aber 1944 einem Brand zum Opfer fiel. Jetzt findet man an dieser Stelle kunstvoll beschnittene Buchsbaumhecken und mit Liebe herausfrisierte Figuren. Eigentlich very british! Wir schlendern in einen weiteren Teil des Gartens. Im Halbschatten höherer Bäume erblühen bereits die ersten Azaleen und Rhododendren. Unter der Plastikhaut eines Gewächshauses erleben wir eine Sonderschau. Zwischen Bambussprossen, Clematisranken und kleinen Springbrunnen fühlen sich Bromelien und Orchideen in allen Variationen sichtlich wohl. Ein Stück des Weges weiter entdecken wir eine neue Attraktion.

Aus verschiedenfarbigen Sommerblühern ist das Zifferblatt einer Uhr nachgebildet. Ein am richtigen Punkt angebrachter Holzmast wirft seinen Schatten - je nach Sonneneinstrahlung - auf die entsprechenden Zahlen und lässt den Besucher so wissen, welche Stunde ihm geschlagen hat.
Na, klingt das nicht alles vielversprechend?
In einem idyllisch gelegenen Café kann man eine Rast einlegen und sich mit einem Eis oder einem Cappuccino wieder in Schwung bringen. Auch an den Nachwuchs wurde gedacht, ein schöner Spielplatz verwandelt murrende Kinder wieder in „schnurrende".

GeheimnisvolleTäler 63

Sollte der Dino Hunger haben...?

Neu gestaltet wurde ein Teil des Parks ein Stück oberhalb des Cafés. Auf einer Wiese, die von Bäumen umgeben ist, tummelt sich ein ganzes Heer von furchterregenden Dinosauriereren. Sogar ein Flugsaurier „schwebt" durch die Lüfte. Die Artenvielfalt beeindruckt. Vermutlich gab es in der ganzen früheren Erdgeschichte nie eine solch friedliche Monstervereinigung wie hier! Teilweise messen die Burschen mehr als 10 m Länge. Wirklich Respekt einflößend! Nicht zu übersehen ist auch ein Riesenmammut, das erhaben auf der Wiese weidet. Es wirkt ein bisschen wie der Chef des Ganzen. Dagegen erscheinen die in der Nähe ein Wildschwein jagenden Neandertaler fast zierlich...

Unsere kleine Beschreibung ist natürlich bei weitem nicht vollständig, sie soll nur den Appetit anregen. Je nach Jahreszeit wechselt die Pflanzenpalette, und zu verschiedenen Terminen gibt es Sonderschauen. Geöffnet ist das Arboretum während der Sommermonate von 08.00-20.00 Uhr, ansonsten von 08.00-18.00 Uhr. Der Eintrittspreis beträgt für Erwachsene 7,50 EUR (Rentner 6,50 EUR) und für Kinder 6 EUR.

Nach KAMNIK ist es nur ein Katzensprung. Das mittelalterliche Städtchen liegt an der **Kamniška Bistrica** und besitzt Charme. Von einem niedrigen Felsriegel aus wachen eine kleine **romanische Kapelle** (mit schönen Fresken aus dem 15. Jahrhundert) und die **Kleine Burg** (Mali Grad) über die 10.000 Seelen des Ortes. Zwischen 09.00 und 18.00 Uhr ist das Gelände frei zugänglich, will man das Kirchlein genauer inspizieren, muss man sich den Schlüssel im Fremdenverkehrsamt (nahe der Brücke) holen. In der kleinen Burg lebte einst die

Kamnik - die Kleine Burg

Gräfin Veronika, die ob ihrer abgrundtiefen Bosheit zur Hälfte in eine Schlange verwandelt wurde. Sie galt als gehässig und jähzornig. Als sie einst um eine Spende für einen Kirchenbau gebeten wurde, geriet sie darüber so in Rage, dass sie zornentbrannt mit der nackten Faust in die Burgmauer hieb. Der Abdruck ist noch heute zu sehen...

Am **Frančiškanski trg** - der Name kündigt es schon an - erhebt sich die **Johannes-Kirche** mit dem **Franziskanerkloster**, das über eine umfangreiche **Bibliothek** verfügt. Ein weiteres eindrucksvolles Gotteshaus steht am Ende einer kurzen, heimeligen Fußgängerzone und trägt mächtige **Heiligenfiguren** auf seinem Dach. Die **Kirche** ist der **Heiligen Maria** geweiht und hebt sich durch einen **frei stehenden Turm** von den anderen ab.

Streift man durch die Straßenzüge des Städtchens, so wird man der vielen prachtvollen **schmiedeeisernen Ladenschilder** gewahr, die an den Fassaden der altehrwürdigen Häuser hängen. Es gibt auch noch ein paar Geschäfte, denen das Flair längst vergangener Zeiten anhaftet. Werfen Sie doch mal einen Blick in das **Uhrengeschäft** in der **Maistrova ulica**, das ist die Straße, die von der Brücke stadteinwärts führt. In diesem Laden tickt es in allen Variationen, und die Besitzerin hält gerne ein Pläuschchen mit Ihnen - in gutem Deutsch übrigens!

Falls Ihnen nach einer Stärkung zumute ist, sei Ihnen das Café Veronika unterhalb des Burghügels empfohlen. Um Ihre körperliche Unversehrtheit brauchen Sie nicht zu fürchten - die

Ticken hier alle richtig?

Geheimnisvolle Täler

Gräfin war nur die Namensgeberin des Lokals. Bedient werden Sie hingegen nur von zarter Mädchenhand...
Am Ortsrand gibt es einen winzigen Campingplatz mit einfacher, aber sauberer Ausstattung.

> **(032) WOMO-Campingplatz-Tipp: „Camping Resnik" in Kamnik**
> **GPS:** N 46° 13' 39.8" E 14° 37' 09.5" **Öffnungszeit:** 01.05.-30.09.
> **Ausstattung/Lage:** Kleine Bar, Gaststätte und Geschäfte bzw. Zentrum 400 m, Schwimmbad und Tennisplatz nahebei, teilweise Schatten / Ortsrand.
> **Zufahrt:** An der Straße in Richtung Celje, beschildert.

Folgt man vom Campingplatz aus der Umgehungsstraße, so erreicht man über das Örtchen SOTESKA nach 8,3 km schließlich POTOK. Etwas außerhalb des Dorfes erwartet eine neu erbaute **Therme** ihre Besucher. Zwei Parkplätze stehen zur Verfügung. Auf einem der beiden gibt es eine jener grünen Versorgungssäulen, auf die man in Slowenien immer wieder trifft. Sie bietet auch 4 Stromanschlüsse. Eigentlich eine feine Sache, wenn nur diese Säule nicht so selten dämlich angebracht wäre...

> **(033) WOMO-Badeplatz: Snovik Terme**
> **GPS:** N 46° 13' 33.5" E 14° 42' 13.8" **max. WOMOs:** 12
> **Ausstattung/Lage:** VE-Station mit 4 Stromanschlüssen, Beleuchtung, Mülleimer, Gaststätte und Café in der Therme / außerorts.
> **Zufahrt:** Von Kamnik nach Potok fahren (8,3 km), am Ortsanfang links abbiegen, dann noch 1 km, gut beschildert.

Geöffnet ist das Bad täglich von 09.00-20.00 Uhr, am Wochenende bis 22.00 Uhr. Der Eintrittspreis beträgt für Erwachsene 14 EUR bzw. 16 EUR am Wochenende. Kinder bezahlen 11 bzw. 13 EUR.
Wir fahren nach KAMNIK zurück. Unser nächster Abstecher führt uns ins **Kamniška Bistrica-Tal**, geradewegs auf die imposanten Gipfel der **Kamnišker** (**Steiner**) **Alpen** zu. Wir durchfahren das Dörfchen STRANJE, in dem eine kleine Kirche erhaben von einer Anhöhe herunterblickt. In STAHOVICA zweigt die Straße halblinks ab. Am Ortsende links befindet sich ein großer, ebener und geteerter Parkplatz. Man kann schön am

Nagelneu: Die Therme Snovik

Flussufer stehen, eine Rast einlegen und eventuell auch übernachten. Das vorgelagerte Zementwerk stellt kaum einen Störfaktor dar. Ruhiger und noch idyllischer wird es, wenn man tiefer in das Tal eindringt. Die relativ breite Straße folgt dem Flusslauf, das Tal verengt sich. Zur Linken reißt ein mächtiger Steinbruch schlimme Wunden in den grünen Tann. Ein Umstand, der gerade in dieser fantastischen Umgebung ein bisschen weh tut. In einigen Schwüngen geht es leicht bergan, und rund 8 km nach KAMNIK erreichen wir die Talstation der **Gondelbahn**, die auf die **Hochebene Velika planina** hinaufführt. Rechts der Straße breitet sich ein großer, ebener und sonniger Parkplatz aus. Da sollte doch selbst bei größtem Ansturm immer ein Plätzchen frei sein.

---

(034) WOMO-Picknickplatz: Velika planina-Talstation
GPS: N 46° 18' 19.7" E 14° 36' 29.0"   max. **WOMOs:** 12
Ausstattung/Lage: Bar, Wasser, Toilette, Restaurant 300 m, Spielplatz / außerorts.
Zufahrt: 8 km nach Kamnik, gegenüber der Seilbahnstation rechts.

Direkt neben der Seilbahnstation (also links der Straße) gibt es ein kleines Minicamp. Neben winzigen und einfachen Hütten bleibt doch tatsächlich noch etwas Raum für ein paar Wohnmobile. Die Sanitäranlagen bieten genau ein Waschbecken, exakt eine Dusche sowie ein einfaches Toilettenhäuschen. Für die lieben Kleinen wurde ein Spieltürmchen mit Schaukel aufgestellt. Minicamp darf man hier wörtlich nehmen - alles zeigt sich hier mini - mini...

---

(035) WOMO-Stellplatz/Minicamp: Velika planina-Seilbahnstation
GPS: N 46° 18' 19.9" E 14° 36' 29.2"   max. **WOMOs:** 6
Ausstattung/Lage: Entsorgung, Wasser, Strom, Dusche, Toilette, Beleuchtung, winziger Spielplatz, Gaststätte an der Seilbahnstation / außerorts.
Zufahrt: 8 km nach Kamnik, an der Seilbahnstation links, dann gleich wieder links.

<u>Noch eine Anmerkung:</u> Bestimmt haben Sie den großen Campingplatzhinweis beim Parkplatz gesehen. Bitte fahren Sie die 300 m lange Schotterstraße nicht hinauf - der Platz ist nur für Zelte geeignet. Wenn Sie aber den kleinen Spaziergang nicht scheuen, so gibt es als Belohnung in der angrenzenden Almhütte ein einfaches, aber gutes Essen. Jetzt haben Sie die Qual der Wahl! Entweder Sie traben im Schweiße des Angesichts

Freundlicher „Berggeist"

in ca. drei Stunden auf Schusters Rappen hinauf zur 1550 m hoch gelegenen Bergstation und treffen dort all die ausgeruhten Leute wieder, die mit der Gondel hinauf geschaukelt sind - oder Sie tun es ihnen gleich! Vielleicht hilft Ihnen bei Ihrer Entscheidungsfindung auch, wenn Sie erfahren, dass es von der Bergstation noch ein geraumes Stück mit einem Sessellift über die weiten Almmatten in sonnige Bergeshöhen geht. Das Schöne dabei ist, die Benutzung der Sesselbahn ist inklusive (Nebensaison).

„Abflug" der Gondel ist jeweils zur vollen Stunde, bei Bedarf auch öfter (Preise zwischen 11 und 16 Euro).

Bestimmt sind Sie schon neugierig, was Sie auf der **Velika planina** erwartet. Im Winter wird sie als **Skigebiet** genutzt, etliche Schlepplifte durchziehen den Föhrenbewuchs. Ab dem Frühjahr kann man auf zahlreichen Wegen nach Herzenslust wandern und sich an den blauen Blüten des Enzians erfreu-

Typische Almhütten auf der Hochebene Velika planina

en, die überall ihre Kelche der Sonne entgegenrecken. Auf dem Hochplateau liegen weit über **500 Almhütten** verstreut. Die urigen Holzhäuschen sind vorwiegend mit Schindeln gedeckt, sieht man von einigen Stilbrüchen, die mit Blechdächern versehen sind, einmal ab. Im Frühling sind die meisten Hütten noch verwaist, doch im Frühsommer ziehen die Hirten mit ihren Kühen, Schafen und Ziegen hinauf auf die Almen, und es kehrt Leben ein. Die Senner bieten ihre Produkte - Käse, Quark und dergleichen mehr - zum Verkauf an. Man kann sich auch nur auf einem Bänkchen niederlassen, um ein Glas Milch zu trinken. Sie werden erstaunt sein, wie wenig Ähnlichkeit dieses Getränk mit den bekannten Erzeugnissen gleichen Namens aus dem Supermarkt hat.

Wenn möglich, wählen Sie für Ihren Ausflug auf die **Velika planina** einen klaren Tag. Die Sicht ist wahrhaft gigantisch. Zum einen fesseln die grauen Felsengipfel der **Steiner Alpen** den Blick, zum anderen schweift er über die weiten Ebenen des **Kamniker Landes**.

Von der Talstation führt die Straße weiter bis zu einer Berggaststätte (Dom v. Kam Bistrici) und mündet da in einen ebenen, geschotterten Parkplatz inmitten herrlicher Natur.

(036) WOMO-Wanderparkplatz: Dom Bistrici
GPS: N 46° 19' 38.3" E 14° 35' 21.9"
max. WOMOs: 5
Ausstattung/Lage: Gasthaus, Spielplatz, Mülltonne / außerorts.
Zufahrt: 2,9 km nach der Gondelbahn-Station, am Ende der Straße.

Neben dem teilweise schattigen Parkplatz eilt die **Bistrica** vorbei und bildet hier einen **winzigen See**. Da lässt es sich wunderbar faulenzen und dabei dem Gemurmel der Wassergeister lauschen. Etwas oberhalb steht eine kleine hübsche **Kapelle**, bei der man noch einen Moment andächtig verharren kann, bevor man vielleicht eine ausgedehnte Wanderung in höhere Felsregionen in Angriff nimmt.

WOMO-Wandertipp: Kamniker Alpen
Die wichtigsten Wanderwege sind markiert. Empfehlenswert sind die leichten bis mittelschweren Aufstiege zum **Kokra-Sattel** (Kokrško Sedlo) in 1791 m Höhe und zum **Kamnik-Sattel** (Kamniško Sedlo) in 1903 m Höhe. Auf jedem der Sattel erwartet Sie eine **Berghütte**. Die Wanderungen dauern (hin und zurück) ca. 6-7 Stunden. Schwieriger und zeitaufwendiger sind die Exkursionen auf den 2558 m hohen **Grintovec** (ca. 11 Std. hin und zurück), auf den 2251 m hohen **Brana** (ca. 8 Std. hin und zurück) und den 2394 m hohen **Planjava** (10 Std. hin und zurück). Auf Wunsch vermittelt Ihnen auch das örtliche Fremdenverkehrsamt in Kamnik einen erfahrenen Bergführer!

Kleines Paradies nahe der Dom v. Kam Bistrici

Wir rollen zurück nach STAHOVICA, biegen hier links ab in Richtung GORNJI GRAD und haben wieder Neuland unter den Reifen. Das Tal schwelgt in üppigem Grün. Ein Bächlein begleitet uns durch die liebliche Landschaft. In einigen Kehren windet sich die Straße den Waldberg hinan. Die Steigung ist harmlos, ab und zu gibt es engere Passagen - aber sonderlich gefordert wird der Fahrer nicht. Manchmal haben sich ein paar Häuser zu einem Weiler zusammengefunden, in deren Umfeld besonders prächtige Exemplare der berühmten **Heuharfen** (Vorrichtungen zur Grastrocknung) stehen. Rund 10 km nach der Abzweigung in STAHOVICA haben wir den höchsten Punkt des Bergrückens erreicht (zuvor kleiner Picknickplatz mit schöner Aussicht), danach senkt sich die Straße wieder mit 10% Gefälle ab und führt schließlich durch bunte Blumenwiesen, bewaldete Abschnitte und kleinere Ortschaften nach GORNJI GRAD (Brunnen am Ortsanfang rechts). Schon von weitem ist

Benediktinerkloster in Gornji Grad

der wuchtige Bau des **Benediktinerklosters** mit seiner **barocken Kirche** erkennbar. Direkt am Kloster nimmt ein großer Parkplatz Besucherfahrzeuge und Reisebusse auf.

> **(037) WOMO-Stellplatz: Gornji Grad**
> **GPS:** N 46° 17' 41.4" E 14° 48' 24.2" max. **WOMOs:** 5
> **Ausstattung/Lage:** Wasserstelle, Toilette, Mülltonne, Restaurants und Geschäfte in der Nähe / im Ort.
> **Zufahrt:** Direkt am Benediktinerkloster.

Der Wasserzapfhahn befindet sich seitlich der Kirche neben einem Kiosk.

Wir statten dem Gotteshaus mit seiner mächtigen 56 m hohen Kuppel einen Besuch ab, was täglich zwischen 09.00 und 10.00 Uhr möglich ist. Das Innere zeigt sich überraschend hell und freundlich, aber es herrscht eine Grabeskälte. Besonders bemerkenswert sind die sorgfältig angefertigten Gemälde des Seitenaltars von einem vermutlich österreichischen Künstler.

Das kleine **ethnologische Museum** in einem seitlichen Anbau ist geschlossen, obwohl ein optimistisches „open"-Schild den Eingang ziert. Die üblichen Besuchszeiten sind - bzw. sollten sein - täglich von 09.00-11.00 Uhr und von 15.00-17.00 Uhr.

Am Ende der Ortschaft GORNJI GRAD haben Sie die Wahl! Entweder Sie entscheiden sich für einen Ausflug ins **Logartal** oder Sie biegen hier gleich rechts ab und kommen so auf kürzestem Wege nach NARZARJE. Die Straße dahin zeigt sich recht ordentlich, die Landschaft präsentiert sich idyllisch.

Wir nehmen jetzt erstmal das **Logartal** in Angriff. Ein paar Kilometer weiter stoßen wir bei RADMIRJE auf eine Kreuzung, an der wir uns links in Richtung **Logarska Dolina** (Oberes **Savinjatal** bzw. **Logartal**) orientieren. 33 km sind es bis dahin, und sie versprechen erlebnisreich zu werden. Das **Savinjatal** erlangte seine Berühmtheit nicht nur durch seine fantastische Bergwelt, sondern auch durch den **Hopfenanbau** wurde es über die Landesgrenzen hinaus bekannt. Besonders in den tieferen Lagen findet man häufig die riesigen Felder mit den arbeitsaufwendigen Draht- und Bindfadenkonstruktionen.

Bald taucht die erste Ortschaft - LJUBNO - auf. Der Blick wird sogleich auf ein eigenwilliges Kriegerdenkmal gelenkt. Die Straße streift das schmale Bergdorf nur. Will man hineinfahren, so kann man das über eine mit leuchtend roten Geranien geschmückte Brücke tun. Wir folgen weiter dem Lauf der **Savinja** und kreuzen dabei das Flüsschen mehrmals auf alten Holzbrücken. Die Landschaft nimmt alpinen Charakter an, die Berge rücken näher zusammen. Wir nähern uns LUČE, einem netten Touristenort, der vor einigen Jahren sogar preisgekrönt wurde. Bereits ein Stück vor dem Dorf wird die Straße schmaler und der Belag schlechter. Das Intermezzo ist nur von kurzer Dauer, mit Wiederholungen im weiteren Verlauf muss allerdings gerechnet werden. Etwas außerhalb von LUČE liegt rechter Hand der **Campingplatz Šmica** (neue Gaststätte und Tennisplatz), der bei Bikern, Kanu- und Kajakfahrern gleichermaßen beliebt ist.

„Catwalk" für Wanderer

Nach einigen Kilometern erreichen wir eine interessante Stelle. Das Tal verengt sich vorübergehend zu einer Schlucht. Bei einem Picknickplatz mit Imbissbude führt eine **hölzerne Hängebrücke** an die andere Uferseite der **Savinja** - danach zieht ein ca.1 km langer **Wanderweg** durch den Wald. Die Brückenkonstruktion wird von Stahlseilen getragen, weist eine beträchtliche Schieflage auf und wippt bei der Begehung ordentlich nach. Ängstliche Naturen nehmen mit Genugtuung die geringe Höhe des schwankenden Steges zur Kenntnis.
Oberhalb des Picknickplatzes erhebt sich ein spektakulärer

Felsenturm. Das Gebilde wird **Igla** - die Nadel - genannt. Ähnlich spektakulär verlaufen die nächsten 100 m unserer Straße. Sie beschreibt einen Bogen um einen markanten Felsen herum, der mit ein paar grimmig hervorstehenden Nasen sich zur Aufgabe gemacht hat, WOMO-Fahrer zu erschrecken. Die Bedrohung ist aber nur vermeintlich, ein Schild erlaubt die Durchfahrt bis zu einer Höhe von 3,80 m, schließlich müssen ja auch die Reisebusse durch! ROGOVILC kündigt sich an. Unmittelbar

Der Felsenturm Igla

davor zweigt ein Weg nach **Robanov kot** ab. In dem naturgeschützten Tal gibt es zahlreiche Wanderwege. Wir fahren weiter über SOLČAVA, dem höchst gelegenen Dorf des **Savinjatales**, und gelangen schließlich an den Anfang des **Logarska Dolina** - des **Logartals**. Der Punkt ist unverkennbar, denn eine **Mautstelle** begrüßt uns! Ca. 300 m davor befindet sich links der Straße ein schöngelegener Waldparkplatz (10 EUR pro Nacht - vorübergehend Parken ist frei).

---

(038) WOMO-Wanderparkplatz: Podbreg
GPS: N 46° 25' 11.1" E 14° 38' 43.9"　　　　　　　　　　　**max. WOMOs:** 10
Ausstattung/Lage: Wasserstelle, Dixi-Toilette, Mülltonne / außerorts.
Zufahrt: 300 m vor der Mautstelle links.

Wir wollen natürlich den vor uns liegenden Talkessel erkunden, deswegen spendieren wir der freundlichen Maid am Kassenhäuschen die gewünschten 9 EUR. Umgehend dürfen wir passieren, was mit einer graziösen Geste des Mädchens noch unterstrichen wird! Das Ticket gilt übrigens für sieben Tage, man kann also - so man möchte - das schöne Tal öfter besuchen. Übernachten ist nicht mehr gestattet!
Vor uns öffnet sich ein zunächst weites Tal, dessen Wiesen mit den gelben Löwenzahnköpfen geradezu überschwemmt

Das Mauthäuschen an der Einfahrt zum Logartal

sind. In der Mitte des Bildes rauschen dunkle Wälder, im Hintergrund erheben sich die hohen Felsengipfel der **Steiner Alpen** vor der Kulisse eines mit Wolken behangenen Himmels. Wirklich sehr eindrucksvoll! Die friedlich bei einem Bauernhof grasenden Vierbeiner scheint das wenig zu kümmern. Die Tiere tragen lange, geschwungene Hörner und werden von einem dichten zotteligen Fell gewärmt. Wider besseren Wissens beschließen wir, dass es Büffel sind und überlassen sie ihrem Schicksal.

Entlang dem 7 km langen, teils frisch geteerten, teils auch buckligen Weg durch den Naturpark treffen wir immer wieder auf idyllisch gelegene **Parkplätze**, bisweilen warten auch **Gaststätten** auf Kundschaft, und vielerorts gehen **Wanderwege** ab.

Idylle im Logar-Tal

Bitte parken Sie keinesfalls außerhalb der dafür vorgesehenen Flächen - mit Recht ist man da sehr sensibel!

Ist das Talende erreicht, mündet die Straße in einen großen

Kreisverkehr, um den sich zahlreiche vorwiegend schattige Parkflächen gruppieren - einige davon sind allerdings reichlich krumm und schief.

> **(039) WOMO-Wanderparkplatz: Logartal**
> **GPS:** N 46° 22' 09.9" E 14° 35' 57.0" max. **WOMOs:** 6
> **Ausstattung/Lage:** Restaurant, Kiosk, Wasserstelle, WC, Mülltonnen / außerorts.
> **Zufahrt:** Am Ende der 7 km langen Stichstraße (ab Mautstelle).

Von dieser Basis aus sind zahlreiche (anspruchsvolle) Wanderungen möglich. Dabei lassen sich Gipfel erstürmen, die weit über der 2000-m-Marke liegen. Der kleine Wanderführer, den man bei der Einfahrt ins Tal erhält, stellt keine große Hilfe dar - er ist kaum mehr als eine nette Geste. Wenn Sie hochalpine Regionen erklimmen wollen, besorgen Sie sich vorher geeignetes Kartenmaterial! In der Gegend plätschern mehr als 20 Wasserfälle. Ein schöner Ausflug führt zum **Rinka-Wasserfall**, der zugleich der höchste Sloweniens ist.

Der markierte Weg dahin beginnt **gegenüber** dem **Kiosk** am Parkplatz und führt hinauf durch schattige Wälder. Bereits nach einer viertel Stunde verlässt man das schattenspendende Blätterdach, und der Blick wird frei auf den schmalen, aus 90 m Höhe herabstürzenden **Rinka-Fall**. Über etliche Stufen erklimmen wir ein seitlich stehendes und etwas abenteuerlich aussehendes Holzgerüst. Oben angelangt, sind wir ganz überrascht, dass dieser Aussichtspunkt eine kleine Bar beherbergt, in der man sich einen Kaffee gönnen kann. Will man es genau wissen, so kann man über einen Steig in einigen Minuten zur oberen Kante des Wasserfalls gelangen. Leider hat es zu regnen begonnen, und der Weg ist rutschig geworden. Deswegen verkneifen wir uns den weiteren Aufstieg und treten den Rückzug an.

Eine weitere Attraktion des **Logartals** ist die **Snežna Jama**, diese sog. **Schneehöhle** kann aber leider nur in der Saison und da nur am Wochenende besucht werden. Nähere Infos erhalten Sie unter Tel.: 723 211 - wie es heißt auch auf Deutsch.

GeheimnisvolleTäler

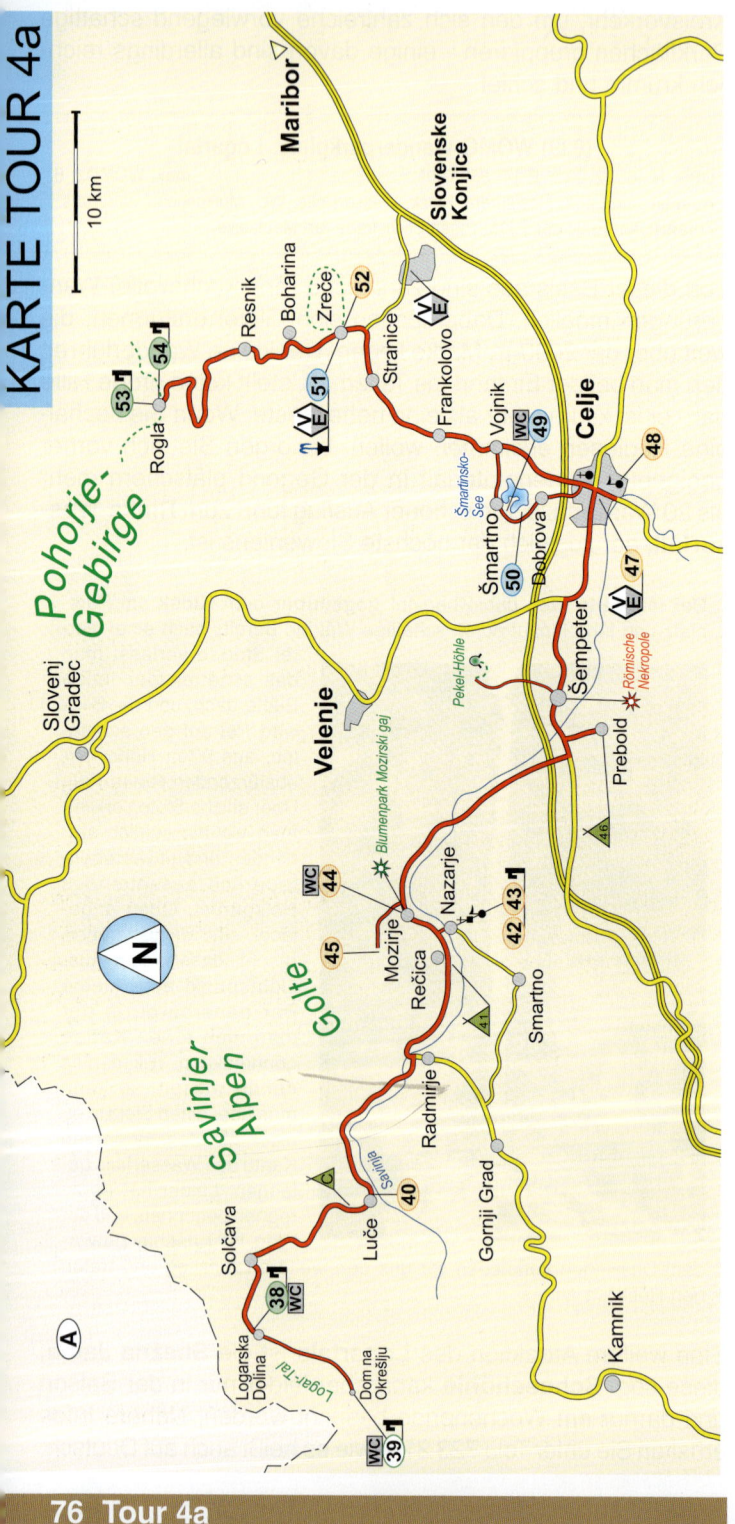

Tour 4 a (160 km / 5-6 Tage)

Logarska Dolina - Nazarje - Mozirje - Prebold - Šempeter - Celje - Vojnik - Zreče - Rogla

Freies Übernachten:	In Luče, in Nazarje und Mozirje, bei der Golte-Bahn, in Celje, am Šmartinsko-See, beim Hotel Dobrava in Zreče, nahe dem Hotel Planja in Rogla.
Campingplätze:	„Menina" bei Rečica, „Dolina" in Prebold.
Besichtigen:	Das Franziskanerkloster in Nazarje, den Blumenpark in Mozirje, die Römische Nekropole in Šempeter, den Stadtkern von Celje.
Wandern:	In der Umgebung von Zreče und rund um Rogla.
Radfahren:	Ausgewiesene Wege bei Zreče, Mountainbiken bei Rogla.
Baden:	Im Šmartinsko-See und im Thermalbad von Zreče.

Auf der Rückfahrt aus dem **Logartal** entdecken wir nach LUČE zwei beieinander liegende Parkplätze - so steht einem Bummel durchs Dörfchen oder einer Übernachtung nichts im Wege.

(040) WOMO-Stellplätze: Luče
GPS: N 46° 21' 17.5" E 14° 44' 55.3" **max. WOMOs:** 4
Ausstattung/Lage: Tisch/Bank-Kombination, Mülltonne, Gaststätten und Geschäfte nahebei / Ortsrand.
Zufahrt: Nach dem Ortsende gleich rechts.

Es geht weiter bis zur Kreuzung in RADMIRJE. Hier orientieren wir uns in Großrichtung CELJE. Das **Savinjatal** wird breiter und lieblicher, die Berge haben nur noch Mittelgebirgscharakter. In OKONINA fällt uns ein **Kirchlein** auf, das gleich **vier Zwiebeltürme** zu tragen hat. Gemächlich lassen wir uns das Sträßlein entlang treiben. Es herrscht nur wenig Verkehr, auch der Fahrer hat Muße, über die bunten Wiesen und Waldberge zu blicken. Bald entdecken wir einen Hinweis zum Campingplatz Menina. Das Camp liegt ca. 2 km abseits der Straße in einem lichten Wäldchen mit einem kleinen Teich.

(041) WOMO-Campingplatz-Tipp: „Menina" bei Rečica
GPS: N 46° 18' 41.9" E 14° 54' 31.6" **Öffnungszeit:** Ganzjährig
Ausstattung/Lage: Restaurant 2 km, Geschäft und Zentrum von Rečica 0,4 km, kleiner Badeteich / Ortsrand.
Zufahrt: Gut ausgeschildert.

Unser nächster Anlaufpunkt ist aber NAZARJE. Von der Umgehungsstraße biegen wir in Richtung Ortskern ab. Linker

Nazarje: Die frisch renovierte Burg Urbovec

Hand begrüßt uns kurz darauf die mächtige **Burg Urbovec** (geöffnet 09.00-17.00 Uhr, außer Montag, Eintritt 3 EUR).

(042) WOMO-Stellplatz: Nazarje Burg

GPS: N 46° 19' 13.5" E 14° 57' 03.5" max. WOMOs: 4
Ausstattung/Lage: Gaststätte, Geschäfte, Mülleimer, Bänke / im Ort.
Zufahrt: Direkt nach der Burg links.

Fährt man von der Burg noch ein Stückchen weiter und biegt dann links ab (Hinweis Samoštan), gelangt man auf einem schmalen Weg hinauf zum Friedhof, vor dem sich ein leicht schiefer und teils schattiger Parkplatz befindet.

(043) WOMO- Stellplatz: Nazarje Friedhof

GPS: N 46° 19' 08.5" E 14° 57' 16.7" max. WOMOs: 2
Ausstattung/Lage: Wasserstelle, Mülltonne, Geschäft und Restaurant ca. 400 m / Ortsrand.
Zufahrt: Von der Umgehungsstraße rechts zum Zentrum abbiegen, nach 400 m links (Hinweis Samoštan), nochmals 400 m.

Von hier aus lässt sich in weiteren 400 m das **Franziskanerkloster** mit der **Kirche Jungfrau Maria** am höchsten Punkt eines Hügels erreichen. Man kann dies auch mit dem WOMO tun, die Zufahrt zu dem oben gelegenen (recht großen) Parkplatz ist allerdings nicht allzu breit. Wir bringen die restliche Strecke zu Fuß hinter uns und werfen einen Blick in das helle und reich geschmückte Gotteshaus. Das Kloster schließt seitlich an und birgt innerhalb seiner Mauern einen hübschen kleinen Garten, um den - zumindest teilweise - ein Laubengang herumführt.

Ein neues „Zielobjekt" folgt sogleich. Das nächste Städtchen an der Tour ist

Das Franziskanerkloster in Nazarje

MOZIRJE und hat mit seinem **Blumenpark** etwas ganz besonderes zu bieten. Ausgeschildert hat man diesen schönen Garten, dem auch ein **Freilichtmuseum** angeschlossen ist, mit braunen Schildern - **Mozirski gaj** steht darauf zu lesen. Im Nu stehen wir auf einem großen, sonnigen Parkplatz neben einem Fischweiher und einem Info-Büro.

(044) WOMO-Stellplatz: Blumenpark Mozirski gaj
GPS: N 46° 20' 10.5" E 14° 57' 57.0"   max. **WOMOs:** 6
Ausstattung/Lage: Gaststätte, Dixi-Toilette, Mülltonne / Ortsrand.
Zufahrt: Gut beschildert.

Manchmal wird dieser Platz durch Veranstaltungen in Beschlag genommen, dann hat man freilich das Nachsehen. Es gibt aber eine Alternative, doch dazu nachher mehr. Wir passieren das Kassenhäuschen, vor dem man eine alte Lokomotive positioniert hat. Das Stahlross ist umgeben von Blumen und wirkt einstimmend auf das Kommende. Erstmal sind 5 EUR zu löhnen, dann jedoch darf man

Flechtkunst im Blumenpark Mozirski gaj

nach Herzenslust zwischen 08.00 und 19.00 Uhr in dem 7 ha großen Gelände umherstreifen. Das Areal zeigt sich langgestreckt, eher schmal und ist eingebettet zwischen dem Fluss **Savinja** im Norden und einem Bächlein auf der Südseite. Der Park schwelgt in einer Farbenpracht, die keine Nuance auslässt. Zum einen blühen noch die Tulpen und Stiefmütterchen in allen Schattierungen, zum anderen lösen diese schon die Beete mit den Sommerblumen ab. Die Arrangements sind liebevoll gestaltet, mal sind Weidenäste eingeflochten oder Steine eingearbeitet - es darf auch mal ein altes Fahrrad sein, das mit Moos verkleidet ist! In etlichen Volieren zwitschern exotische Vögel, und Papageien geben ihre wenig melodischen Töne zum besten. An anderer Stelle klappert eine Mühle am

rauschenden Bach, auch ein kleines Sägewerk gibt es zu bestaunen. In einem Holzhäuschen sind Nähmaschinen, ein Webstuhl und Mobiliar aus längst vergangenen Zeiten zu besichtigen. Natürlich fehlen auch die in Slowenien so beliebten Bienenstöcke nicht - und bevölkert sind sie auch! Nur eine Ecke weiter ist eine alte Schmiede nachgebildet, und überall, wo noch ein Plätzchen frei ist, leuchten aus großen Schalen die hellblauen und rosafarbenen Dolden der Hortensien heraus.

Von dem neuerbauten 18 m hohen Aussichtsturm erhält man einen prima Rundblick über die Blumenpracht. Bestimmt kann man einige Stunden in dem Park verbringen, ohne gelangweilt zu werden. Planen Sie genügend Zeit ein!

Nun aber noch ein paar Worte zu der versprochenen Stellplatzalternative. Wenn man zurück zur Hauptstraße fährt und deren Verlauf ein Stück folgt, zweigt links an einem Kreisverkehr eine Straße zur Gondelbahn Golte ab. An ihrer Talstation gibt es zahlreiche Parkmöglichkeiten in ruhiger Umgebung bei einigen Wohnhäusern. Einzelne Plätzchen bieten Schatten. Die Bahn ist nur im Winter in Betrieb, im Sommer herrscht Funkstille.

(045) WOMO-Stellplatz: Golte-Bahn

GPS: N 46° 21' 23.1" E 14° 55' 55.1" **max. WOMOs:** 20
Ausstattung/Lage: Gaststätte 1,7 km, Mülltonnen / außerorts.
Zufahrt: Von der Hauptstraße links abbiegen zur Golte-Bahn, noch 3,8 km.

Wir halten weiter auf CELJE zu. Das Landschaftsbild verändert sich kaum. Noch immer durchfahren wir diese angenehme, sanfte Hügellandschaft. Von einer bewaldeten Anhöhe leuchtet ein weißes Kirchlein mit zwei Türmen herunter. Einzig die Zahl der Hopfenfelder nimmt zu. Die Gegend scheint fruchtbarer zu werden, überall sieht man fleißige Feldarbeiter, die unter sengender Sonne ihrem harten Tagwerk nachgehen. Auf einer Brücke passieren wir die Autobahn und streben der Ortschaft PREBOLD zu. Hier empfängt uns ein kleiner Campingplatz, den wir für unsere Nachtruhe auserkoren haben. Die Bezeichnung Campingplatz erscheint fast ein wenig übertrieben. Der hübsche Garten eines privaten Anwesens dient uns als Bleibe. Die Aufnahme ist freundlich und wir sind erstaunt über das blitzsaubere Outfit. Die gediegenen Sanitäranlagen unterliegen dem Einsatz eines ständig geführten Putzmobs seitens der Betreiber - wirklich faszinierend!

Camping Dolina: Klein aber fein!

(046) WOMO-Campingplatz-Tipp: „Dolina" in Prebold

GPS: N 46° 14' 26.4" E 15° 05' 15.6" **Öffnungszeit:** Ganzjährig
Ausstattung/Lage: Bar, kleiner Pool, Restaurant ca. 500 m, Geschäfte ca. 300 m, sonnig / im Ort.
Zufahrt: Im Ort gut ausgeschildert.

Große Sensationen darf man sich von dem Ort nicht erwarten. Es gibt eine Burg, die aber nicht besichtigt werden kann. Im Ortskern erhebt sich stolz die Kirche, ganz so wie es sich für ein „anständiges" Dorf gehört. Nahe dem Gotteshaus lädt eine einfache, jedoch gute Pizzeria, in der auch andere Speisen angeboten werden, zur Einkehr. Zur Zeit ist diese die einzige Speisegaststätte im Ort. Schleckermäulchen werden sich auch über die Eisdiele freuen.

ŠEMPETER stellt den nächsten Punkt unserer Reise dar und sorgt mit einer **Ausgrabungsstätte** für Aufmerksamkeit. Die **Rimska Nekropola** (Römische Nekropole) zeigt die bedeutendsten und sehr gut erhaltenen römischen **Grabmonumente** Sloweniens. Zufällig entdeckte man 1952 bei Erdarbeiten eine weibliche Statue, die umfangreiche Ausgrabungen nach sich zog. Das Ergebnis kann sich sehen lassen. Die Grabmale mit ihren kunstvollen Verzierungen stehen auf einem Wiesengrundstück, das von einer Hecke eingefriedet ist. Auf Wunsch können auch die Reste einer

Die Römische Nekropole von Šempeter

Römerstraße, die unterhalb des beschriebenen Geländes liegt, in Augenschein genommen werden. Geöffnet ist die Nekropole täglich (außer montags) von 09.00-17.00 Uhr, im April nur von 09.00-15.00 Uhr, Erwachsene 5 EUR, Kinder 3,50 EUR Eintritt. Dieses Kleinod zu finden, stellt auch kein Problem dar. An einer Kreuzung in ŠEMPETER biegt man rechts ab, und ca. 100 m weiter taucht rechts der nette kleine Parkplatz der **Rimska Nekropola** auf. Nebenan kann man sich in einer gepflegten Imbissbar stärken. Gut ausgeschildert!

Die nächste Attraktion lässt nicht lange auf sich warten. Etwas mehr als 4 km außerhalb von ŠEMPETER und ebenfalls bestens beschildert wirbt die **Tropfsteinhöhle Jama Pekel** um die Besuchergunst. Wir stellen unser WOMO auf einem schattigen Waldparkplatz ab, der durch die Straße geteilt wird. Da kaum mit Verkehr zu rechnen ist, wäre auch eine Übernachtung denkbar. Ein kurzer Spaziergang von nur wenigen Minuten bringt uns zum Höhleneingang. Auf diesem netten Weg plätschert uns bereits das Bächlein entgegen, das aus der Höhle kommt! Pekel heißt zu Deutsch Hölle, und das Wasser sprudelt direkt aus deren Schoß. Der Gang durch die Unterwelt (mit Führer) dauert ca. eine dreiviertel Stunde, führt vorbei an schönen Tropfsteinen und einem Wasserfall. Über eine Treppe erklimmt man eine obere Etage (42 m Höhenunterschied). Hier verlassen wir das Bergesinnere und stapfen über einen kleinen Waldweg wieder zum Eingang zurück - ohne allerdings den Teufel gesehen zu haben! Das höllische Vergnügen kostet ca. 7 EUR (Kinder 5 EUR). Geöffnet ist die Jama Pekel täglich.

Wir streben CELJE zu. Die Stadt zählt 50.000 Einwohner, und es dauert ein bisschen, bis wir durch die wenig ansehnlichen Außenbezirke mit Firmen und Industrieanlagen in das Zentrum vordringen. Doch schließlich ist es geschafft. Wir nähern uns der Innenstadt auf der **Ljubljanska cesta** - und das ist genau die Straße, die wir suchen! Zwischen einem **Sparmarkt** und der **Polizeiwache** erstreckt sich ein großer Parkplatz. Dahinter, an der Rückseite eines Parkhauses, gibt es einen offiziellen, gebührenpflichtigen Stellplatz. Die Zufahrt ist die gleiche wie zu besagtem Parkplatz. Das kleine eingezäunte Fleckchen kann nicht gerade als idyllisch bezeichnet werden, doch für eine Erkundungstour erweist es sich als praktisch.

(047) WOMO-Stellplatz: Celje center
GPS: N 46° 13' 59.0" E 15° 15' 32.4" **max. WOMOs:** 2
Ausstattung/Lage: VE-Station, Stromanschluss, Zentrumsnähe / im Ort.
Zufahrt: In Richtung „Centar" fahren, näheres im Text.

Stadtbrunnen von Celje oder Raumschiff Enterprise?

Wir schlendern in Richtung Innenstadt und kommen dabei an einem urigen Pub vorbei, wo man sich vielleicht des Abends noch ein Bierchen gönnen kann. Am **Trg Celjsikh knezov** mit seinem futuristisch wirkenden **Rundbrunnen** schwenken wir rechts ein, und vorbei an der **Galerie der Gegenwartskunst** gelangen wir zum **Muzejski trg**. Hier erhebt sich ein **Renaissanceschloss** mit einem zweigeschossigen Arkadengang im Innenhof. Der Palast stammt aus dem 16. Jahrhundert und beherbergt heute das **Regionalmuseum**. Hauptattraktion ist die berühmte **Cillier Decke**. An Säulen und Türmen vorbei blickt man in den Himmel, von Brüstungen herab grüßen Edelfrauen, Knappen und Engel. Das faszinierende Werk eines vermutlich polnischen Künstlers wirkt dreidimensional und bezweckt, die Decke des Saales in den Himmel zu heben (geöffnet jeweils Dienstag bis Sonntag von 10.00-18.00 Uhr, der Eintritt beträgt 5,50 EUR).

Nicht weit ist es zur **Kirche des Heiligen Daniel**. Hier orientieren wir uns links und erreichen über den **Glavni trg** die **Presernova ulica**. Gegenüber der **Minoritenkirche Sv. Marija** mit ihrer rostigen Turmspitze befinden sich im Gebäude des **früheren Rathauses** gleich zwei Museen. Zum einen das **Museum für neuere Geschichte**, zum anderen das einzige Kindermuseum Sloweniens „Hermannhöhle". Das erste zeigt ein Sammelsurium aus den vergangenen Jahrzehnten u.a. mit alten Radios und Musikboxen. Eine **alte Ladenstraße** beherbergt mit **Originalinventar** eingerichtete Geschäfte (Friseur, Hutmacher, Schneider usw.). Der Clou ist eine vergilbte

Im Museum für neuere Geschichte

Zahnarztpraxis mit Radlbohrer und anderen Folterinstrumenten. Kaum zu glauben - aber selbst nach vielen Jahren nimmt man immer noch den typischen Zahnarztgeruch wahr.

Weniger gruselig ist da schon das **Kindermuseum**. Hermann, ein Fuchs, und seine Schwester Veronika begleiten die Kleinen durch die Räume. Es gibt u.a. ein **Theater**, ein **Bastelzimmer** und sogar eine **Bank**, in der der Nachwuchs spielerisch den Umgang mit Sparbuch und Geldgeschäften lernen kann. Die „**Hermannhöhle**" eignet sich vor allem für Kinder von 3-10 Jahren - und die lässt Hermann gratis herein (ansonsten sind die Eintrittsmodalitäten dieselben wie im Regionalmuseum).

Hoch über der Stadt thront die **Burg** (14. Jahrhundert) **der Grafen von Cilli**. Die Festung zeigt sich stattlich. Seit einigen Jahren schon nimmt man sich der Ruinen an, und die Ergebnisse der Renovierungsmaßnahmen können sich sehen lassen. Lohnend ist der Besuch auch wegen des wunderbaren Blickes auf die **Savinja** und die bewaldeten Berge des Umlandes. Man kann von der Stadt zur Burg hinauf wandern oder mit dem WOMO dorthin gelangen. Dazu fährt man beim Bahnhof stadtauswärts in Richtung LAŠKO und biegt am Ortsrand links ab (braune Hinweisschilder „Stari grad"). 900 m nach dem Abzweig plätschert rechts am Straßenrand ein Brunnen.

Die Burg zu Celje

Der teilweise schattige Parkplatz vor dem Burgtor lädt zum Übernachten ein. Die Burg ist täglich von 09.00-21.00 Uhr zugänglich, Eintritt 2,50 EUR.

(048) WOMO-Stellplatz: Burg Celje
GPS: N 46° 13' 08.6" E15° 16' 23.1"   max. **WOMOs:** 3
Ausstattung/Lage: Bänke, Mülltonne / außerorts.
Zufahrt: In Richtung Lasko fahren, am Ortsrand den Hinweisen „Stari grad" folgen.

Wir verlassen CELJE in nördlicher Richtung und orientieren uns an den Schildern, die den Weg nach MARIBOR weisen. Dabei meiden wir die Autobahn und nehmen die **Landstraße** (**430**). Nach nur wenigen Kilometern lohnt ein Abstecher zum

Der Šmartinsko-See bei Čolnarna

Šmartinsko-See. Kurz nach dem Ortsbeginn von VOJNIK zweigt man in Richtung ŠMARTNO ab. Am Friedhofsparkplatz gibt es eine Wasserstelle. Leider ist die Zufahrt mittlerweile per Höhenbalken auf 2,3 m begrenzt.

Nach 5,2 km zweigt links ein schmales Stichsträßchen nach ČOLNARNA ab. Dort erwartet uns eine Gaststätte und ein kleines Museum. Zum See sind es nur wenige Schritte.

(049) WOMO-Badeplatz: Šmartinsko-See Čolnarna
GPS: N 46° 16' 46.1" E 15° 15' 42.4" **max. WOMOs:** 3
Ausstattung/Lage: Gaststätte, Dixitoilette, Mülltonne / außerorts.
Zufahrt: Vom Abzweig in Vojnik 5,2 km dem Straßenverlauf folgen, am Ortsanfang von Šmartno links nach Čolnarna abbiegen, nach 1,1 km an einer Kreuzung nochmals dem Hinweis Čolnarna folgen, dann noch 1 km.

Folgt man dem Hinweis „Turistična ladia", so erreicht man nach insgesamt 7,1 km einen größtenteils schiefen Parkplatz (geschottert, vorwiegend sonnig) gegenüber der Staumauer. Die zweite Möglichkeit, um zu diesem Parkplatz und somit zu dem malerisch in einer sanften Wald- und Wiesenlandschaft eingebettetem See zu gelangen ist, CELJE über den Ortsteil OSTROŽNO zu verlassen. Man folgt - die Autobahn querend - dem Wegweiser nach DOBROVA. 300 m nach dem Ende dieses Ortes ist dann das Ziel erreicht.

(050) WOMO-Badeplatz: Šmartinsko-See

GPS: N 46° 16' 30.8" E 15° 15' 24.0" max. **WOMOs:** 5
Ausstattung/Lage: Gaststätten und Badeanstalt nahebei, Mülltonne / außerorts.
Zufahrt: Unterhalb der Staumauer, 7,1 km von Vojnik.

Entweder über eine Treppe, die bei einer Gaststätte vorbeiführt, oder über den kurzen Wiesenhang zur **Staumauer** hinauf erreicht man den See. Erwartet hatten wir nicht viel - eine Imbissbude oder einen Kiosk vielleicht. Jetzt sind wir nicht schlecht erstaunt, so etwas Ähnliches wie einen **Mississippi-Dampfer** an den Gestaden dieses Gewässers ruhen zu sehen. Das Gebilde dient als Restaurant, aus dem fröhliche Musik schallt. An Deck genießen einige Passagiere die Seeluft und lassen sich vom Steward verwöhnen. Ungewöhnlich erscheinen uns auch die zwei **Sprungschanzen**, die einen potentiellen Benutzer ins Wasser befördern, ganz so wie beim winterlichen Skibetrieb einen Springer auf die Piste. Ob dem wirklich so ist, ergründen wir leider nicht, denn ein entsprechender tollkühner Anwärter fehlt! Einen weiteren Akzent setzt eine künstliche **schwimmende Insel** von wenigen Metern Durchmesser, die einem englischen Garten nachempfunden ist. Es ist fürwahr ein ulkiges Plätzchen, tauchte plötzlich der Weiße Hai aus den Fluten - wir würden uns kaum noch wundern! Für hüllenlose Vergnügungen gibt es auch einen **FKK-Bereich**. Der **Šmartinsko**-See verfügt noch über einen kleinen Bruder, der etwas weiter östlich in einer Wiesenmulde liegt. Für Badezwecke ist der winzige Teich kaum geeignet,

Traditionelle slowenische Scheune

Ab durch die Mitte

zudem verschwindet er im Hochsommer manchmal gänzlich aus dem Landschaftsbild.

Über VOJNIK fahren wir weiter in Richtung MARIBOR. Kleine Ortschaften säumen den Weg, und bei manchem Bauernhaus steht eine schmucke Heuharfe. Die Menschen verdienen ihr Geld im Ackerbau, und ein paar kleinere Obstplantagen sorgen für ein Zubrot. Immer wieder schweift der Blick ab auf die sanften Waldhügel des Umlandes. In den vergangenen Jahren zeigte sich die Straße nicht gerade von ihrer besten Seite. Inzwischen aber hat man sich erbarmt und den Belag zu großen Teilen erneuert. Ca. 13 km nach VOJNIK biegen wir links ab, und weitere 2 km später laufen wir in ZREČE ein. Der Ort liegt inmitten einer herrlichen Wald-, Wiesen- und Berglandschaft und ist ziemlich touristisch angehaucht. Das sei (zumindest in diesem Fall) nicht negativ bewertet! Es gibt eine solide Infrastruktur, die (noch) nicht zu Übertreibungen neigt. Einige nette Cafés und Restaurants laden zum Verweilen ein, Einkaufsmöglichkeiten sind ausreichend vorhanden. Und dann ist da noch der zentrale Anlaufpunkt - das Hotel Dobrava! Der Komplex beherbergt die große und vom Feinsten ausgestattete **Zreče Terme**. Das Thermalbad verfügt über insgesamt 10 Badebecken, das Spektrum der Temperaturen reicht von 28-35 Grad. Das Heilwasser verspricht Hilfe bei allerlei Beschwerden. Die Schwerpunkte liegen bei rheumatischen Erkrankungen, Verletzungen des Bewegungsapparates, Erkrankungen des Nervensystems, neurotischen Störungen, Atemwege- und Augenerkrankungen. Doch auch wenn man nur Entspannen und Relaxen will, ist man hier an der richtigen Adresse. Für Tagesgäste steht ein riesiger Parkplatz zur Verfügung. Leider ist dieser mittlerweile mit einer Schranke versehen und dadurch natürlich auch kostenpflichtig geworden.

Die Therme von Zreče

Für einen kurzen Aufenthalt kann man auch ein Stück zuvor beim Mercatormarkt bzw. in dessen Umfeld frei parken und dabei vielleicht auch noch einen Einkauf tätigen.

Strebt man einen empfehlenswerten längeren Aufenthalt an, so hält das Hotel einen offiziellen Wohnmobil-Stellplatz bereit. Er liegt - schön und praktisch - innerhalb des Komplexes und grenzt an den kleinen Kurpark an.

(051) WOMO-Badeplatz: Hotel Dobrava, Zreče Terme
GPS: N 46° 22' 12.7" E 15° 23' 15.7"　　　　　　　　　　　**max. WOMOs:** 10
Ausstattung/Lage: VE-Station mit 4 Stromanschlüssen, Geschäfte, Restaurants, Beleuchtung, Mülltonne / im Ort.
Zufahrt: In Zreče beim Hotel Dobrava.

Leider ist der geteerte Platz vorwiegend sonnig. Der Preis beträgt pro Person 10 EUR. Bitte melden Sie sich an der Rezeption des Hotel Dobrava. Wohnmobilkunden erhalten in der Therme 20% Ermäßigung! Der reguläre Eintrittspreis beträgt 13 EUR, am Wochenende zahlt man 15 EUR pro Tag. Die 3-Stundenkarte kostet 10 bzw. 11 EUR. Das Thermalbad ist täglich geöffnet von 09.00-21.00 Uhr.

Falls Sie mal nicht im warmen Wasser sitzen, bei der Pediküre oder Maniküre sind oder vom Masseur geplagt werden, dann unternehmen Sie doch einen Spaziergang oder eine kleine Wanderung in die Umgebung.

WOMO-Wandertipp: Umgebung von Zreče

Die folgenden Vorschläge sind leicht zu bewältigen und führen über blühende Wiesenhänge und durch schattige Wälder. Die Höhenunterschiede sind nicht allzu groß.

Panoramaweg Brinjeva Gora	Gehzeit 1 Stunde	markiert mit PP1
Obdravinj V. Gabovlje	Gehzeit 1 Stunde	markiert mit PP2
Na Grič	Gehzeit 1,5 Stunden	markiert mit PP2

Die zwei letzten Vorschläge - mit PP2 ausgewiesen - können auch mit dem Fahrrad in Angriff genommen werden.

ZREČE bietet noch einen weiteren Stellplatz, der nicht so zentral liegt. Folgt man den Hinweisen in Richtung ROGLA stößt man bei einer Kirche auf einen großen Parkplatz, der relativ ruhig gelegen ist. Das kann sich allerdings ändern, wenn die am Platzende ansässige Feuerwehr zu einem Einsatz gerufen wird! Nach unserer Einschätzung kommt das wohl nicht so häufig vor.

(052) WOMO-Stellplatz: Zreče Kirche
GPS: N 46° 22' 26.9" E 15° 23' 19.0"
max. WOMOs: 8
Ausstattung/Lage: Beleuchtung, Mülleimer, Geschäft in der Nähe / im Ort.
Zufahrt: Vom Ortsanfang (Ortsschild) in Richtung Rogla fahrten, nach 1,3 km nach einer Schule und vor der Kirche rechts einbiegen.

Schon einen Tag später, gerade als wir am „Thermalen" und dem hübschen Örtchen so richtig Spaß gefunden haben, geht es weiter. Es gibt noch mehr zu erkunden! Wir fahren wieder hinaus in die schöne Landschaft und zwar in Richtung ROGLA. Das Wetter ist prächtig. So mancher Kleingärtner nimmt dies zum Anlass, seine Gartenarbeiten zu erledigen. Die eigene Scholle ist dem Slowenen wichtig. Da werden Holzstangen in den Boden gesteckt, damit die Bohnen wissen, wohin sie zu ranken haben, Tomatenpflanzen bekommen ein sonniges Plätzchen, um gut zu gedeihen, und Salat - meist der mit den gekräuselten Rändern - wird in fast militärischer Anordnung in die Erde verfrachtet.

Die Ortschaft BOHARINA berührt unseren Weg, und stetig steigt die Straße an, unser Ziel liegt schließlich auf knapp über 1500 m. Wir staunen wieder einmal über den Waldreichtum des Landes. Das Schwarzgrün der Fichten und das lebendige, helle Grün der Laubbäume bekleiden ganze Höhenzüge. Nach etwa 16 km erreichen wir das Hochplateau von ROGLA. Der **Luftkurort** zeigt sich im Winter als riesiges lebhaftes **Skigebiet** mit Hotels, Restaurants und vielen Liftanlagen. Im Sommerhalbjahr geht es beschaulicher zu. Nicht alle Einrichtungen sind geöffnet, und man kann in Ruhe ausgedehnte Wanderungen unternehmen. Die Sicht von hier oben auf die umliegende Bergwelt ist traumhaft und vor allem bei klarem Wetter ein Erlebnis.

Modernes Gotteshaus am Rogla

ROGLA genießt in Sportlerkreisen einen ausgezeichneten Ruf. In der klaren und gesunden Luft trainieren viele verschiedene Mannschaften, um sich so richtig in Schwung zu bringen. Dabei findet man auch Sportskanonen aus der ersten Reihe, wie z.B. die slowenische Olympiamannschaft. Nahe dem Hotel Planja gibt es einen offiziellen WOMO-Stellplatz (Versorgungssäule - aber leider keine Abwasserentsorgung mehr).

---

(053) WOMO-Wanderparkplatz: Hotel Planja
GPS: N 46° 27' 10.4" E 15° 19' 51.9"   max. **WOMOs:** 10
Ausstattung/Lage: Wasserstelle, Stromanschlüsse (4), Restaurant in der Nähe, Mülltonne / Ortsrand.
Zufahrt: In Rogla links vor dem Hotel Planja (Wohnmobilsymbol).

Der Preis für diesen Stellplatz beträgt zur Zeit pro Wohnmobil ca. 13 EUR und beinhaltet die Kurtaxe.
Folgt man dem Verlauf der Straße über das Hochplateau, so eröffnen sich noch zahlreiche Park- und Rastmöglichkeiten,

an denen man in aller Ruhe ein Nickerchen machen oder auch übernachten kann. Beispielsweise bei dem modernen **Gotteshaus** mit dem wundersamen Namen „Kirche zur Heiligen Verklärung Christi".

> **(054) WOMO-Wanderparkplatz: Rogla Kirche**
> **GPS:** N 46° 27' 13.2" E 15° 20' 05.0" max. WOMOs: 4
> **Ausstattung/Lage:** Beleuchtung, Gaststätte, Bänke und Brunnen hinter der Kirche / außerorts.
> **Zufahrt:** Auf dem Rogla-Hochplateau dem Straßenverlauf folgen, vor der Kirche rechts.

Grillplatz am Rogla-Hochplateau

> **WOMO-Wandertipp: Rogla-Hochplateau**
> **Gehzeit:** 1,5 Std.   **Schwierigkeit:** Leicht   **Höhenunterschied:** 100 m
> **Strecke:** Beim **Hotel Planja** beginnt eine schöne und gemütliche Wanderung durch die Wälder und Wiesen des Rogla-Hochplateaus, die auch an einem **Aussichtsturm** vorbeiführt, von dem man herrliche Ausblicke über das gesamte Gebiet erhält. Markiert ist diese Tour mit dem „hüpfenden Zwerg".

Fährt man die Straße auf dem Rogla-Hochplateau bis zum Ende (gut 3 km nach der Kirche), gelangt man zu einer Kreuzung. Dort wirbt die **Pesek-Hütte**, eine Almwirtschaft mit ordentlicher Küche, um Gäste. Parkplätze sind allerdings knapp. Wichtig: Sollten Sie nach einem Blick in die Karte erwägen, das **Drava**-Tal oder MARIBOR via LOVRENC anzupeilen, müssen Sie wissen, dass die gut 20 km lange Strecke zwar befahrbar, aber in sehr schlechtem Zustand ist! Die Schotterstraße wird nur sporadisch hergerichtet und kann gerade nach Schlechtwetterperioden furchtbar mies sein. Schonen Sie Ihre Plomben und das WOMO und drehen Sie lieber um!

Ab durch die Mitte

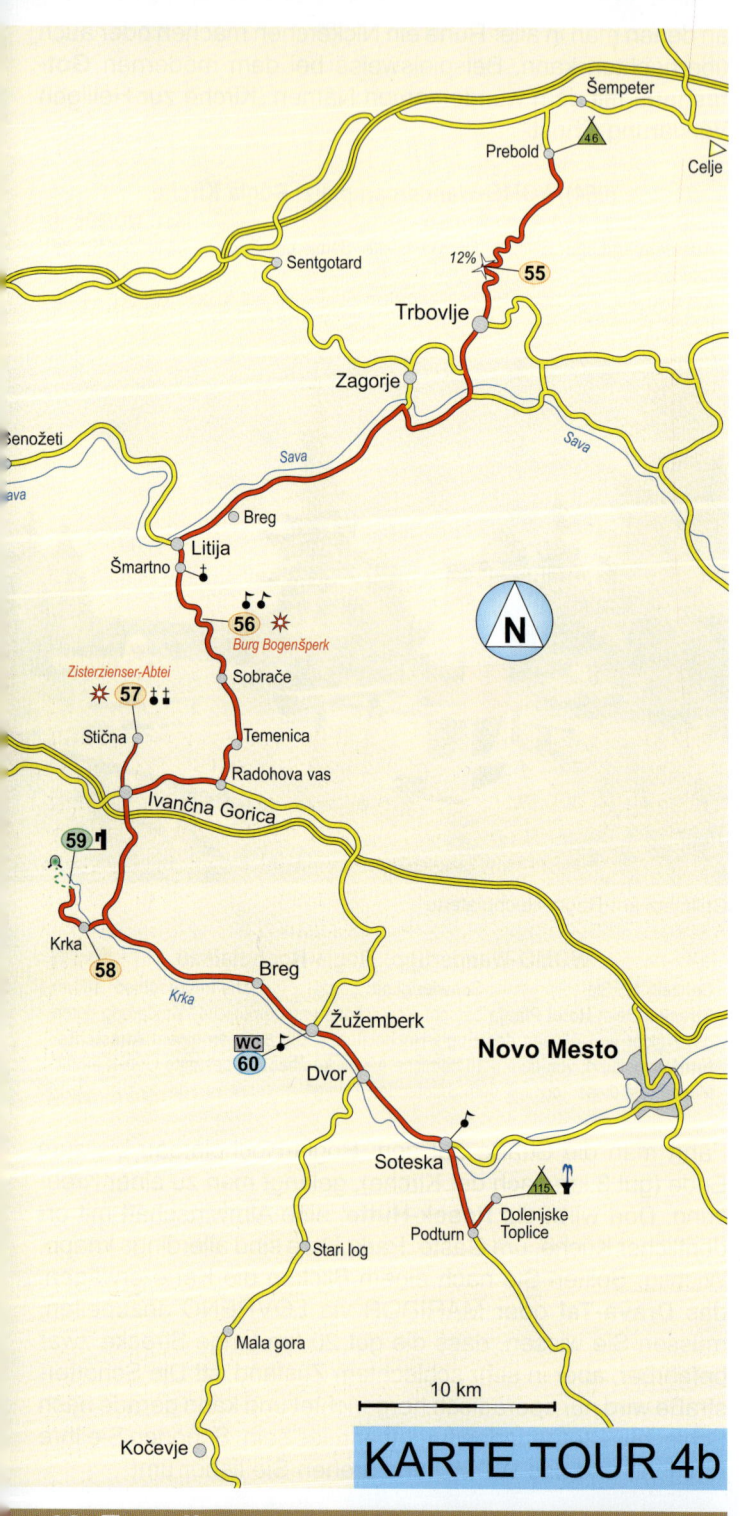

Tour 4 b (100 km / 2-3 Tage)

Prebold - Trbovlje - Litija - Ivančna Gorica - Stična - Krka - Žužemberk - Dolenjske Toplice

Freies Übernachten:	Nahe Trbovlje, bei der Burg Bogenšperk, in Stična, in Krka und nahe der Krkaquelle.
Campingplätze:	„Dolina" in Prebold, „Dolenjske Toplice" in Dolenjske Toplice.
Besichtigen:	Burg Bogenšperk, Zisterzienserkloster in Stična, die Höhle in Krka und die Burg in Žužemberk.
Wandern:	Nahe der Ortschaft Krka.
Radfahren:	Zwischen Prebold und Trbovlje (für Biker mit Kondition).
Baden:	In der Krka in Žužemberk und in Dolenjske Toplice.

Diese Tour gibt Ihnen die Möglichkeit, die Reise abzukürzen, denn sie stellt eine praktische Querverbindung zwischen Tour 4a und Tour 8 dar. Wir starten also in PREBOLD, das über einen kleinen, aber sehr gediegenen **Campingplatz „Camp Dolina"** verfügt (siehe auch Tour 4 a). Gleich nach der Ortschaft beginnt ein reizvolles bewaldetes Hügel- und Bergland. Als erstes begrüßt uns eine stattliche Erhebung, die wie ein spitzer Hut in den blauen Himmel ragt. Die Straße führt durch ein enges Tal. Zunächst begleiten uns noch einige Maisfelder und mit Obstbäumen bestandene Wiesen. Ab und zu sind ein paar Häuser oder Bauernhöfe „eingestreut" und runden so das Bild ab. Bald tauchen wir in den Hochwald ein und schrauben uns allmählich der Passhöhe (Podmeija, 724 m, 12% Steigung) entgegen. Hier gibt es eine Gaststätte mit einem relativ großen Parkplatz. Auch jenseits der Straße stehen noch teils schattige Parkmöglichkeiten zur Verfügung. Allerdings sind davon nur wenige einigermaßen eben.

(055) WOMO-Stellplatz: Lovski Dom
GPS: N 46° 11' 11.3" E 15° 03' 42.9" **max. WOMOs:** 5
Ausstattung/Lage: Gaststätte (Lovski Dom), Mülleimer / außerorts.
Zufahrt: Links und rechts auf der Passhöhe, kurz vor dem Ortsschild Knezdol.

Die Aussicht auf das tief unten im Tal liegende TRBOVLJE ist herrlich. Jetzt windet sich die Straße in vielen Kurven und Kehren abwärts. Die Strecke ist erstaunlich gut ausgebaut, nur das letzte Stück vor TRBOVLJE zeigt sich schmaler und holpriger. Steigung bzw. Gefälle dieser Etappe fallen mit 12% eher moderat aus. Die gesamte Strecke ist auch als Fahrradweg ausgewiesen. Sie dürfte aber eher den Mountainbikern liegen,

bei einfachen Pedalrittern wird sich die Begeisterung in Grenzen halten.
Nach gut 15 km laufen wir in TRBOVLJE ein. Die Stadt beherbergt reichlich Industrieanlagen, Autohäuser und verschiedene andere Firmen. Ansonsten garnieren etliche unansehnliche Blöcke und Hochhäuser die Kulisse - Bauwerke, die Tito leider überlebt haben. Zum Anhalten reizt das wenig, deswegen durchqueren wir das Häusermeer nur und schwenken danach rechts ins **Sava-Tal** ein. Jetzt brausen wir auf ausgezeichneter Straße LITIJA entgegen. Noch ist das Tal eng. Auto- und Bahnverkehr sowie das dunkle Band des Flusses verlaufen einträchtig nebeneinander. Bald jedoch rücken die Berge auseinander und das Land wird weiter. Es gibt wieder Platz für Wiesen und Felder und natürlich auch für einige jener schönen **traditionellen Heustadel**.
In LITIJA biegen wir in einem Kreisverkehr nach SMARTNO ab. Schnell ist die kleine Ortschaft erreicht und überrascht mit einer imposanten **Kirche**, die über **zwei Spitztürme** verfügt. Das gesamte Gotteshaus wurde mit roten Backsteinen erbaut. Diese Bauweise findet man eher selten in Slowenien, und das sorgt natürlich für eine eigene Note. Unser nächstes Ziel ist die **Burg Bogenšperk**; dankenswerterweise finden wir in SMARTNO bereits die ersten Hinweisschilder, was uns längeres Suchen erspart. Die Strecke verläuft kurvig, aber mitten

Die majestätische Burg Bogenšperk

durch bunt blühende Sommerwiesen, die sich mit kleineren Waldstücken abwechseln. Nach reichlich 45 km (gemessen von PREBOLD) taucht schließlich die Burg Bogenšperk auf.

Direkt davor erstreckt sich ein teilweise schattiger Parkplatz, der allerdings etwas schief ist.

> **(056) WOMO-Stellplatz: Burg Bogenšperk**
> **GPS:** N 46° 01' 16.6" E 14° 51' 19.1" max. **WOMOs:** 4
> **Ausstattung/Lage:** Beleuchtung, Bänke / Ortsrand.
> **Zufahrt:** An der Burg.

Das in den 70er Jahren des letzten Jahrhunderts mit viel Liebe restaurierte Renaissance-Bauwerk liegt majestätisch auf einer Anhöhe und bietet einen wunderbaren Ausblick. Zwei massige Rundtürme verleihen ihm ein trutziges Aussehen. Die Burg stammt aus dem frühen 16. Jahrhundert und wurde als Ersatz für die Festung Lichtenberg errichtet, die durch ein Erdbeben zerstört wurde. Die **Ruinen Lichtenbergs** sowie eine schön restaurierte **Kapelle** sind nahebei zu besichtigen. Doch kommen wir zurück zur **Burg Bogenšperk**.

Burg Bogenšperk: Die Hauskapelle

Im Laufe der Jahrhunderte hat sie viele Herren gesehen. Der wohl berühmteste dürfte **Johann Weichhard Valvasor** gewesen sein.

Valvasor - Forscher und Wissenschaftler

Janez Vajkard oder „eingedeutscht" Johann Weichhard Valvasor erblickte im Jahre 1641 in Ljubljana das Licht der Welt. Er entsprang einer Adelsfamilie, die ursprünglich aus Bergamo stammte. Der Name Valvasor leitet sich von „valvassores" ab - so wurden die städtischen Bürger im Heiligen Römischen Reich genannt. Der Mann galt als phänomenaler Wissenschaftler. Der größte Teil des Wissensspektrums bis zum 17. Jahrhundert ist seinem Forschergeist und seinen unermüdlichen Bemühungen geschuldet. Valvasor kartografierte ganze Landstriche und Städte, er beschäftigte sich mit Naturphänomenen, wobei er auch das Rätsel der verschwundenen Karstseen löste. Er katalogisierte Volksstämme und -legenden sowie deren Sitten und

Valvasors Druckerpresse

Gebräuche und setzte sich mit deren Trachten auseinander. Ebenso galt sein Interesse Büchern, Schriften und Zeichnungen, ebenso wie

Mineralien und Münzen - nicht einmal vor alchimistischen Versuchen machte er halt.

Im Jahre 1672 zog Valvasor in der **Burg Bogenšperk** ein. 17 Jahre später veröffentlichte er in Nürnberg seine gewaltige Abhandlung „Die Ehre des Herzogthums Crain". Das vierbändige Werk umfasste 3500 Seiten sowie 535 (!) Karten neben zahlreichen Kupfergravuren. Bis zum heutigen Tage gehört dieses Werk zu den umfassendsten in Europa. Selbst Wissenschaftlern unserer Zeit bedienen sich noch der enormen Informationsflut!

Die Studien und die Veröffentlichung des Werkes auf eigene Kosten überstiegen die finanziellen Möglichkeiten Valvarsors. 1692 war er gezwungen seine geliebte Burg zu verlassen. Nur ein Jahr darauf verstarb er als armer Mann und wurde in Krško, einem Städtchen an der Sava, beigesetzt.

Noch heute erinnert vieles an Valvasor, wovon man sich im Rahmen einer (deutschen) Führung überzeugen kann. Neben einem **Gedenkzimmer** und der Rekonstruktion einer grafischen Werkstatt lernt man auch eine **Trachtensammlung**, das **Museum des Aberglaubens**, eine **Jagdausstellung**, ein **Ritterzimmer** und vieles mehr kennen. In der sog. **Schlossbibliothek**, die heute keine Bücher mehr enthält, können sich Brautleute das Ja-Wort geben. Den christlichen Segen dazu erteilt auf Wunsch ein Pfarrer in der winzigen **Kapelle** des Hauses, die als einzige Sloweniens den Namen „Auszug aus Ägypten" trägt.

Burg Bogenšperk: Ehemalige Bibliothek

Burg Bogenšperk kann von Dienstag bis Freitag jeweils von 09.00-16.00 Uhr, samstags und sonntags von 09.00-18.00 Uhr besichtigt werden, Eintritt Erwachsene 4,50 EUR, Rentner 4 EUR und Kinder 3,50 EUR (montags geschlossen).

Unseren nächsten Anlaufpunkt - STIČNA - erreichen wir, indem wir den Hinweisen nach RADOHOVA folgen. Über SOBRAČE gelangen wir nach IVANČNA GORICA, wo wir rechts nach STIČNA abbiegen. Falls Sie auf Ihrer Karte die Abkürzung über JAVORJE haben sollten - vergessen Sie es! Die anfänglich vielversprechende kleine Teerstraße wird bald zur unpassierbaren Piste mit schlechter Wendemöglichkeit! STIČNA ist nur auf den ersten Blick ein kleiner unbedeuten-

Die Abteikirche von Stična

der Flecken mit wenigen Einwohnern, denn hier erhebt sich eine mächtige **Abtei**. Im Jahre 1136 wurde sie von den Zisterziensern gegründet. Die Mönche unterwarfen sich seinerzeit der Schweigepflicht und verständigten sich ausschließlich mittels einer Zeichensprache. Heute präsentieren sich die frommen Brüder deutlich redseliger - vor allem, wenn sie im klostereigenen Laden ihre Produkte an den Mann bringen wollen...

Die Anlage wurde im 15. Jahrhundert von den Türken überfallen und teilweise zerstört. Es erfolgte ein Wiederaufbau, vornehmlich in barockem Stil und auf Grund der schlechten Erfahrungen jetzt auch sehr stabil und wehrhaft. Gottlob sind viele Kulturschätze, wie z.B. ein wundervoller **gotischer Kreuzgang** und phantastische (restaurierte) **Stuckornamente** erhalten geblieben. Ein **Museum** dokumentiert die **Geschichte des Klosters** und zeigt eine Bilderausstellung. Im Rahmen einer Führung lässt sich die

Die letzte Ruhestätte der Mönche von Stična

Abtei besichtigen (Dienstag bis Samstag von 08.00-12.00 Uhr und von 14.00-16.00 Uhr, am Sonntag nur von 14.00-16.00 Uhr, montags geschlossen, Eintritt 2,50 EUR).

Im Innenhof des Klosters gibt es auch so profane Dinge wie eine Toilette und einen recht ansehnlichen Kinderspielplatz. Sollten die Mönche vielleicht doch - nur ein Schelm der Böses dabei denkt...

Die **Abteikirche** ist frei zugänglich (außer in der Mittagspause zwischen 12.00 und 14.00 Uhr). Sie präsentiert sich als dreischiffige romanische Kathedrale mit einem reich geschmückten Hauptaltar und nicht weniger als elf Seitenaltären.

Ist es Rudi?

Einen praktischen Parkplatz vor dem Kloster gibt es auch. Er ist sonnig und trotz der Lage (im Ort) relativ ruhig.

---

(057) WOMO-Stellplatz: Stična

GPS: N 45° 57' 21.9" E 14° 48' 21.8" **max. WOMOs:** 3
Ausstattung/Lage: Gaststätten und Geschäft in der Nähe, Mülltonne / im Ort.
Zufahrt: Vor dem Kloster.

Die Krka - romantisch und geheimnisvoll

98 Tour 4b

Wir fahren zurück nach IVANČNA GORICA, orientieren uns in Großrichtung ŽUŽEMBERG und wenden uns jetzt dem **Krka-Tal** zu. Nahe der Ortschaft KRKA entspringt auch der gleichnamige Fluss in einer Höhle. Es ist bestimmt nicht das bedeutendste Gewässer des Landes, wohl aber das romantischste. Vielerorts baden Trauerweiden darin ihre langen Ruten, Grasbüschel und Moospolster verleihen dem dunklen Fluss ein fast geheimnisvolles Flair. Ab und zu dreht sich eine **alte Wassermühle** am Ufer, und bisweilen plätschert das Wasser über kleine **Wehre**.

Im Ort KRKA gibt es einen ruhigen Stellplatz bei der Kirche.

(58) WOMO-Stellplatz: Krka Kirche
GPS: N 45° 52' 51.0" E 14° 46' 37.3" max. WOMOs: 2
Ausstattung/Lage: Gaststätte nahebei / im Ort.
Zufahrt: 100 m nach der Kirche rechts.

Der Ursprung der Krka

Wir folgen aber jetzt dem Hinweis **Izvir Krke** (Krkaquelle) und biegen vor der Kirche rechts ab. Ein schmaler Schotterweg führt hinaus in die freie Natur. Nach ca. 1 km erreichen wir eine kleine Brücke, in deren Umfeld es hübsche, teils auch schattige Stellplätze gibt - einige davon ganz idyllisch an einem Bächlein gelegen.

(059) WOMO-Wanderparkplatz: Izvir Krke
GPS: N 45° 53' 13.3" E 14° 46' 04.6" max. WOMOs: 3
Ausstattung/Lage: Gaststätte und kleiner Kiosk nahebei, Mülltonnen / außerorts.
Zufahrt: In Krka vor der Kirche abbiegen, noch ca. 1 km.

Per pedes folgen wir dem weiteren Verlauf des Sträßleins und gelangen - vorbei an einem Gasthaus - nach ca. 200 m zu einem Kiosk/Kassenhäuschen. Möchte man die **Höhle**, in der die **Krka** entspringt, besichtigen, zahlt man 3 EUR und darf danach in das Bergesinnere wandern. Nochmals sind etwa 200 m Fußmarsch über einen schönen Steinplattenweg vonnöten, und schon gähnt einen das kalte, schwarze Höhlenloch an (in der Höhle herrschen konstante 9,6 Grad). Etwas unterhalb davon drückt sich das Wasser aus dem Berg, und die **Krka** erblickt das Licht der Welt. Ein unbekannter Künstler

hat an dieser Stelle ein kleines Wasserschloss errichtet - aus Ton, Steinen und einer Brücke aus dünnen Zweigen.
Bei wenig Andrang ist die Höhle geschlossen, doch im Haus gegenüber dem oben erwähnten Kiosk erhält man einen Schlüssel. Neben dem Kiosk spendet ein Brunnen Wasser. Anfahrbar ist dieser nicht, aber notfalls kann man vom WOMO mit dem Drahtesel hierher radeln und mit dem Kanister Wasser bunkern.

Nach recht angenehmer Nachtruhe rollen wir das **Krka**-Tal entlang. Es ist eine liebliche Landschaft, doch leider erhält man viel zu selten schöne Ausblicke auf den Fluss, da er sich gekonnt im Gebüsch versteckt. Der Straßenzustand, bei unserer letzten Recherche noch ziemlich schlecht, präsentiert sich jetzt recht ordentlich. Nach ca. 15 km laufen wir in ŽUŽEMBERG ein. In der Ortsmitte erwartet uns eine stolze **Burg**. Erste Erwähnung fand sie im Jahre 1295, von 1469 bis zum Zweiten Weltkrieg diente sie den Grafen von Auersperg als Wohnsitz. Im Krieg erlitt die Burg große Schäden und brannte aus. Mittlerweile sind die Restaurierungsarbeiten weit gediehen, und das alte Gemäuer präsentiert sich in neuem Glanz.
Am Ortsende windet sich eine Straße hinunter zur **Krka** (Hinweis reka krka). Der Abstecher ist sehr empfeh-

Die Burg in Žužemberg

Kaskaden bei Žužemberg

lenswert. Ein ausgedehntes Wiesengelände mit schattenspendenden Bäumen empfängt uns. Hier lässt es sich schön faulenzen und in der **Krka** erfrischen. Ein herrlicher Augenschmaus sind die zahlreichen, gischtenden Kaskaden oberhalb einer Brücke.

(060) WOMO-Badeplatz: Žužemberg
GPS: N 45° 49' 43.1" E 14° 55' 50.2"   max. WOMOs: 5
Ausstattung/Lage: Dixi-Toilette, Kanuverleih, Reitmöglichkeit, Restaurants und Geschäfte in der Nähe, Volleyball-Platz, Mülltonnen / Ortsrand.
Zufahrt: Am Ortsende rechts zum Fluss abbiegen, noch 700 m.

Über DVOR geht es weiter. Bis zum 19. Jahrhundert wurde hier Eisenerz abgebaut. Ein großer **Eisenverhüttungsofen** blieb dem Ort als Erinnerungsstück. In SOTESCA, nahe einer urigen **Burgruine**, biegen wir rechts ab. Jetzt sind es nur noch wenige Kilometer bis zum **Heilbad** DOLENJSKE TOPLICE. Die Beschreibung des hübschen Thermalortes finden Sie am Ende der achten Tour.

Dolenjske Toplice

KARTE TOUR 5

102 Tour 5

Tour 5 (258 km / 6-7 Tage)

Rogla - Zreče - Dobrna - Velenje - Topolšica - Slovenj Gradec - Ravne - Mežica - Dravograd - Radlje - Ribnica - Podvelka - Selnica ob Dravi - Maribor

Freies Übernachten:	In Dobrna, bei der Burg in Velenje, in Topolšica, in und bei Slovenj Gradec, in Mežica, an der Drava, in Radlje, in Ribnica, bei der Alm Koča pesnik und der Ribniška-Hütte, in Brezno und in Radvanje (Maribor).
Campingplätze:	„Avtokamp Jezero" in Velenje, „Kekec" in Maribor.
Besichtigen:	Burg und Kohlebergwerk in Velenje, Zentrum von Slovenj Gradec sowie die Hallenkirche, Bergwerksmuseum in Mežica und natürlich Maribor.
Wandern:	Im Pohorje-Gebirge.
Radfahren:	Auf verschiedenen Nebenstraßen.
Baden:	In Dobrna, Topolšica, bei Radlje und Maribor (Habakuk).

Um unsere Rundreise fortzusetzen, müssen wir zunächst ein Stück des Weges zurückfahren. Wir rollen also von ROGLA hinab nach ZREČE (VE-Station im nahen SLOVENSKO KONIJICE) und nehmen danach Kurs auf CELJE. Doch schon ein paar Kilometer nach FRANKOLOVO biegen wir rechts ab und widmen uns den neuen Dingen, die da unser harren. Die Nebenstraße erweist sich als anständig und führt durch eine grüne Wald- und Wiesenlandschaft. Der Gewitterregen der

Altehrwürdiges Hotel in Dobrna

Kunst, Kultur und Kohle

letzten Nacht hat der Natur gut getan, der Staub ist weggespült, und alles erscheint wie frisch gewienert. Ein Spatzenpärchen nimmt noch schnell ein Bad in einer Pfütze, bevor die Sonnenstrahlen den kleinen Swimming-Pool verdunsten lassen. Wir schwenken jetzt rechts nach DOBRNA ein, das ca. 1 km abseits unserer Strecke in einem bewaldeten Tal mit sanften Hängen liegt. In dem kleinen **Kurort** sei Ihnen ein Bad nahe gelegt - freilich unter komfortableren Konditionen als bei dem gerade erwähnten Vogelpaar. Die **Thermalquelle**, die hier sprudelt, verspricht Abhilfe bei vielerlei Leiden (Herz- und Gefäßerkrankungen, Beschwerden im Skelettbereich, Rheuma, Nieren- und Harnwegserkrankungen, Frauenleiden). Das heilende Wasser kann man im relativ neuen und gut ausgestatteten **Hotel Vita** in Anspruch nehmen, und zwar täglich von 10.00-22.00 Uhr - Kostenpunkt 9 EUR pro Person. Es gibt auch noch das **alte Kurhaus** (Hotel Zdravilíški Dom), dessen äußerlicher Glanz schon reichlich verblasst ist. Dieser Eindruck setzt sich auch im Eingangsbereich fort. Doch hat man erst einmal die eigentliche Therme betreten, so wird man über das zwar eher winzige, aber fein im Maria-Theresia-Stil renovierte Bad erstaunt sein (geöffnet Montag bis Freitag von 09.00-19.00 Uhr, am Wochenende von 08.00-19.00 Uhr).

Beide Häuser bieten auch Extraleistungen wie beispielsweise Sauna, Kräuterbäder, Akupunktur, (Thai)-Massagen und vieles mehr, deren Abrechnung natürlich gesondert erfolgt.

Alte Therme im neuen Glanz

Ein Schmuckstück des Ortes ist zweifellos der **Kurpark**. Im Schatten alter Bäume lässt es sich gemütlich auf gepflegten Kieswegen umherwandeln und die würzige Luft genießen. Bunte Blumenrabatten erfreuen das Herz, und das muntere Geplätscher eines Springbrunnens streichelt die Seele. Da soll man nicht gesund werden!

Die Parkmöglichkeiten in DOBRNA sind begrenzt. Nahe am

Zentrum nimmt ein größerer Platz die Fahrzeuge der Kurgäste auf, und auch beim Hotel Vita gibt es etliche Stellflächen. Zieht man eine Übernachtung in Betracht, so empfiehlt sich ein ruhiger Parkplatz am Waldrand. Man erreicht ihn, indem man am **Hotel Vita** vorbeifährt (ca. 100 m) danach biegt man rechts ab, und schon nach weiteren 100 m ist man am Ziel. Vorsicht, tiefe Querrille bei der Einfahrt!

Von diesem feinen Plätzchen aus ist es zum **alten Kurhaus** sowie zu einem **Museum für alte Kutschen** und einem **Kräutergarten** nur ein Katzensprung.

(061) WOMO-Badeplatz: Dobrna
GPS: N 46° 20' 24.5" E 15° 13' 29.0"
max. WOMOs: 5
Ausstattung/Lage: Beleuchtung, Restaurants und Geschäfte in der Nähe / im Ort.
Zufahrt: Ca. 250 m nach dem Hotel Vita rechter Hand.

Kaum 12 km beträgt die Fahrtstrecke von DOBRNA nach VELENJE. Knapp 30.000 Menschen leben in dieser Bergarbeiterstadt, die in Reiseführern und anderweitigen Beschreibungen oft etwas stiefmütterlich behandelt wird. Auf den ersten Blick hin ist das nur zu verständlich! Überall unschöne Industrieanlagen, rauchende Schlote, wenig ansehnliche Wohnblocks und nicht einmal ein handfester Stadtkern. Bis 1950 gab es hier nur ein kleines Dorf, die Stadt entstand erst, als das Kohlebergwerk erweitert wurde und zum größten und wichtigsten Sloweniens avancierte. VELENJE bietet aber auch Schönes und hält ein besonderes „Zuckerl" für seine Besucher bereit - doch dazu später mehr!

Die Industriestadt Velenje

Die Burg von Velenje

Nähert man sich der Stadt, so fällt einem schon von weitem die eindrucksvolle und wuchtige **Burganlage** auf. Sie thront zur Linken auf einem begrünten Hügel und ist liebevoll restauriert. Bei unserem Besuch war die Festung frei zugänglich, das angeschlossene **Museum** leider nicht, trotz eines Schildes, das die tägliche Öffnung von 09.00-19.00 Uhr verspricht. Daneben können von einer 90 m hohen **Sprungschanze** die Skispringer ins Tal hinunter fliegen. Lässt man den Blick in die Ferne schweifen, entdeckt man am nördlichen Ortsrand die Ruinen einer Burg aus dem 12. Jahrhundert. Außer dem **markanten Turm** sind nur wenige Überreste erkennbar.

Biegt man von der Hauptstraße (Kreisverkehr) links ab und folgt den **braunen Hinweisschildern** mit dem **Burgsymbol** bzw. dem Schriftzug **Velenje grad**, so gelangt man von der Rückseite her hinauf zur Burg. Das Sträßchen ist gesäumt von Kastanienbäumen und mündet in einen schattigen Parkplatz seitlich der Burg und der Sprungschanze.

(062) WOMO-Stellplatz: Burg Velenje

GPS: N 46° 21' 19.8" E 15° 06' 36.8"   **max. WOMOs:** 3
Ausstattung/Lage: Burgschänke, Beleuchtung, Mülltonne / Ortsrand.
Zufahrt: Den Hinweisschildern zur Burg folgen.

Lassen Sie uns jetzt zu dem eingangs angekündigten „Zukkerl" kommen. Wenn Sie aufmerksam die **braunen Hinweisschilder** mit der Aufschrift „**Muzej Premogovništra**" beachten und sich von diesen leiten lassen, erreichen Sie ca. 2,7 km nach dem Ortsanfang ein hochinteressantes **Bergbaumuseum**. Es versteckt sich in einer tristen Umgebung mit Werkshallen, Rohren, technischen Anlagen und ähnlich „ansprechenden" Dingen. Wahrhaftig nicht zu verstecken braucht sich das hier Gebotene, und man ist mit Recht stolz auf die Auszeichnung als „schönstes Museum Europas".

Nach einer kurzen Unterweisung werden wir mit einem Helm und Schutzkleidung ausgestattet. Letztere beweist Zweckmäßigkeit, genügt aber nur geringen modischen Ansprüchen! An der Essensausgabe der Kantine erhält jeder Teilnehmer ein „Lunch-Paket", welches man sich zunächst in die Tasche schiebt und dann beginnt das Erlebnis! Wir steigen in einen Gitterkorb, der mit insgesamt sechs Personen ausgelastet ist. Auf ein Signal rasseln wir über 150 m in die Tiefe - hinein in

die geheimnisvolle Welt der Stollen und Schächte. Unten angelangt, empfängt uns die fiktive Figur eines im Jahre 1888 in VELENJE geborenen Pfarrers, der Zeit seines Lebens den Bergleuten zugetan war. Der Gottesmann sitzt bei Flackerlicht an einem Tisch und schildert mit der ihm einverleibten Stimme das überaus harte Leben (und vielfach auch das Sterben) der

Bergmänner. Die Bedingungen, unter denen früher gearbeitet wurde, sind heute kaum noch vorstellbar. Steht man aber nun selbst in dem dunklen Schacht und lauscht den Worten des Pfarrers, springt so etwas wie ein Funke über. Das Leid wird nachvollziehbar, ist nahe und ergreift einen selbst.

Nach dieser Schilderung marschieren wir durch das Labyrinth der Stollen, werden zu nachgestellten Szenen aus dem Leben der Bergarbeiter geführt, die oft auch akustisch untermalt sind. In sog. Multivisionsshows erfahren wir viel über die Geschichte des Bergbaues, die Entstehung der Kohle und den Stand der Technik unserer Tage. Die Museumsbetreiber haben sich viel einfallen lassen, um bei den Besuchern einen bleibenden Eindruck zu hinterlassen. Einen besonderen Clou stellt dabei ein inszeniertes Grubenunglück dar. Wir blicken in einen

Schacht, in dem Menschen ihrer Arbeit nachgehen. Plötzlich knistert es bedrohlich im Gebälk, die Geräuschkulisse wird lauter, der ganze Berg bebt! Mit einem Mal schwillt der Krach an, die Kohleflöze brechen herab, begraben die Arbeiter unter sich, dichter Staub breitet sich aus. Stille! Die Lichteffekte wechseln, ein Arm ragt wie ein stummer Hilfeschrei aus heruntergestürztem Gestein. An anderer Stelle liegt ein Helm, seinen Besitzer wähnt man verschüttet!  Die Illusion ist perfekt, selbst das Erzittern des Berges spürt man in allen Gliedern. Wunder ist dies keines, denn der Beobachter steht während der Inszenierung auf einer Rüttelplatte, die ordentlich für Bewegung sorgt...

Wir stapfen in einen weiteren Stollen, Tische und Bänke stehen bereit - Brotzeit ist angesagt! Wir öffnen unser Päckchen und lassen uns die Knappenjause schmecken. Danach dürfen wir einen sog. Grubenhund besteigen. Dieser Mini-Zug befördert uns anfangs gemächlich, anschließend an einer Gefällstrecke mit Karacho zum Ausgangspunkt unserer Exkursion zurück. Schließlich hievt uns der Förderkorb zurück ans Tageslicht. Unsere Schilderung ist nicht ganz vollständig und das ist pure Absicht, denn ein bisschen Spannung muss schon bleiben. Glück auf!

Das Museum ist (außer montags) täglich von 09.30-17.00 Uhr geöffnet. Letzter Einlass 15.30 Uhr. Die Führung dauert 1,5 bis 2 Stunden. Kinder unter 7 Jahre haben keinen Zutritt. Eine vorhergehende Anmeldung ist erwünscht, aber nicht zwingend. Empfehlenswert ist auf jeden Fall die Teilnahme an einer deutschen Führung, sofern man an den Erklärungen Interesse hat. Besucherbergwerk Velenje, Tel.: 00 386 (0) 358 709 97   http://www.riv.si/muzej

Zu guter Letzt: VELENJE hat jetzt auch einen Campingplatz. Das recht nette Areal liegt in einem Freizeitgelände an einem See. Auf der einen Seite schweift der Blick über das kühlende Nass und weiter hinein in eine idyllische Hügellandschaft, doch auf der anderen Seite erheben sich große Firmen, wie z. B.

Velenje: See beim Autocamp

die Eso-tech. Krönung ist allerdings ein gigantisches Kohlekraftwerk, das hier vor sich hin schmauchelt! Ja, irgendwo müssen die Dinger eben stehen...

> **(063) WOMO-Campingplatz-Tipp. „Avtokamp Jezero" in Velenje**
> **GPS:** N 46° 22' 07.4" E 15° 05' 11.4"   **Öffnungszeit:** 30.04-15.10.
> **Ausstattung/Lage:** Café mit Imbiss, Seezugang, wenig Schatten, zum Zentrum ca. 3 km / Ortsrand.
> **Zufahrt:** In Velenje die erste Straße nach dem ersten Kreisverkehr rechts abbiegen, von hier ab gut beschildert.

Ein Ort ganz anderen Charakters ist das Heilbad TOPOLŠICA, ca. 10 km nordwestlich von VELENJE gelegen. Der Abstecher dahin führt nahe an drei Seen, die am Stadtrand der Bergarbeiterstadt liegen, vorbei. Man spricht vom Freizeitparadies der Knappen - sonderlich paradiesisch wirkt es aber nicht. Gleich danach passieren wir ŠOSTANJ. Eigentlich ein nettes Städtchen mit adretter Fußgängerzone und einer Burg, doch diese Ansätze werden von den allgegenwärtigen hässlichen Industrieanlagen mit rauchenden Schloten und dampfenden Türmen zunichte gemacht. Um so überraschter sind wir anschließend, als wir in TOPOLŠICA einlaufen. Der **Kurort** ist umgeben von waldigen Hängen, und nur ein paar Häuschen verteilen sich im Grünen.

Topolšica: Baum mit Strickkleid

Zentraler Punkt ist das **Hotel Vesna**, welches auch das **Thermalbad** beherbergt. In den Hallen- und Außenbecken lässt es sich angenehm im warmen Wasser aalen, die Temperaturpalette reicht von 31-34°C. Die heilenden Inhaltsstoffe helfen bei folgenden Indikationen: Erkrankungen im Skelettbereich, Rheuma, Herz- und Gefäßerkrankungen, Atemwegsleiden und bei neurotischen Störungen. Geöffnet ist das Bad von Montag bis Donnerstag jeweils 06.00-21.00 Uhr, Freitag und Samstag von 06.00-22.00 Uhr und sonntags von 08.00-21.00 Uhr. Für drei Stunden sind 9 EUR zu entrichten, am Wochenende dürfen es 10,50 EUR sein.

Im Grünen: Therme Topolšica

Wie in vielen Thermen kann man eine ganze Reihe von Sonderleistungen beanspruchen. Diese decken einen großen medizinischen Bereich ab und schließen auch den Wellness-Faktor ein. Natürlich darf ein Kurpark nicht fehlen, hohe Erwartungen werden aber nicht erfüllt. Das Areal ist begrenzt, und ein paar Blümchen mehr könnten auch nicht schaden. Zum Ausgleich gibt es schöne Spazierwege, auf denen man die Gegend erforschen kann.

Nahe dem Hotelgelände nimmt ein Parkplatz die Fahrzeuge der Badegäste auf. Tagsüber sind die Stellflächen schnell belegt. Nachts ist das Unterkommen meist unproblematisch.

(064) WOMO-Badeplatz: Therme Topolšica
GPS: N 46° 24' 07.9" E 15° 01' 06.6"   **max. WOMOs:** 6
Ausstattung/Lage: Restaurant, Geschäft in der Nähe, Mülltonne / im Ort.
Zufahrt: In Topolšica beim Hotel Vesna.

Die Gemeindeväter haben dem Platz zahlreiche Bäume spendiert, doch bis diese so richtig Schatten spenden, dauert es noch ein Weilchen. Parkgebühren werden keine erhoben.

Zurückgekehrt nach VELENJE, orientieren wir uns hier in nordöstlicher Richtung und verlassen die Stadt durch einen Tunnel mit dem Ziel SLOVENJ GRADEC bzw. DRAVOGRAD. Am Stadtrand erwarten uns noch ein paar Industrieanlagen und ein gewaltiger Steinbruch, doch dann hat die Natur uns wieder. Wir durchfahren ein schmales Tal mit viel Mischwald, und auch an Kurven hat man nicht gespart. Das Flüsschen **Paka** begleitet uns. Nach 8 km wird es wildromantisch, für ein kurzes Stück rücken die Berge nah zusammen und bilden eine Schlucht. Nach insgesamt 11,4 km taucht ein großer Picknickplatz auf, der sogar mit Toilette ausgestattet ist. MISLINJA begrüßt uns und präsentiert stolz ein **Kirchlein** mit einem schön **bemalten Turm**. Die Gegend ist jetzt ländlich mit sanft geschwungenen Hügeln. Auf den Weiden lassen sich Pferde, Schafe und Kühe ihr Futter schmecken. Die Straße berührt nun die Ortschaft TURIŠKA VAS. Das ist auch der Punkt, an dem ein Schild links zum **Flugplatz** (letališče) bzw. **Aerodrom** weist. Einer Empfehlung zufolge gibt es hier einen günstigen Übernachtungsplatz. Es bewahrheitet sich! Das Aerodrom entpuppt sich als neues und gepflegtes Hotel, vor dem sich ein

großer, geteerter und sonniger Parkplatz erstreckt.
Für Ausflüge ins Umland ist dieser Standort ideal. Der kleine Campingplatz, der sich in einem Wäldchen hinter der Hotelanlage versteckt, zeigt sich gepflegt. Bei unserem Aufenthalt waren allerdings nur einige der Holzhütten belegt.

(065) WOMO-Stellplatz: Aerodrom bei Slovenj Gradec
GPS: N 46° 28' 22.8" E 15° 07' 07.0"
max. WOMOs: 10
Ausstattung/Lage: Gutes Restaurant, Pizzeria, Beleuchtung, zum Zentrum Slovenj Gradec ca. 7 km, Flugplatz / außerorts.
Zufahrt: Von der Hauptstraße links abbiegen, dann noch 700 m.

Den Flugplatz sehen wir nicht als Störfaktor - im Gegenteil! Die aufsteigenden und landenden kleinen Brummer zu beobachten macht Spaß. Viele Bewegungen sind nicht zu verzeichnen und nachts herrscht Ruhe. Wer Lust hat, kann sich auch zu einem **Rundflug** anmelden, um das schöne Slowenien aus der Vogelperspektive zu betrachten. Wir bleiben auf dem Boden und genießen von hier aus die herrliche Landschaft des **Mislinja-Tals**, die so etwas Heimeliges und Friedliches ausstrahlt. Die verschiede-

Der „Aerodrom-Jumbo"

nen Grüntöne faszinieren das Auge, gern ruht der Blick auf den geschwungenen Hügelketten in der Ferne. Inmitten dieser anmutigen Natur breitet sich das hübsche Städtchen SLOVENJ GRADEC aus. Seitlich des kleinen Zentrums gibt es einen kostenfreien Parkplatz.

(066) WOMO-Stellplatz: Slovenj Gradec Zentrum
GPS: N 46° 30' 32.2" E 15° 04' 36.6" **max. WOMOs:** 3
Ausstattung/Lage: Beleuchtung, Mülltonnen / im Ort.
Zufahrt: In Richtung „center" fahren, direkt <u>vor</u> dem Kassenhäuschen links abbiegen, noch 100 m.

Sollte dieser belegt sein, kann man die Schranke zur Innenstadt passieren und direkt im Geschehen parken. Bei der Ausfahrt ist dann natürlich ein Obolus zu entrichten. Das Wochenende (ab Samstagmittag 12.00 Uhr) geht frei! Die gerade genannten Parkplätze sind aber nur für kleinere WOMOs geeignet (5-6 m). Größere „Schiffe" können zumindest für eine Stippvisite auf einem ebenso zentrumsnahen Parkplatz stehen (Parkscheibe 2 Stunden). Hierzu fährt man im Kreisel vor dem Zentrum in Richtung RAVNE/PODGORJE und biegt dann nach ca. 100 m rechts ab.

SLOVENJ GRADEC ist der kulturelle Mittelpunkt der Region und einer der bedeutendsten des Landes. Der **Glavni trg** stellt den Dreh- und Angelpunkt des Ortes dar. Am Anfang dieses Platzes steht das **Geburtshaus** von **Hugo Wolf**, der weltberühmte Komponist ist ein Sohn dieser Stadt. Einige Schritte weiter entdecken wir die anrührende **Bronze-Statue eines Knaben**, und wieder nach einigen Metern erwartet uns ein Werk von

Bronzestatue in Slovenj Gradec

Oskar Kogoj, das **venezianische Pferd**. Dies ist auch die Stelle, an der sich das **ehemalige Rathaus** erhebt, in dem jetzt das **Fremdenverkehrsamt, zwei Museen** und die Galerie der schönen Künste untergebracht sind. In den Museen erfährt man viel über die **Stadtgeschichte** und kann sich an einer **archäologischen Ausstellung** erfreuen. Von ganz anderer Art und nicht minder interessant zeigt sich die Sammlung **afrikanischer Folklore-Kunstwerke**.

Die galerija likovnih umetnosti, zu Deutsch die **Galerie der schönen Künste,** ist ein Juwel auf dem Kultursektor. Auf fast 1000 m² Fläche finden **wechselnde Ausstellungen** statt, und freilich haben auch angestammte Künstler ihren festen Platz. **Jože Tisnikar** beispielsweise, der mit seinen Werken Anerkennung bis weit über die Landesgrenzen hinaus genießt. Er bevorzugt bei seinen Bildern blaue und schwarze Farbtöne und deckt ein weites Feld ab - von heiter naiv bis hin zu ernst.

Im Zentrum von Slovenj Gradec

Weitere Akzente setzen **Maler** wie **Karel Pečko** oder **Bogdan Borčič**, aber auch der **Bildhauer Franc Berneker**.
Inge Morath, Fotografin von Weltruf, hat ihre Wurzeln mütterlicherseits in SLOVENJ GRADEC. Mit dem Projekt „**Grenz-Räume**" schuf sie ein familiengeschichtliches Dokument

Slovenj Gradec: Das Rathaus

über das südsteirisch-slowenische Grenzland, das nach eigenem Bekunden der Künstlerin „eine heimliche Sehnsucht von ihr" ist. Freilich widmet man ihr einen gebührenden Anteil innerhalb der Galerie. Inge Morath, die 40 Jahre mit dem amerikanischen Regisseur und Dramaturgen Arthur Miller verheiratet war, verstarb im Jahre 2002.

Bei Fragen aller Art wenden sie sich an die freundliche Direktorin des Hauses, Frau Zlatar. Die sehr hilfsbereite Dame leitet nicht nur die Galerie - sie lebt das Metier! (Öffnungszeiten: Dienstag bis Freitag von 09.00-18.00 Uhr, Samstag und Sonntag von 09.00-12.00 Uhr und von 15.00-18.00 Uhr, montags geschlossen, Eintritt 4 EUR).

Am **Trg Svobode** erhebt sich die **Kirche der Heiligen Elisabeth**. Das Gotteshaus stammt aus dem Jahre 1251 und ist somit ältestes Bauwerk der Stadt. Das Innere wirkt düster und ist mit reichem Schmuck versehen. Unmittelbar daneben steht die **Heiliggeistkirche** aus dem 15. Jahrhundert mit schönen eindrucksvollen Fresken.

Knapp 4 km vom Zentrum entfernt trägt der Burghügel die älteste **Hallenkirche** des Landes - **Sv. Pankracij**. Das wie eine Festung aussehende Gotteshaus ist bestens renoviert und bietet zudem eine schöne Aussicht (Schlüssel im Bauernhof nebenan). Für Besucher steht ein sehr kleiner, ruhiger Parkplatz zur Verfügung.

Aufgang Kirche Sv. Pankracij

(067) WOMO-Stellplatz: Sv. Pankracij

GPS: N 46° 30' 30.7" E 15° 03' 58.5" **max. WOMOs:** 2
Ausstattung/Lage: Mülleimer, Gaststätte 1 km / außerorts.
Zufahrt: Den Schildern folgen, vom Zentrum 3,8 km (letztes Stück sehr schmal).

Wir verlassen SLOVENJ GRADEC und laufen RAVNE NA KOROŠKEM an. Das Städtchen empfängt uns mit einigen Wohnblocks, denen noch der Charme Titos anhängt. Das Zentrum selbst präsentiert sich schon in neuerem Gewand und einige bunte Häuser bringen Leben ins Bild. Über PREVALJE, einem gefälligen Ort mit vielen kleinen Geschäften, erreichen wir nach 21 km MEŽICA. Am Ortsende links befindet sich der Abzweig zum **Bergwerks-Museum Podzemlje Pece**. Der Parkplatz ist nahe bei einem Sägewerk, um zum Museum zu gelangen, benutzt man eine Brücke, die über die Hauptstraße führt.

Die Bergwerksbahn der Glančnik-Mine

(068) WOMO-Stellplatz: Podzemlje Pece

GPS: N 46° 30' 47.4" E 14° 51' 28.7" **max. WOMOs:** 5
Ausstattung/Lage: Beleuchtung, Imbiss/Bar beim Bergwerk / Ortsrand.
Zufahrt: Am Ortsende von Mežica links abbiegen, gut beschildert.

Der Platz ist zwar praktisch, doch die Lage nicht gerade berauschend. Zudem kann es durch das Sägewerk und andere Firmen - zumindest tagsüber - zu Lärmbelästigung kommen. Alternativ bieten sich auch Park- bzw. Übernachtungsmöglichkeiten im Ortskern an.

Der Ausflug ins Bergesinnere verspricht erlebnisreich zu sein. Mit einer alten Grubenbahn fährt man 3,5 km durch die **Glančnik**-Mine. Auf einer Strecke von 1,5 km Länge lernt man die verschiedenen Arten des Bergbaues und die entsprechenden Werkzeuge, Ausrüstungen usw. kennen.

Ein Museum im Eingangsbereich dokumentiert durch zahlreiche Exponate ebenfalls die Geschichte des Bergbaues. Das Museum kann täglich (außer montags) von 09.00-15.00 Uhr besichtigt werden. Führungen durch das Bergwerk finden für angemeldete Gruppen täglich (auch außer montags) um 09.00, 11.00, 13.00 und 15.00 Uhr statt. Für nicht angemeldete Einzelpersonen gibt es nur jeweils täglich um 11.00 Uhr eine Führung! Die Mine ist vom 01. April bis 30. Oktober für Besucher zugänglich. Nehmen Sie bitte etwas Warmes mit - im Berginneren herrschen nur konstante 10°C. Wir rollen zurück nach RAVNE NA KOROŠKEM und steuern von hier das **Drava**-Tal an, wo uns das Städtchen DRAVOGRAD begrüßt. Die landschaftliche Lage ist hübsch, der Ort selbst schlummert ein wenig vor sich hin. Ausgesprochene Attraktionen fehlen - demzufolge auch die Touristen. Auf einem schönen Spazierweg sind leicht die **Burgruinen** von DRAVOGRAD zu erreichen, mehr als ein paar Mauerreste

Kultur am Wegesrand

darf man allerdings nicht erwarten. Dehnt man den Spaziergang zu einer kleinen Wanderung auf die **Kobansko**-Hügel aus, kann man mit etwas Glück noch einen Köhler bei der Ausübung seines schweren Handwerks antreffen.

Entlang der **Drava** gleiten wir jetzt durch das idyllische Tal mit seinen bewaldeten Bergzügen. Mit 144 km ist dieser Fluss der zweitlängste Sloweniens und auch sehr wasserreich. Träge wälzen sich die Fluten in ihrem Bett MARIBOR entgegen.

Kunst, Kultur und Kohle

Einige Transportkähne lassen sich von der Strömung ostwärts treiben, nur dezent von den leise tuckernden Dieselmotoren unterstützt. Mancherorts tauchen Laubbäume ihre Zweige in das kühle Nass, in deren Schatten Angler sitzen und geduldig auf den großen Fang warten. Eine besondere Stimmung - eine gewisse Melancholie breitet sich aus! Schade nur, dass man kaum Möglichkeiten hat, diese Stimmung einzufangen, denn Parkmöglichkeiten an der Strecke sind rar gesät.

5,6 km nach dem Ortsschild am Ortsende von DRAVOGRAD zweigt rechts eine kurze Stichstraße flusswärts ab und mündet in einen Parkplatz, der sich entlang der **Drava** erstreckt (sonnig, eben, etwas Lärmbelästigung durch die Straße).

(069) WOMO-Stellplatz: Floß-Anleger Drava

GPS: N 46° 36' 24.7" E 15° 06' 23.8"
max. WOMOs: 4
Ausstattung/Lage: Gaststätte, kleiner Imbiss, Dixi-Toilette, Bänke, Mülltonne / außerorts.
Zufahrt: 5,6 km nach Dravograd rechts, dann noch 100 m.

Unterhalb der Gaststätte spendet ein Brunnen Wasser. Ob hier Trinkwasser fließt, oder ob das kühle Nass aus der Drava stammt, können wir nicht eruieren.

Direkt am Parkplatz befindet sich ein **Floß-Anleger**. Von hier aus lassen sich zweistündige Exkursionen auf einer solch schwimmenden Insel unternehmen. Die Fahrt erfolgt mit mu-

Floßanlegestelle an der Drava

sikalischer Begleitung, für das leibliche Wohl wird gesorgt. Kostenpunkt pro Nase inklusive Speis und Trank ca. 25 EUR. Die zünftigen Ausflüge finden jeweils von Freitag bis Sonntag statt, bei entsprechendem Andrang auch während der Woche. Am Ende der Fahrt kehrt das Floß wieder zum Ausgangspunkt zurück.

500 m weiter kann man die **Drava** auf einer Brücke queren, an deren Ende links ein kleiner Parkplatz einige WOMOs aufnimmt, falls es an der Anlegestation einmal eng werden sollte (etwas Lärmbelästigung durch die Bahnlinie). Wer mit dem Fahrrad die Gegend erkunden möchte, kann das jetzt auch auf den neugebauten Radwegen entlang der Drava tun.

Wir streifen MUTA, ein recht ansehnliches Dorf und biegen danach an einer Kreuzung von der Umgehungstraße links nach RADLJE ab, das sich mit seinen bemalten Häusern, bunten Blumenbeeten und etlichen Geschäften als attraktiv erweist.

(070) WOMO- Stellplatz: Radlje
GPS: N 46° 36' 48.7" E 15° 13' 37.4" **max. WOMOs:** 3
Ausstattung/Lage: Gaststätten und Geschäfte in der Nähe, Mülltonnen / im Ort.
Zufahrt: Die Hauptstraße entlangfahren, ca. 100 m nach der Kirche rechts ab.

Zweigt man von der gerade zuvor genannten Kreuzung rechts ab, so gelangt man schnell zu einem neuen **Wasserpark** (**Vodni park**). Inmitten schöner Landschaft, nahe einem Anglerteich, empfängt ein ansprechend gestaltetes Freibad seine Gäste. Es gibt verschiedene (Natur)becken, teils sogar mit Sprudelvorrichtungen sowie eine Wasserrutsche. Für WOMOs steht ein eigener Platz
Der Anglerteich beim Vodni park
mit zwei der typischen Versorgungssäulen zur Verfügung.

(071) WOMO-Badeplatz: Vodni park bei Radlje
GPS: N 46° 36' 29.8" E 15° 12' 08.4" **max. WOMOs:** 15
Ausstattung/Lage: VE-Station mit insgesamt 8 Stromanschlüssen, Beleuchtung, Mülltonnen, Imbiss im Bad, Volley/Fußballplatz, Kletterturm, Angelteich nahebei / außerorts.
Zufahrt: In Radlje am Ortsanfang von der Umgehungstraße rechts abbiegen (große Hinweistafel Vodni park), noch 1,1 km, gut beschildert.

Bei unserem Besuch im Juni 2016 war die Anlage noch nicht ganz fertiggestellt. Bis Sie kommen sollte aber dann schon alles zum Besten stehen!
Ein Stück nach RADLJE nehmen wir in einem Kreisverkehr

die erste Ausfahrt, überqueren anschließend die **Drava** und gelangen nach VUHRED. Nach dem Dorf schwingt sich das Sträßchen allmählich ins **Pohorje-Gebirge** hinauf. Die folgende Etappe bis RIBNICA ist mittlerweile komplett geteert, die Steigung bleibt mit 14% eher harmlos. Nach 11 km erreichen wir besagte Ortschaft und entdecken bei der Kirche einen netten Stellplatz.

(072) WOMO-Stellplatz: Ribnica

GPS: N 46° 32' 05.8" E 15° 16' 05.2"   max. **WOMOs:** 2
Ausstattung/Lage: Beleuchtung, Gaststätte und Geschäft nahebei / im Ort.
Zufahrt: Im Ort zur Hütte (Ribniška koča) abbiegen, danach bei der Kirche links.

Jetzt folgen wir den Schildern **Ribniška koča** und haben nun 5 km Schotterpiste vor uns. Der Abschnitt präsentiert sich aber

Die Pesnik-Hütte im Pohorje-Gebirge

recht gepflegt, und ohne allzu arg durchgeschüttelt zu werden, laufen wir in der **Koča pesnik** (Pesnik-Hütte) ein. Die urige Alm-Wirtschaft liegt in luftiger Höh' (1101m) und bietet bei klarem Wetter eine herrliche Fernsicht - zum einen bis nach GRAZ und zum anderen bis MARIBOR. Die Wirtsleute haben gewechselt, doch auch die Nachfolger sind nett und hilfsbereit. Wir dürfen auf dem Hüttenparkplatz übernachten.

(073) WOMO-Wanderparkplatz: Koča pesnik

GPS: N 46° 31' 03.7" E 15° 15' 03.2"
max. **WOMOs:** 3
Ausstattung/Lage: Almwirtschaft und viel Natur / außerorts.
Zufahrt: Ca. 5 km südlich von Ribnica (den Hinweisen folgen).

Natürlich kann man es sich in der Alm oder auf der Terrasse im Freien gemütlich machen, doch zuvor sollte man sich auf einer Wanderung den richtigen Appetit holen - in der wunderbaren Gegend schon fast ein „Muss".

WOMO-Wandertipp: Crni vrh

Gehzeit: 3 Std.   **Schwierigkeit:** Leicht/mittel   **Höhenunterschied:** 450 m
Strecke: Am Schnittpunkt der Wegekreuzung bei der **Koča pesnik** beginnt der markierte Wanderweg (roter Kreis mit weißer Mitte), der nach gut einer Stunde die **Koča**

ribniška (Ribniška-Hütte) erreicht. Der Weg zieht hinan durch herrliche Wälder und zeigt sich sehr idyllisch und heimelig. In einer weiteren halben Stunde erreicht man von der **Ribniška**-Hütte den Gipfel des **Crni vrh** in 1543 m Höhe. Neben dem eigenwillig gestalteten Gipfelkreuz, das sich nach drei Seiten offenbart, erwartet ein Ruhebänklein den müden Wanderer. Gleicher Weg zurück.

Wenn Ihnen die oben genannte Wanderung zu langwierig sein sollte, können Sie auch mit dem WOMO bis zur **Ribniška-Hütte** weiter fahren und von da aus den Gipfel des Crni vrh erstürmen. Das bedeutet aber weitere 3,9 km (einfache Strecke) Schotterstraße für Sie und Ihr Wohnmobil.

(074) WOMO-Wanderparkplatz: Ribniška Koča
GPS: N 46° 29' 50.8" E 15° 15' 19.7"   max. **WOMOs:** 3
Ausstattung/Lage: Gaststätte, Bank / außerorts
Zufahrt: 3,9 km nach der Pesnik-Hütte, beim Skilift.

Wir kurven den Berg wieder hinunter und zweigen in RIBNICA rechts ab, um ins **Drava-Tal** zurückzukehren. Diese **Alternativstrecke** ist ab RIBNICA geteert, doch die ersten 5,5 km fühlen sich an wie Schotter. Danach wird es deutlich besser. Die Straße mündet nahe PODVELKA nach 15,5 km in die Hauptstraße 1, die nach MARIBOR führt. Nimmt man also einen kleinen Umweg in Kauf, lassen sich einige Kilometer Schotter unter den Rädern ersparen.

Bevor wir nach MARIBOR weiterreisen, fahren wir ein kurzes Stück (1 km) auf der Hauptstraße in Richtung DRAVOGRAD

Schönes Picknickplätzchen an der Drava

zurück, und zwar bis BREZNO. Im Ort biegen wir links zur **Drava** hin ab und erreichen nach ca. 150 m einen neuen großen und geteerten Parkplatz. Ein gefälliger, mit Bäumen bestandener Grünstreifen, trennt diesen vom Fluss. Es ist wahrhaft ein idyllisches Plätzchen. Man kann die Seele baumeln lassen; dem Fluss zusehen, wie er sich träge dahinschleppt und die Ruhe genießen. Hat man allerdings Pech, so springen Menschen über den angrenzenden Sportplatz, die ihre defizitären Leistungen durch lautes Schreien zu kompensieren trachten.

---

(075) WOMO-Picknickplatz: Brezno
GPS: N 46° 35' 42.0" E15° 18' 56.1"　　　　　　　　　　**max. WOMOs:** 10
Ausstattung/Lage: Imbiss, Tische, Bänke, Dixi-WC, Gaststätte im Ort / Ortsrand.
Zufahrt: In Brezno links zur Drava hin abbiegen (blaues Parkplatzsymbol), dann noch 150 m.

Weiter geht es durch das im Grün schwelgende **Drava**-Tal. Den Talgrund teilen sich Fluss, Bahnlinie und Straße. Letztere erfreut uns durch ihren guten Zustand und eine bequeme Breite. Nach OŽBALT hemmt eine Staustufe den Vorwärtsdrang der **Drava**, die Wassermassen scheinen zu stehen. Bald folgt eine weitere Staustufe, die den Fluss nochmals bremst. Das Tal weitet sich jetzt, die Berge verlieren an Höhe. Nach SELNICA OB DRAVI biegen wir rechts ab nach RUŠE, fahren anschließend über LIMBUS nach PEKRE. Hier entdecken wir die ersten Hinweise zur **Gondelbahn**, die ins **Pohorje**-**Gebirge** hinaufführt. Schließlich erreichen wir RADVANJE, einen Stadtteil von MARIBOR, und somit auch die Talstation der Seilbahn. Ein riesiger, teils schattiger Parkplatz (mittlerweile gebührenpflichtig) erwartet uns. Er liegt schön im Grünen und ist leicht geneigt.

(076) WOMO-Stellplatz: Gondelstation Radvanje
GPS: N 46° 32' 01.8" E 15° 35' 58.1"   **max. WOMOs:** 20
Ausstattung/Lage: Restaurant/Kiosk nahebei, Beleuchtung, Mülltonnen/Ortsrand.
Zufahrt: Unterhalb der Gondelstation.

Der kleine offizielle Stellplatz des Gondelbahngebäudes verfügt über eine Versorgungssäule sowie ein Toilettenhaus.

Allerdings präsentiert er sich (Juni 2016) dermaßen verlottert, dass wir keine Empfehlung aussprechen wollen.

Im halbstündigen Rhythmus bringt die Bahn von 09.00-19.00 Uhr die Fahrgäste hinauf ins Gebirge (Hin- und Rückfahrt Erwachsene 12 EUR, Kinder 4 EUR), wo es sich im Sommerhalbjahr auf etlichen Wegen wunderbar wandern lässt. Der Andrang ist eher gering. Der große Run findet im Winter statt, sobald die Skisaison eröffnet ist, denn hier befindet sich das größte Skiparadies Sloweniens. Gleich neben dem Parkplatz steht das **Hotel Habakuk**. Diese feine Adresse beherbergt eine **Therme** mit **Wellness-Center**, die auch Tagesgästen zugänglich ist. Die topgepflegte Anlage verfügt über mehrere Innen- und Außenbecken mit unterschiedlichen Wassertemperaturen. Es gibt Whirlpools, eine finnische Sauna sowie ein türkisches Bad. Das vorhandene Fitness-Studio darf ebenso benutzt werden. Das hat freilich seinen Preis! Die Tageskarte kostet pro Person 18 EUR, die ermäßigte Abendkarte

Habakuk: Therme und Hotel

immerhin 13,50 EUR. An Wochenenden und Feiertagen darf es noch ein bisschen mehr sein.

Im Ortsteil RADVANJE gibt es jetzt auch einen neuen Campingplatz - es ist übrigens der einzige in MARIBOR.

(077) WOMO-Campingplatz-Tipp. „Kekec" in Maribor
GPS: N 46° 32' 08.5" E 15° 36' 15.2"   **Öffnungszeit:** Ganzjährig
Ausstattung/Lage: Gaststätten und Geschäfte in der Nähe, vorwiegend sonnig, zum Zentrum 5 km / Ortsrand.
Zufahrt: In Radvanje beschildert, unweit der Gondelbahn.

Campingplatz Kekec

Im Zentrum einen Parkplatz zu finden, kommt schon einem Glücksspiel gleich, und noch geringer stehen die Chancen, einen vernünftigen Stellplatz zu entdecken. Das Parkareal an der Gondelbahn sowie der Campingplatz stellen somit eine praktische Alternative dar, wenn man eine Stadtbesichtigung in Erwägung zieht. Der Bus (Linie Nr. 6) hält fast vor der WOMO-Tür und bringt seine Fahrgäste ins Zentrum MARIBORS - und natürlich auch wieder zurück. Abfahrt ist etwa alle zwanzig Minuten.

Der Gerichtsturm in Maribor

In der zweitgrößten Stadt des Landes leben ca. 130.000 Menschen, damit ist sie nur knapp halb so groß wie LJUBLJANA und erscheint auch ungleich ländlicher. Die **Drava** schneidet MARIBOR in zwei Teile, wobei im kleineren nördlichen davon praktisch alle Sehenswürdigkeiten zu finden sind. Am Flussufer zwischen dem **Gerichtsturm** (der früher das Gefängnis beherbergte) und dem **Wasserturm** erstreckt sich das **Stadtviertel Lent**, von einem eigenartigen Flair umweht. So manches Haus zeigt bereits stolz seinen neuen Glanz, doch in den kleinen Gässchen hat die Restauratorenhand die Finger oft nur wenig gekrümmt, und die Mauern zeigen Patina. Nahe dem Gerichtsturm am **Minoritenkloster** stoßen wir auf das **Wahrzeichen der Stadt** - die **Stara Trta**. Diese Weinrebe gilt mit ihren 400 Jahren als älteste der Welt. Dank einer liebevollen Pflege, die man ihr angedeihen lässt, bringen die Trauben noch rund 30 Liter Wein pro Jahr. Der in kleinen Flaschen abgefüllte „Schwarze Samt" wird Besuchern von Rang und Namen als Geschenk gereicht. Sollten Sie kein Fläschchen abbekommen, brauchen Sie nicht traurig zu sein. Man munkelt, das edle Tröpfchen sei recht sauer...

Unterwegs im Herzen Maribors

Ein paar Schritte später finden wir uns im bunten Markttreiben wieder, das hier täglich abgehalten wird. Nördlich dieses Platzes entdecken wir in einem schönen klassizistischen Gebäude die **Galerie der schönen Künste** (geöffnet Dienstag bis Samstag von 09.00-13.00 Uhr und von 15.00-18.00 Uhr, sonntags von 09.00-13.00 Uhr). An der **Universitätsbibliothek** vorbei gelangen wir zum **Dom von Johannes dem Täufer** aus dem 13. Jahrhundert, mit schönen Reliefs am Chorgestühl. Südlich davon erstreckt sich einer der Hauptplätze der Stadt, der **Glavni trg**. Beherrscht wird dieser Platz von der prachtvollen **Mariensäule**, die zur Erinnerung an das Ende der Pest im Jahre 1680 errichtet wurde. Das von venezianischer Hand erbaute **Rathaus** von 1565 erhebt sich hier, ebenso wie das **Puppentheater Maribor** und - vielleicht nicht unbedingt sehenswert aber wichtig - auch das **Fremdenverkehrsamt** be-

Das slowenische Nationaltheater in Maribor findet sich am **Glavni trg**. Ein Stück des Weges weiter in nordöstlicher Richtung stoßen wir auf den trichterförmigen **Grajski trg**, in dessen Mitte sich die **Florianssäule** erhebt. Wichtigstes Bauwerk an diesem Platz ist wohl die **Stadtburg** aus dem 15. Jahrhundert. Das alte Gemäuer erfuhr im Laufe der Zeit mehrere bauliche Veränderungen und beherbergt jetzt das **Regionalmuseum**. Neben einer archäologischen Sammlung, Möbeln, Arbeitsgeräten und Kleidung aus längst vergangenen Zeiten erwartet Sie auch die mit Orden überladene Uniform von Marschall Tito! (Geöffnet von 10.00-17.00 Uhr, jeweils Dienstag bis Freitag, Samstag und Sonntag von 10.00-14.00 Uhr, Eintritt 2 EUR). Interessant zeigt sich der Festsaal mit seinen Deckengemälden, die **barocke Kapelle**, vor allem aber der wirklich bemerkenswert schöne **Treppenaufgang** im Rokoko-Stil mit seinen verspielten Putten. Bei der Stadtburg steht ein eigenwillig geformtes **Gefallenen-Denkmal**. Die Einheimischen nennen es gerne scherzhaft „Kojak". Wenn Sie einen Blick darauf werfen, wissen Sie bestimmt auch warum...

Nicht weit ist es jetzt zum **Trg svobode** und zwei

Der „Kojak" von Maribor

weiteren begrünten Plätzen. Oberflächlich betrachtet, werden an diesen Orten keine atemberaubenden Sensationen zu verzeichnen sein, doch auf die inneren Werte kommt es an - im wahrsten Sinne des Wortes! Tief unter der Erde lagern hier, verteilt auf 20.000 m² in **Gängen und Kellergewölben**, unzählige Liter Wein. Konstant 15°C herrschen in dieser stets etwas säuerlich riechenden, düsteren Welt, die bereits vor 200 Jahren geschaffen wurde. Früher lagerten die edlen Tropfen fast ausschließlich in Holzfässern, heute bedient man sich vorwiegend der praktischen Stahltanks. Wenn Sie den „Weingeistern" einen Besuch abstatten wollen, ist eine Voranmeldung notwendig (Tel.: 02/220 8111).

Noch ein Stückchen weiter im Norden breitet sich der schmucke **Mestni Park** (Stadtpark) aus. Er ist von munteren Bächen durchzogen, Teiche blicken uns an, und die Bäume, die seit langem da gedeihen, würden auch einem Arboretum gut zu Gesicht stehen. Im Park befindet sich gleichfalls ein kleines **Aquarium/Terrarium**. Verschiedene Fische und Reptilien sind in diesem untergebracht und fristen ein wenig erstrebsames Dasein (geöffnet von Montag bis Freitag von 08.00-19.00 Uhr, Samstag und Sonntag von 09.00-12.00 Uhr und von 14.00-19.00 Uhr, Eintritt 3,50 EUR).

In zwanzig Minuten kann man gemütlich vom Stadtpark aus zu dem **Hügel Piramida** (386 m) spazieren und den schönen Blick auf MARIBOR, das glitzernde Band der **Drava** und das **Pohorje**-Gebirge genießen.

Kunst, Kultur und Kohle

Tour 6 (195 km / 6-7 Tage)

Maribor - Gornja Radgona - Radenci - Murska Sobota - Moravske Toplice - Selo - Dobrovnik - Lendava - Ižakovci - Veržej - Banovci - Jeruzalem - Ormož - Ptuj

Freies Übernachten:	In Radenci, bei Selo, in Lendava, nahe Ižakovci an der Mura, in Veržej, in Jeruzalem und in Svetinje, in Ormož, in Nedelja und in Ptuj.
Campingplätze:	„Moravske Toplice" in Moravske Toplice, „Kamp Lipa" in Lendava, „Sončni gaj" in Banovci, „Avtokamp Terme Ptuj" bei Ptuj.
Besichtigen:	Wehrschloss in Murska Sobota, Rotunde bei Selo, das Städtchen Lendava, schwimmende Mühlen in Ižakovci und Veržej, Jeruzalem mit Umland, Schloss Ormož, Schloss Dornava und die Stadt Ptuj.
Radfahren:	In der Umgebung von Radenci und Moravske Toplice, bei Selo, bei Lendava, rund um Banovci und Jeruzalem.
Baden:	In Radenci, Moravske Toplice, Lendava, Banovci und in Ptuj.

Die sechste Tour unserer Reise bringt uns in die östlichen Regionen Sloweniens. Haben uns bis MARIBOR stets die Berge begleitet, so geht es nun hinein ins flachere Land, wo sich nur mehr sanfte Hügel erheben. Der Osten ist von der Landwirtschaft geprägt und von der Sonne verwöhnt. Schönwetterperioden halten oft lange an, der Boden speichert die Wärme und gibt sie in den Nachtstunden langsam wieder ab. Dieser Umstand beschert uns dann herrlich lange Abende, die man ohne zu frösteln im Freien verbringen kann. Eine große Etappe dieser Tour verläuft auf der sog. „Straße der Sonne" - und die macht ihrem Namen alle Ehre.

Zunächst arbeiten wir uns - ausgehend vom Parkplatz bei der Gondelstation - in nördlicher Richtung durch MARIBOR. Durch den reichlichen Verkehrsfluss und vor allem wegen der schlechten Beschilderung ist das eine ziemlich nervige Angelegenheit. Wir schlagen die Großrichtung MURSKA SOBOTA ein und schaffen es schließlich, der Stadt zu entkommen. Hat man keine Vignette, so muss man höllisch aufpassen, um

Luftiku(h)s

Sonne, Wein und warme Quellen

nicht aus Versehen auf die kostenpflichtige Schnellstraße bzw. Autobahn aufzufahren. Nachdem wir die letzten Firmen und Industrieanlagen hinter uns gebracht haben, fahren wir hinaus in eine ländliche Umgebung mit Mais- und Getreidefeldern. Bald spitzt zur Linken ein See hinter einem kleinen Damm heraus, und kurz danach begrüßt uns ein Weiher auf der rechten Seite. Als Badegewässer sind die Tümpel nicht zu werten, sie erfüllen eher den Zweck eines Biotops und Froschreservats. Sicher können sich die quakenden Genossen dennoch nicht fühlen, da auch einige Störche durch die Wiesen stolzieren - die Leibspeise von Meister Adebar ist ja wohlbekannt!
Ein Stück des Weges weiter blickt eine stattliche Burg von einer Anhöhe auf uns herab. Einst fanden hier viele Hexenprozesse statt, heute dient die **Burg Hrastovec** als Heilanstalt und kann nur von außen besichtigt werden. Es folgt ein weiterer verschilfter See, und dann taucht die freundliche Ortschaft LENART auf. Über die Häuser wachen eine schöne **Barockkirche** und das **Dreifaltigkeitskloster**. Auf der guten Straße geht es zügig voran, die Erhebungen werden niedriger. In LOMANOŠE steht eine kleine **Kapelle** auf einem Feld,

Feldkirchlein in Lomanoše

die einen Zwischenstopp lohnt. Ab und zu entdecken wir auf Lichtmasten und Hausdächern große runde Nester. In manchen dieser Eigenheime erblicken wir auch den Hausherrn - auf langen Beinen in seinem Domizil stehend und erhaben in die Welt schauend. Bald erreichen wir die Grenzstadt GORN-

JA RADGONA. Ein Teil des Städtchens liegt in Österreich, der andere gehört zu Slowenien. Die Teilung besteht bereits seit dem Ersten Weltkrieg. Nach rund 42 km laufen wir im **Heilbad** RADENCI ein. Von den Thermalquellen-Symbolen lassen wir uns zu einem großen, teilweise schattigen Parkplatz leiten, der zwischen dem Kurpark und einigen Hotels liegt.

(078) WOMO-Badeplatz: Radenci 1
GPS: N 46° 38' 29.3 E16° 02' 47.2"
max. WOMOs: 5
Ausstattung/Lage: Restaurant, Imbiss im Bad, Mülltonnen / im Ort.
Zufahrt: In Radenci im ersten Kreisverkehr die zweite Ausfahrt nehmen, kurz danach im zweiten Kreisel den Therme-Hinweisen folgen.

Einen weiteren Stellplatz findet man auf der anderen Seite des Bades, u.a. sind auch einige hübsche Wiesenplätzchen dabei.

(079) WOMO-Badeplatz: Radenci 2
GPS: N 46° 38' 39.8" E 16° 02' 42.6"
max. WOMOs: 6
Ausstattung/Lage: Thermalbad, Restaurant, Mülltonnen / Ortsrand.
Zufahrt: In Richtung Murska Sobota fahren, am Ortsende dann rechts abbiegen (blauer Parkplatzhinweis).

1833 entdeckte ein Medizinstudent die Thermalquelle. Die Analyse des Wassers bestätigte die vermutete heilende Wirkung. Allerdings vergingen noch fast vier Jahrzehnte, bis das Mineralwasser in Flaschen abgefüllt wurde, doch dann war es in „aller Munde" - es wurde im Vatikan, in deutschen Fürstenhäusern und am Wiener Hof getrunken. Natürlich bekommt man auch heute noch den prickelnden Quell mit den drei roten Herzen als Logo vielerorts zu kaufen. Neben unserem Parkplatz in RADENCI befindet sich eine sog. **Trinkhalle**, die allerdings bei unserem letzten Besuch geschlossen war. Ein paar Schritte weiter empfängt das **Thermalbad** seine Besucher. Zehn Becken (drinnen und draußen) mit Temperaturen von 33-37°C laden zum Bade und helfen bei Erkrankungen im Skelettbereich, Rheuma, Nierenleiden, Stoffwechselerkrankungen und einigem mehr. Natürlich gibt es auch eine Sauna und verschiedene Angebote im Wellnessbereich. Die Therme ist täglich von 09.00-21.00 Uhr, am Wochenende von 09.00-22.00 Uhr geöffnet. Der Preis für eine Tageskarte beträgt 12 EUR, für drei Stunden zahlt man ca. 8,50 EUR. Kinder (4 bis 15 Jahre) müssen entsprechend 8 EUR bzw. 6 EUR berappen. Am Wochenende kostet es jeweils einen Euro mehr.

Radenci: Der Quell mit der „Kraft der drei Herzen"

Im angrenzenden **Kurpark** kann man sich bei gemütlichen Spaziergängen erholen. Alte Baumriesen sorgen für Schatten und ein kleines **Museum**, das die **Geschichte des Wassers** dokumentiert, für Kurzweil (geöffnet Montag bis Freitag von 13.00-15.00 Uhr, Samstag und Sonntag nach Vereinbarung). Am Rande des Parks, etwas versteckt im Tann, steht eine kleine sehenswerte **Kapelle**. So schön und weitläufig wie sich der Park von einer Seite zeigt, so ungepflegt offenbart sich das zweite Gesicht.  Einem Wasserbecken fehlt gänzlich die Füllung, Äste liegen herum und zumindest in einem Rosenbeet steht das Unkraut höher als die Bepflanzung.

Zur Abwechslung lässt es sich auch Minigolfen oder Tennis spielen. Überschüssige Kräfte kann man ebenso bei Fahrrad-Ausflügen in die Umgebung abbauen. Man darf ruhig eine längere Tour in Betracht ziehen, ohne mit einem derben Muskelkater rechnen zu müssen - das Land zeigt sich sehr flach!

Nächster Anlaufpunkt ist MURSKA SOBOTA, die Hauptstadt der **Region Prekmurje** und Wirtschaftszentrum des Ostens. Das Erscheinungsbild ist dementsprechend - viele Werke und

Das Wehrschloss in Murska Sobota

Industrieanlagen. Ein Besuch lohnt dennoch, denn nahe am Zentrum erhebt sich in einem weiten Park ein wuchtiges **Wehrschloss** aus dem 15. Jahrhundert. Man kann in diesem Schloss eine **archäologische** und **ethnologische Sammlung** begutachten, die in einem kleinen Museum zusammengestellt ist (geöffnet Montag bis Freitag von 10.00-17.00 Uhr, Samstag und Sonntag von 10.00-13.00 Uhr). Über eine lange **Eichenallee** gelangen wir zur **Evangelischen Kirche**. Das gotische Gotteshaus wirkt hell und freundlich, die Wandgemäl-

Die Kirche St. Martin in Martjanci

de sind vorwiegend in Türkistönen gehalten - mal was anderes! Nahe der Kirche steht ein **Befreiungsdenkmal**, das uns auf Geschütze und Soldatenstatuen blicken lässt.

7 km nach MURSKA SOBOTA - in MARTJANCI - halten wir, um der **Kirche St. Martin** einen Besuch abzustatten. Im dunklen Inneren entdecken wir zahlreiche herrliche **Fresken** sowie ein Selbstportrait des Malers. Anscheinend wollte da der Stifter und Pfarrer des Gotteshauses nicht nachstehen und ließ sich ebenso verewigen. Man findet ihn an der Tür zur Sakristei. Das Bildnis ist klein und bescheiden - wie es sich für einen Gottesmann gebührt.

Therme Moravske Toplice: Freizeitspaß mit Heileffekt

MORAVSKE TOPLICE, das zweite **Thermalbad** an dieser Tour, ist erreicht. Das 700-Seelen-Dörfchen bietet ein riesiges Parkareal, das allerdings mit einem Nacht-Halteverbot für Wohnmobile belegt ist. Man wird also gezwungen, den örtlichen Campingplatz zu benutzen. Zur Hälfte ist der gepflegte Platz mit Dauercampern belegt, die ihre Wohnwagen teilweise regelrecht „eingehüttet" haben.

(080) WOMO-Campingplatz-Tipp: „Moravske Toplice" in Moravske
GPS: N 46° 40' 42.5" E 16° 13' 17.3"   **Öffnungszeit:** Ganzjährig
Ausstattung/Lage: Thermalbad, teilweise Schatten, Gaststätte in der Nähe, zum Zentrum 1,1 km / im Ort.
Zufahrt: Am Ortsanfang rechts abbiegen, noch 0,9 km.

Der Aufenthalt auf dem Campingplatz kostet 18 EUR pro Person, wobei der Badeintritt schon mit eingerechnet ist. Dazu addieren sich eine geringe Kurtaxe und zudem noch heftige

4,50 EUR für Strom - so man möchte. Geschäft und Restaurant fehlen am Campingplatz. Um Besorgungen zu erledigen oder um essen zu gehen, muss man ein paar Schritte in Kauf nehmen. Zu diesem Zweck und für schöne „Ausritte" in die Umgebung empfiehlt sich ein Drahtesel.

Die **Therme** verdient großes Lob! Vor einigen Jahren wurde die gesamte Badelandschaft neu gestaltet. Das Ergebnis ist ein Wasserparadies mit insgesamt 20 Becken, harmonisch verteilt, mit Bereichen zum ruhigen Thermalen oder mit Erlebnischarakter zum Rutschen, Springen usw. An vielen Stellen sprudelt es aus dem Boden, Massagedüsen von unterschiedlicher Intensität bearbeiten wohltuend den Körper, und bisweilen ergießt sich überraschend eine Wasserflut von oben auf die Badenden. In einem runden Becken kann man sich von einem Wasserwirbel herumtreiben lassen. Wer möchte, kann zweimal täglich (unter Anleitung) bei der Wassergymnastik aktiv werden. Abends ist das Bad illuminiert, Projektoren sorgen für interessante Lichteffekte. Mit einer Chipkarte lässt sich die Therme direkt vom Campingplatz aus betreten. Die Zeitspanne ist lang - von 06.00-21.30 Uhr.

Badevergnügen in Moravske Toplice

Im Umfeld gibt es viele **Sportmöglichkeiten**, wie etwa Tennis, Volleyball, Badminton, Fußball usw. Die dabei verrenkten Glieder lassen sich dann schön im warmen Wasser auskurieren! Erwähnenswert ist auch der große gepflegte **Golfplatz**, der sich neben dem Campingplatz erstreckt. Am Rande des Greens erfreut ein neugeschaffener Teich mit einer stilvollen Holzbrücke die Gäste. In dem kleinen Gewässer schwimmen zahllose Seerosen und recken ihre Köpfchen der Sonne entgegen. Wir brechen auf in Rich-

Sonne, Wein und warme Quellen

tung LENDAVA. Möchte man den Kurort in direkter Linie (ca. 25 km) anfahren, so empfiehlt sich unterwegs ein Abstecher in das Dorf FILOVCI, das für seine **schwarzen Töpferwaren** bekannt ist. Wir wählen einen kleinen Umweg und biegen nach TEŠNOVCI links ab in Richtung SELO. Die gute Straße führt zunächst durch weite Mais- und Getreidefelder und schwingt sich dann zu bewaldeten Hügeln und einigen Weinbergen hinauf. Schon von weitem erkennt man auf einer Anhöhe ein hübsches **Kirchlein** mit einem **runden Turm**, der fast dem einer Moschee ähnelt. Kurz darauf erreichen wir das Gotteshaus, daneben befindet sich eine einladende Gaststätte.
Unser Ziel liegt unten im Tal, ein kleines Stück des Weges weiter. Es ist die **Rotunde Sv. Nikolaj**, die uns mit ihrem **freistehenden hölzernen Glockenturm** nahe SELO erwartet.

Diese hübsche, mittelalterliche Rundkirche zieren wertvolle **Fresken**, hervorzuheben ist die „Verbeugung der heiligen drei Könige". Unter schattenspendenden Bäumen laden Bänke zum Verweilen ein - es ist der richtige Ort, um die „innere Mitte" zu finden.

Ein geteerter, sonniger Parkplatz mit Infostand nimmt die Besucherfahrzeuge auf. Obwohl er an der Straße liegt, muss kaum mit Lärmbelästigung gerechnet werden - es ist ruhig auf dem Lande. Fühlte man sich bisher kulinarisch ein wenig in die Diaspora versetzt, so kann man sich jetzt über einen neuen Gasthof freuen, der unterhalb des Platzes seine Gäste verwöhnt. Neben slowenischen Schmankerln werden auch Standartgerichte sowie Pizza angeboten.

(081) WOMO-Picknickplatz: Rotunde bei Selo
GPS: N 46° 44' 08.3" E 16° 17' 32.0" **max. WOMOs:** 3
Ausstattung/Lage: Gaststätte, Infostelle, Mülltonnen, Tische, Bänke / außerorts.
Zufahrt: Den Schildern zur Rotunde folgen.

Die Umgebung bietet sich für schöne Wanderungen und Fahrradausflüge an.
Wir rollen ca. 1 km zurück und biegen links in Richtung MOTVARJEVCI ab. Das Nebensträßchen bleibt gut. Kleine Ortschaften tauchen auf und erfreuen mit Blumenschmuck und teils quietschbunten Häusern. Über KOBILJE und DOBROVNIK steuern wir schließlich LENDAVA an. Der Ort ist von Weinbergen umgeben und wird von einem strahlend weißen

Das Schloss zu Lendava

Schloss bewacht, das man unbedarft eher für eine Burg halten würde. An der Hauptstraße gibt es die entsprechenden Hinweisschilder. „Grad" ist da zu lesen, was ja eigentlich Burg und nicht Schloss heißt. Unterhalb des herrschaftlichen Gebäudekomplexes gibt es einen kleinen Parkplatz, der sich allerdings nur für kürzere WOMOs (5-6 m) eignet und zudem auch noch recht schief ist. Ca. 150 m muss man sich von hier zu Fuß den Berg hoch bemühen, um zur Pforte zu gelangen. Im Haus befindet sich die sogenannte **Lendava-Galerie** und ein **Museum** mit zahlreichen Skulpturen und Bronzeplastiken (geöffnet Montag bis Freitag von 08.00-17.00 Uhr, am Wochenende von 10.00-16.00 Uhr; Erwachsene 6 EUR, Kinder 2 EUR).

(082) WOMO-Stellplatz: Schloss Lendava
GPS: N 46° 34' 19.5" E 16° 27' 20.6" **max. WOMOs:** 3
Ausstattung/Lage: Mülleimer, Gaststätten und Geschäfte im Ortskern / im Ort.
Zufahrt: Von der Haupt- bzw. Durchgangsstraße links zum Schloss abzweigen (Hinweis Grad), noch ca. 200 m.

Im Zentrum gibt es einige Geschäfte und Restaurants, großartige Sensationen sind nicht zu verzeichnen. Eine Freude für das Auge sind die vielen Rosenbeete, deren Blütenpracht sich in allen Farben entfaltet. Ein weiteres Highlight dieses Städtchens ist zweifellos das **Kulturhaus** (kulturni dom). Hier kann man ständige und wechselnde Ausstellungen bewundern, an

Lendava: Das Kulturhaus

Musik- und Tanzveranstaltungen teilnehmen oder auch nur im stilvollen hauseigenen Café ein Stückchen Torte genießen.

Neben dem Kulturhaus fristet die **erste Synagoge Sloweniens** ihr Dasein. Das Gebäude wirkt eher unscheinbar und beherbergt das **Slowenische Holocaust Museum** (geöffnet von 10.00-14.00 Uhr, geringer Eintritt).

Ein Parkplatz steht zur Verfügung, allerdings nur mit den normalen 5 m-Parkbuchten. Bei wenig Andrang kann man

Das Cafè im Kulturhaus

aber quer stehen und auch evtl. eine Übernachtung in Erwägung ziehen (**GPS:** N 46° 33' 53.7" E 16° 27' 02.5"). Achten Sie bitte auf der Hauptstraße auf die Hinweise „zsinagoga" bzw. „kulturni dom".

Wir folgen den Hinweisen **Hotel/Kamp Lipa** und finden das Gewünschte am Ortsrand in schöner Lage mit den Weinbergen im Hintergrund. Der Campingplatz wurde vor einigen Jahren neu eröffnet und verfügt über zwei Thermalbecken und ein großes Schwimmbecken mit Rutschbahn. Die Thermalbecken in der Hotelanlage dürfen ebenso benützt werden. Das heilende Wasser verspricht Hilfe bei allerlei Krankheiten und ist zudem paraffinhaltig (Temperaturen von 27-36°C).

Sonne, Wein und warme Quellen

(083) WOMO-Campingplatz-Tipp: „Kamp Lipa" in Lendava

GPS: N 46° 33' 08.6" E 16° 27' 27.8" **Öffnungszeit:** 01.05.-31.10.
Ausstattung/Lage: Restaurant, zum Zentrum ca. 2,5 km, noch wenig Schatten / Ortsrand.
Zufahrt: Im Ort beschildert.

Im Preis von ca. 14-16 EUR pro Person (je nach Saison) ist die Benutzung der Therme inbegriffen. Wie üblich sind Kurtaxe und Strom nicht enthalten. Im Hotel kann man auch therapeutische Maßnahmen in Anspruch nehmen, das Wellness-Angebot ist eher gering. In einer kleinen Parkanlage zwischen dem Camp und dem Hotel lässt sich ein ausladender fossiler Eichenstamm bewundern, der hier seine letzte Ruhe gefunden hat.

Mit dem **Fahrrad** lässt sich das Umland erkunden. Die Ziele sind mannigfaltig (Mura, Lendava, Murwald, die Weinberge mit ihren gemütlichen Buschenschänken usw.).

Zur Weiterfahrt verlassen wir den Campingplatz mitsamt LENDAVA in Richtung MURSKA SOBOTA auf der **Straße Nr. 3**. An Hand zweier neuer Kreisverkehre ist das schnell erledigt. Über die Dörfer KAPCA und HOTIZA bummeln wir hinaus in ländliche Gefilde. Schon bald biegen wir von der **Straße Nr. 3** links ab, um über GOR. BISTRICA und MELINCI nach IŽAKOVCI zu gelangen. Das Dorf liegt an der **Mura** und bietet ein hübsches Kleinod. Etwa in der Ortsmitte zweigt eine Stichstraße zur **Mura** hin ab. Wir folgen dem Schild „Otok Ljublzui" (schlecht einsehbar!) und erreichen über eine kurze Schotterstraße einen großen Waldparkplatz.

Schwimmende Mühle in der Mura

(084) WOMO-Wanderparkplatz: Otok Ljublzui
GPS: N 46° 34' 48.6" E 16° 12' 30.2" **max. WOMOs:** 8
Ausstattung/Lage: Kiosk in der Nähe, Mülltonne / außerorts.
Zufahrt: Im Ort beschildert, noch 1,1 km.

Nur ein paar Schritte sind es jetzt bis an einen Flussarm der **Mura**, die sich hier ein relativ breites Bett geschaffen hat. Am Ufer befestigt liegt eine schwimmende Mühle, deren Rad sich munter dreht. Diese **Schiffsmühle** wurde 1999 erbaut, doch strikt nach alten Plänen. Man wollte eine alte Tradition aufleben lassen und besann sich auf die Energie der Natur. So wird jetzt nach alter Väter Sitte wieder Mehl gemahlen. Gegen einen geringen Eintritt ist die Besichtigung möglich.

Ein paar Meter weiter kann man sich an einem idyllisch gelegenen Kiosk ein Bierchen schmecken lassen. Schöne Wanderwege durchkreuzen den Wald, und auch dem Flussufer entlang verläuft ein netter Spazierweg. Hier finden wir eine von vielen Stationen der sog. „**Straße der erneuerbaren Energiequellen**", die von Österreich herüberführt. Und wir haben noch ein Schmankerl für Sie parat! Mit einer an einem Seil hängenden Flussfähre können Sie sich für 1,50 EUR zum anderen Ufer des **Mura-Flussarmes** schippern lassen und hier die **Otok Ljublzui** (Liebesinsel) entern. Dieses lauschige Eiland wurde früher von Liebespaaren benutzt, die gern mal ungestört zarte Bande knüpfen wollten. Sollte Ihre Beziehung vielleicht einen naturistischen Touch benötigen, dann setzen Sie doch einfach mal über. Nehmen Sie aber etwas gegen Mückenstiche und Ameisenbisse mit...

Die nächste Schiffsmühle erwartet im nur 6 km entfernten VERŽEJ ihre Besucher. Für einen Euro darf man deren Innenleben inspizieren und kann sich bei der Gelegenheit gleich mit frisch gemahlenem Mehl eindecken. Vor der Mühle gibt es einen sonnigen Parkplatz im Grünen.

Die Müllerin von Veržej

(085) WOMO-Picknickplatz: Veržej Mühle
GPS: N 46° 35' 31.2" E 16° 09' 59.4" **max. WOMOs:** 3
Ausstattung/Lage: Tische, Bänke, Gaststätte 900 m / außerorts.
Zufahrt: Gleich am Ortsanfang von Veržej den Hinweisen „Mlin na Muri" folgen, danach am Sportplatz vorbei (insgesamt 1,1 km).

Sonne, Wein und warme Quellen

VERŽEJ bietet noch einen weiteren Stellplatz. Bei der Kirche und dem Friedhof haben die Gemeindeväter einen schönen großen Parkplatz, der mit Rasengittersteinen ausgelegt ist, geschaffen. Ein paar kleine Wohnhäuser und ein Geschäft grenzen an den Platz an.

(086) WOMO-Stellplatz: Veržej Kirche
GPS: N 46° 34' 51.6" E 16° 09' 47.4"
max. WOMOs: 6
Ausstattung/Lage: Beleuchtung, Bänke, Geschäft, Gaststätte in der Nähe / im Ort.
Zufahrt: Vom Kreisverkehr die erste Ausfahrt in Richtung Bučani nehmen, dann nach gut 50 m links einbiegen.

Weiter geht es zum nächsten Gesundbrunnen! Von VERŽEJ fahren wir zur **Therme** BANOVCI. Das kleine gepflegte Bad liegt im gleichnamigen winzigen Dorf mit nur wenigen Häusern und ist von Feldern umgeben. Neben einigen Thermalbecken steht auch ein Schwimmerbecken zur Verfügung. Das angenehm warme Wasser verschafft vor allem bei Erkrankungen im Skelettbereich, Gelenken und Muskeln Erleichterung. Der Therme ist ein Hotel und ein Campingplatz angeschlossen. Im Camp kann man zwischen dem sog. klassischen und dem **FKK-Teil** wählen. Nackt zu thermalen - diese

Badefreuden in Banovci

Möglichkeit bietet sich äußerst selten und ist mal ein Erlebnis anderer Art!

> **(087) WOMO-Campingplatz-Tipp: „Sončni gaj" in Banovci**
> **GPS:** N 46° 34' 22.6" E 16° 10' 18.7"   **Öffnungszeit:** 01.04.-01.11.
> **Ausstattung/Lage:** Restaurant, reichlich Schatten, morgens Brotverkauf beim Hotel, nächstes Geschäft in Veržej (ca. 2 km) / Ortsrand.
> **Zufahrt:** Im Ort beschildert.

Beim Übernachtungspreis von 15 EUR pro Person ist die Benutzung des Bades inklusive. Kurtaxe und Strom gehen natürlich extra. Die Becken sind täglich von 08.00-20.00 Uhr zugänglich.

Im angeschlossenen Hotel speist man gut - entweder a la carte, vom Buffet oder in einem Selbstbedienungslokal. Besonders empfehlenswert ist das preisgünstige und schmackhafte Buffet (täglich von 12.00-14.00 Uhr und von 18.00-20.00 Uhr). Am Abend unterhält meist eine Folkloregruppe die Gäste. Manche Weisen sind derart anrührend, dass man achtgeben muss, nicht die Suppe mit seinen Tränen zu verwässern!

Folkloredarbietung im Hotel

<u>Last but not least:</u> Inzwischen gibt es ein sehr gutes Angebot, das sogenannte „All inclusive Camping". Das heißt, man kann sich von 07.00-10.00 Uhr am reichhaltigen Frühstücksbuffet gütlich tun sowie das Buffet am Abend genießen. Zudem sind Badeintritt, die Campinggebühren und sogar der Strom inbegriffen. Der ganze Zauber kostet pro Person/Tag 25 EUR - man kann es fast nicht abschlagen!

Sportmöglichkeiten sind vorhanden, es gibt Tennisplätze, einen Volleyballplatz sowie einen Fahrradverleih - so man kein eigenes dabei hat, eine praktische Angelegenheit. Sie können auch in die Luft gehen! Auf Wunsch werden Flüge mit dem Motordrachen organisiert.

„**Prlekija**" ist der Name der Region, die wir gerade bereisen. Sie grenzt im Norden an Österreich und stößt im Süden an Kroatien. LJUTOMER gilt als der Hauptort und bietet gute Einkaufsmöglichkeiten. Gerne wirbt man mit den **drei Marktplätzen**, der **barocken Kirche** (Johannes der Täufer) und der **Pestsäule**. Das **Museum** mit einer „Sammlung über slowenische Volksversammlungen" begeistert vielleicht nicht jeden. Nach LJUTOMER beginnt eine **Weinstraße**, die bald durch eine herrliche Landschaft mit sanft geschwungenen Hügeln zieht. An den Hängen gedeihen vor Gesundheit strotzende Rebstöcke, deren Trauben ausgezeichnete Weine (Traminer, Grauer Pinot, Šipon usw.) hervorbringen - bei durchschnittlich 250 Sonnentagen pro Jahr verwundert das kaum! Das Sträßchen ist schmal, aber gut befahrbar. Wir haben dieser Etappe den Namen „die Reise nach Jeruzalem" gegeben. Freilich wollen wir Sie nicht mit dem gleichnamigen Gesellschaftsspiel langweilen, sondern zum wohl schönsten Ort der Region führen. Im 12. Jahrhundert gaben die Kreuzritter diesem Dorf den Namen JERUZALEM, in Anlehnung an die biblische Stadt. Die Anmut dieses Fleckchens und die guten Kräfte, die hier walten sollen, bewogen sie dazu.

Ca. 15 km beträgt die Wegstrecke von der **Therme** BANOVCI bis zur örtlichen Kirche. Doch zunächst orientieren wir uns kurz vor dem Gotteshaus rechts in Richtung SVETINJE. Nach 1,6 km bietet sich links der Straße ein Schotterparkplatz mit schöner Aussicht zum Übernachten an. Gleich daneben lädt ein kleines Weinlokal zur Verkostung des edlen Rebensaftes ein, zudem gibt es leckere Schmankerl. Das Haus beherbergt auch ein **Museum** - natürlich geht's um den Wein. Für Kinder wurden verschiedene Spielgeräte auf einem Wiesenflecken bereit gestellt.

---

(088) WOMO-Stellplatz: Zidanica Malek
GPS: N 46° 28' 12.6" E 16° 10' 26.2"
max. WOMOs: 5
Ausstattung/Lage: Weinlokal mit Museum, Spielplatz, Gaststätte in der Nähe / außerorts.
Zufahrt: In Jeruzalem rechts nach Svetinje abbiegen, nach 1,6 km links.

Steht Ihnen der Sinn nach einem ausgiebigen Mahl? Dann wenden Sie sich dem großen Gasthof auf der Anhöhe zu. Es

sind nur ein paar Schritte dorthin! Alternativ können Sie ebenso noch weitere 1,1 km dem Straßenverlauf folgen und beim Gasthaus „Sventinijsko klet" speisen und auf dessen Parkplatz auch übernachten. „Wohnmobile willkommen" heißt es hier, und es fühlt sich auch so an. Der Platz ist geteert, von etlichen Stellen aus gibt es einen schönen Blick über die Weinberge.

(089) WOMO-Stellplatz: Sventinijsko klet
GPS: N 46° 27' 42.6" E 16° 10' 09.9" max. WOMOs: 6
Ausstattung/Lage: Gaststätte, Beleuchtung, Mülleimer / außerorts.
Zufahrt: In Jeruzalem rechts nach Svetinje abbiegen, noch 2,7 km dem Straßenverlauf folgen, dann links.

Bei großem Andrang lässt es sich auch auf den Wiesenparkplatz linker Hand, noch vor dem Gasthaus, ausweichen.
Wir fahren zurück nach JERUZALEM bis zur zuvor genannten Kreuzung, biegen rechts ab, und nach einer kurzen Steigung liegt schon rechter Hand ein sonniger Parkplatz mit phantastischer Aussicht über die umliegenden Weinberge.

(090) WOMO-Stellplatz: Jeruzalem
GPS: N 46° 28' 31.1" E 16° 11' 16.6" max. WOMOs: 3
Ausstattung/Lage: Gaststätte neben der Kirche, Touristinfo mit Fahrradverleih, Beleuchtung / im Ort.
Zufahrt: Unterhalb der Kirche.

Wir statten der **Kirche** (Traurige Maria Mutter Gottes) einen Besuch ab. Das Innere ist reich geschmückt und schwelgt in

Die Kirche in Jeruzalem

Gold. Aus der Kanzel ragt ein Arm, dessen Hand ein Kreuz umklammert hält. Es wirkt wie eine Mahnung an die Betenden und hat etwas Makaberes an sich.

In der Touristeninformation, der eine Vinothek angeschlossen ist, begrüßt uns freundlich ein junger Mann. Er erweist sich als sehr kompetent und legt uns die Sehenswürdigkeiten seiner Heimat ans Herz. In der näheren und weiteren Umgebung empfiehlt sich beispielsweise ein Besuch des **Ralo-Museums** mit alten Gerätschaften und Landmaschinen in CUBE oder eine Stippvisite im **Bienenmuseum** in KRAPJE sowie ein Ausflug nach RAZKRIŽJE in ein interessantes **Schmiedemuseum**. Möchte man Fahrradtouren, Kutschfahrten unternehmen, eine **Töpferei** oder einen „touristischen Bauernhof" besichtigen - hier ist man an der richtigen Adresse!

Eine Besonderheit dieser lieblichen Region sind spezielle **Holzräder** - Klapotec genannt. Diese einfachen aber wirksamen Konstruktionen werden durch Windkraft angetrieben und erzeugen dabei ein klapperndes Geräusch. Sobald die Rebstöcke Beeren ansetzen, werden die Holzräder in den Weingärten aufgestellt und vertreiben durch ihre „Musik" diebische Vögel.

In JERUZALEM lässt es sich gut speisen! Die Gaststätte neben der Kirche bietet eine deftige, gutbürgerliche Küche. Ein Restaurant für gehobenere Ansprüche finden Sie einige hundert Meter weiter. Möchte man nur eine Kleinigkeit essen, aber vielleicht den einen oder anderen edlen Tropfen verkosten, dann ist man in einer Buschenschänke oder in einem Weinkeller gut aufgehoben und trifft dort oft auf recht beschwingte Menschen.

ORMOŽ ist das nächste Ziel. Zunächst fahren wir noch durch die sonnenbeschienene Hügellandschaft, erfreuen uns an den vielen bunten Rosenstöcken und staunen über die reichtragenden Kirsch-

Das Schloss von Ormož

bäume, deren Äste sich unter der Last der hellrot glänzenden Früchte biegen. Viel zu schnell erreichen wir flacheres Land und somit auch ORMOŽ.

Das Städtchen ist stolz auf seinen historischen Stadtkern mit **barocken Häusern** und auf die **Kirche Sv. Jakoba**. Sehr eindrucksvoll zeigt sich das **Schloss Ormož**, das in einem kleinen Park steht. Bisher befand sich auch das **ethnologische Museum** innerhalb der Burgmauern. Inzwischen aber haben all die Skulpturen, Büsten, Bilder usw. eine neue Bleibe gefunden. Das schmucke Gebäude wurde direkt neben der Burg errichtet. Übrigens lassen sich hier auch alte Bügeleisen und ebensolche zum Trocknen aufgehängte Wäsche bestaunen. Ja, auch das gehört(e) zum Leben (geöffnet Montag bis Freitag von 08.00-15.00 Uhr, Samstag von 09.00-14.00 Uhr, Sonntag geschlossen, Eintritt 3 EUR).

„Museumsstücke"

(091) WOMO-Stellplatz: Schloss Ormož
GPS: N 46° 24' 25.3" E 16° 09' 05.4"   **max. WOMOs: 3**
Ausstattung/Lage: Beleuchtung, Mülltonne, Gaststätten und Geschäfte in der Nähe / im Ort.
Zufahrt: Den Hinweisen zum Schloss Ormož folgen, der Parkplatz ist direkt davor.

Etwa 3 km außerhalb von ORMOŽ, in der Ortschaft NEDELJA, thront auf einer Anhöhe das imposante **Schloss Velika Nedelja**. Unmittelbar daneben erhebt sich die **Kirche der Heiligen Dreifaltigkeiten**. Wir biegen von der Hauptstraße rechts, in Richtung Schloss ab und stellen unser WOMO auf einen Wiesenparkplatz beim Feuerwehrhaus und einem Sportplatz. Die wenigen Sträucher/Bäume spenden kaum Schatten.

(092) WOMO-Stellplatz: Nedelja 1
GPS: N 46° 25' 02.4" E 16° 06' 42.3"   **max. WOMOs: 4**
Ausstattung/Lage: Gaststätte ca. 200 m / Ortsrand.
Zufahrt: Von der Hauptstraße rechts abbiegen, noch 200 m und hier links.

Alternativ kann man auch auf dem neuen, geteerten Parkplatz unterhalb vom Schloss stehen (u.U. etwas Lärmbelästigung durch vorbeifahrende Autos).

Sonne, Wein und warme Quellen

(093) WOMO-Stellplatz: Nedelja 2

GPS: N 46° 25' 07.5" E 16° 06' 37.4" **max. WOMOs:** 5
Ausstattung/Lage: Gaststätte ca. 300 m / Ortsrand.
Zufahrt: Von der Hauptstraße rechts abbiegen, links unterhalb vom Schloss.

Der kleine Fußmarsch hinauf zu den mächtigen Bauwerken ist schnell bewältigt. Oben angelangt, finden wir zwar einen Parkplatz, aber wie bereits vermutet, ist dieser hoffnungslos zugeparkt. In der Kirche entdecken wir schöne Deckenmalereien und einen geschmackvoll gestalteten Blumenschmuck, wahrscheinlich wurde vor kurzer Zeit ein Bund fürs Leben besiegelt. Im Schloss befindet sich ein kleines **ethnologisches Museum**. Andere Räume können nicht besichtigt werden, da das alte Gemäuer Privatwohnungen beherbergt. Auf der Strecke nach PTUJ liegt noch ein weiteres herrschaftliches **Schloss**. Genauer gesagt, bedeutet es einen kleinen Umweg. Bei MOSKANJCI biegen wir rechts nach DORNAVA ab. Der Zahn der Zeit hat kräftig zugebissen, doch der einstige Glanz ist unverkennbar. Im angrenzenden Park stehen kunstvolle **Skulpturen** und ein **Brunnen**, dessen heitere Wasserspiele allerdings versiegt sind. Jahrelang diente das einst so prächtige Gebäude als Heilanstalt, jetzt steht es verwaist.

Schloss Velika Nedelja nahe Ormož

Im Dornröschenschlaf: Schloss Dornava

Wir streben jetzt PTUJ zu und peilen erstmal das Thermalbad bzw. den daneben gelegenen Campingplatz an. Das Gelände und die Einrichtungen zeigen sich gepflegt. Je nach Saison schwanken die Preise von 15 bis 17 EUR pro Person (inklusive zweier Badeintritte). Kurtaxe und Strom kommen noch dazu. Nahebei gibt es Tennisplätze, Minigolf, Boccia und einen Golfplatz. Auch Ballonfahrten sind buchbar.

(094) WOMO-Campingplatz-Tipp: „Avtokamp Terme Ptuj" nahe Ptuj

GPS: N 46° 25' 20.4" E 15° 51' 14.4" **Öffnungszeit:** 20.04.-30.09.
Ausstattung/Lage: Restaurant, Geschäft ca. 1 km, teilweise Schatten, zum Zentrum gut 1 km / Ortsrand.
Zufahrt: Im Ort beschildert.

Das **Thermalbad** verfügt über schöne Grünanlagen, mehrere Außenbecken und zwei Innenbecken. Geöffnet ist es täglich von 09.00-20.00 Uhr, der Innenbereich bis 22.00 Uhr und an Wochenenden bis 23.00 Uhr.
Die seit Jahren andauernden Renovierungsarbeiten scheinen jetzt allmählich ein Ende zu finden. Wohl bald wird man ungetrübt die Heilwirkung des Wassers genießen können. Die Wasser-Temperaturen bewegen sich zwischen 31 und 34°C. In geringem Umfang werden auch therapeutische Maßnahmen verschiedener Art angeboten. Fährt man rund 500 m von der Therme zurück in Richtung Centrum, so trifft man geradewegs auf einen großen und sonnigen Parkplatz, der nahe an der Fußgängerbrücke liegt. Zuletzt war dieser mit einer Schranke versehen und ist dadurch leider auch gebührenpflichtig geworden.

(095) WOMO-Stellplatz: Ptuj

GPS: N 46° 24' 59.5" E 15° 51' 57.9" **max. WOMOs:** 8
Ausstattung/Lage: Toilette, Bushaltestelle, Infobüro, Mülltonnen, Gaststätte, Zentrumsnähe / im Ort.
Zufahrt: Nahe der Fußgängerbrücke, ca. 500 m von der Therme.

PTUJ gehört wohl zu den liebenswertesten Städten Sloweniens. Die von altehrwürdigen Häusern gesäumten Gassen strahlen etwas Heiteres, etwas Gelassenes aus. Gotik, Barock und Renaissance geben sich ein Stelldichein, und das Schöne ist, die Sehenswürdigkeiten stehen so eng beisammen wie kaum anderswo. Wir beginnen unseren Rundgang an der Straßenbrücke nahe des **Drava-Turmes**, und sogleich bauen sich das mächtige **Minoritenkloster** und die gotische **Peter und Paul Kirche** vor uns auf. Hier steht auch eine **Pestsäule** aus dem 17. Jahrhundert. Ein paar Schritte weiter erwartet uns der **Mestni Trg** mit dem prächtigen **Rathaus** im spätgotischen Stil. Gegenüber empfängt ein barockes Gebäude, das ein Café beherbergt, seine Gäste. Eine **Florianssäule** von 1745 wacht neben einem weiteren Café über das muntere Treiben. Vielleicht 100 m weiter schließt der **Slowenski trg** an und gefällt mit einem wunderschönen Häuser-Ensemble. Beherrscht wird der Platz vom **Stadtturm**, der 54 m hoch in den blauen Himmel ragt. Darin befinden sich eine

Galerie und die **Touristeninfo**. In die Außenwände sind **römische Grabsteine** und **Opferaltäre** eingearbeitet. Vor dem Turm steht ein 5 m hoher römischer Grabstein - das **Orpheus-Denkmal**. In der Vergangenheit dürfte es wohl nicht von allen geschätzt worden sein, denn seinerzeit diente es als Pranger. Hinter dem Stadtturm erhebt sich die mächtige **Pfarrkirche Sv. Jurij**, deren Innenraum fast überladen wirkt. Ungewöhnlich schön zeigt sich das Chorgestühl mit seinen kunstvollen Schnitzereien.

Im Westen von PTUJ entdecken wir das um 1230 erbaute **Dominikanerkloster**. Besonders ins Auge fallen der herrliche Kreuzgang sowie ein romanisches Kreuzrippenfenster, das sich im Ostflügel befindet.

In einem **Museum** kann man viel über die Geschichte des Ortes erfahren und eine umfangreiche archäologische Sammlung bestaunen (geöffnet täglich jeweils von 09.00-18.00 Uhr).

Trutzig wacht von einer Anhöhe eine überaus stattliche **Burg** mit schönen **Arkadengängen** über die Stadt. Der Blick von oben schweift über die Häuserdächer des Ortes bis hin zu einem künstlich angestauten See und verliert sich im Dunst des weiten Umlandes.

Ptuj: Kunst mal etwas anders

Die wuchtigen Mauern beherbergen auf drei Etagen das wirklich sehenswerte **Landesmuseum**. Angefangen von Speeren, Schilden und Ritterrüstungen über ganze Zimmerfluchten mit stilechtem Mobiliar und wertvollem Porzellan bis hin zu alten Wandtapeten sowie -teppichen, hat man alle Register gezogen! Es gibt verschiedene Gemäldeausstellungen, u.a. die größte Sammlung türkischer Portraits Europas. Eine andere Abteilung glänzt mit einem umfangreichen Aufgebot an Musikinstrumenten aus dem

Blick auf das alte Ptuj

17.-19. Jahrhundert. Man bekommt auch eine Kost- bzw. Hörprobe der verschiedenen Instrumente vermittelt. Nähert man sich einer Laute, Harfe, Violine usw., erfährt man sogleich, zu welchen Tönen und Klängen sie jeweils fähig ist. Das funktioniert mit Lichtschranken, die verborgene Musikkonserven aktivieren und zum Klingen bringen.

Das interessante Museum lässt sich täglich von 09.00-18.00 Uhr (Samstag und Sonntag bis 20.00 Uhr) besuchen.

Den Bewohnern rund um PTUJ wird ein Hang zum Aberglauben und Mystischen nachgesagt. Es mag nur Spott sein. Tatsache ist aber, dass früher hier der Gott des Lichtes, Mithras, verehrt und dieser Kult intensiv betrieben wurde.

Der Mithras-Kult

Diese Religion war stets geheimnisumwittert und es haftete ihr etwas Mystisches an. Der Mithras-Kult hatte persische Ursprünge und beschäftigte sich mit dem Guten und dem Bösen. Mithras wurde einst aus einem Felsen geboren. Er galt als Kämpfer für das Gute. Unterstützt wurde er dabei von Cautes und Cautopates - das sind die Götter Sonnenaufgang und Sonnenuntergang - und der Erde. Letztere wurde dargestellt durch die Symbole Hund, Schlange und einen Raben.

Mithras musste im Laufe seines Lebens vieles vollbringen. Erst nach zahlreichen Prüfungen durfte er zum „Guten und zum Licht" zurückkehren. Beispielsweise hatte er einen weißen Bullen in eine Höhle zu bringen, um ihn dort zu töten. Aus dem Blut und dem Samen des Opfertieres entstanden neue Geschöpfe sowie Gewächse wie etwa Weinstöcke und Getreidepflanzen.

Die Anhänger des Kultes waren zur Verschwiegenheit verpflichtet. Über ihre Sorgen, Nöte oder Anliegen durften sie nicht sprechen. Ging ein Wunsch in Erfüllung, widmeten sie dem Gott Mithras einen Votivstein. Zu sehen sind diese in den Tempeln mit dem großen Stierrelief im Stadtteil Breg auf der westlichen Dravaseite. In den ersten zwei Jahrhunderten nach Christi Geburt verbreitete sich diese Religion über das ganze Römische Reich. Sie stand damit in Konkurrenz zum Christentum. Dieser Umstand wurde von den römischen Kaisern geduldet - bis im 4. Jahrhundert Konstantin an die Macht kam.

Mag Ihnen die Beschreibung des Mithra-Kultes jetzt recht merkwürdig vorgekommen sein, so gibt es doch deutliche Parallelen zum christlichen Glauben. In beiden Religionen wird am 24. bzw. 25 Dezember ein Gott geboren. Zudem gibt bzw. gab es die Auferstehung nach dem Tod ebenso wie eine Taufzeremonie. Auch wurde im Mithras-Kult während der Messe eine Kommunion gefeiert, wobei Wasser und Brot gereicht wurden. Für Frauen allerdings waren sämtliche Rituale und Kulthandlungen tabu.

In **Breg**, einem Stadtteil von PTUJ, können die **Mithras-Heiligtümer** im Rahmen einer Führung besichtigt werden.

Weit weniger mystisch, doch vielleicht nicht ganz ohne gewisse Magie sind die Weine der Umgebung. Die **Drava-Region** bringt ausgezeichnete Tröpfchen hervor, z.B. den Renski rizling (Rheinriesling), den Rumeni Muškat (Muskateller) oder den Beli Pinot (Weißburgunder).

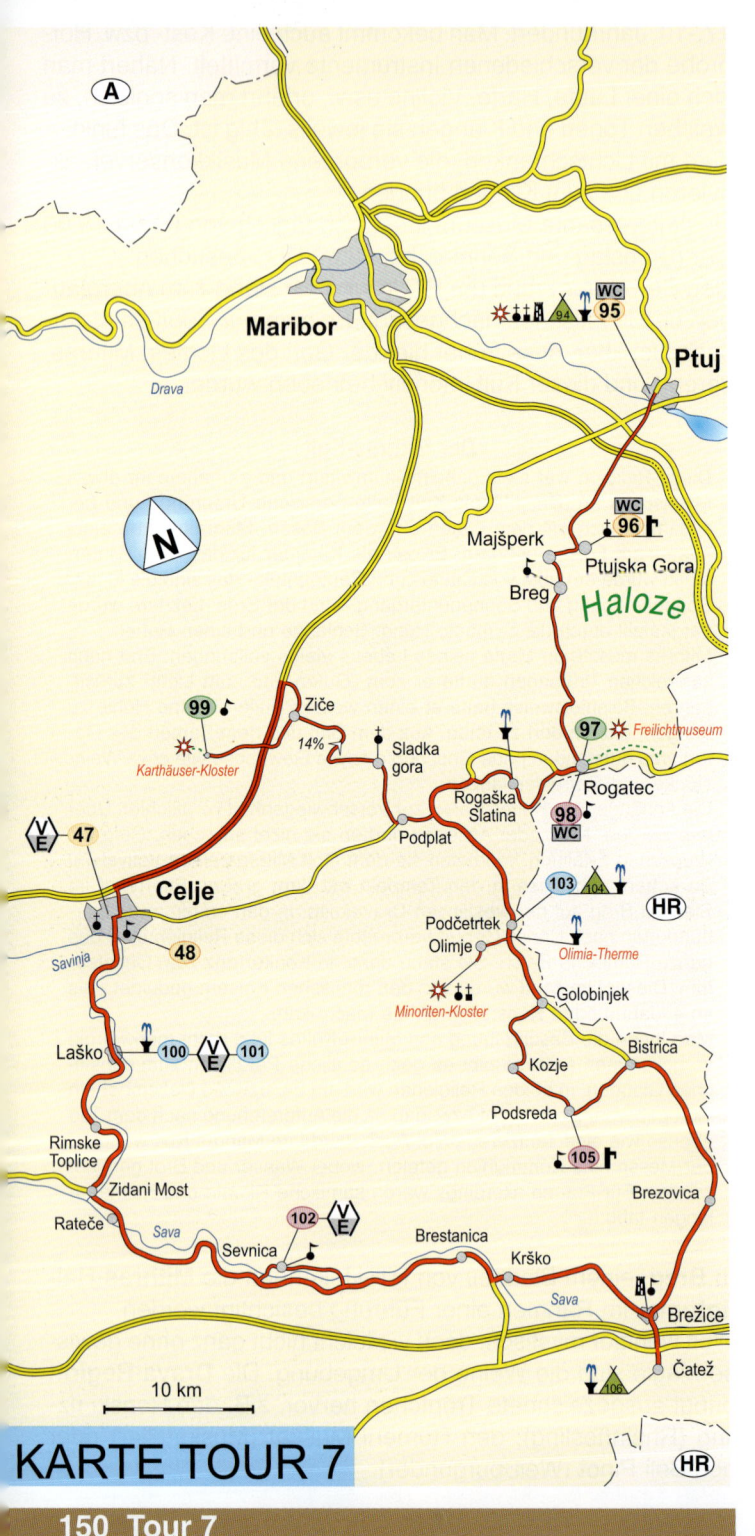

Tour 7 (190 km bzw. 130 km / 5 Tage bzw. 4 Tage)

Ptuj - Ptujska Gora - Rogatec - Rogaška Slatina - Sladka Gora - Ziče - Celje - Laško - Sevnica - Krško - Čatež bzw. Rogaška Slatina - Podčetrtek - Olimie - Kozje - Podsreda - Brežice - Čatež

Freies Übernachten:	In Ptujska Gora, in Rogatec, beim Kloster Ziče, zwei Plätze in Laško, in Sevnica, beim Aqualuna-Badepark und nahe der Burg Podsreda.
Campingplätze:	„Kamp Natura" bei Podčetrtek, „Terme Čatež" nahe Brežice.
Besichtigen:	Kirche in Ptujska Gora, Freilichtmuseum und Schloss Strmol in Rogatec, Kurpark von Rogaška Slatina, Kartäuserkloster Ziče, Burg Sevnica, Minoritenkloster in Olimie, Burg Podsreda und die Rajhenburg in Brežice.
Wandern:	Bei Rogatec und beim Kartäuserkloster Ziče.
Radfahren:	Bei Rogatec, Podčetrtek und Olimie.
Baden:	In Rogaška Slatina, Laško, Podčetrtek und Čatež.

Wir kehren PTUJ den Rücken, fahren in Richtung MAJŠPERK und lassen uns auf guter Straße durch eine Feld-, Wald- und Wiesenlandschaft tragen. Nach ca. 13 km erreichen wir die **Pilgerkirche Jungfrau Maria** in PTUJSKA GORA, die anmutig auf einem 340 m hohen Hügel liegt. Unterhalb des Gotteshauses wurde ein neuer großer Parkplatz geschaffen, von dem man einen herrlichen Ausblick hat.

(096) WOMO-Stellplatz: Ptujska Gora
GPS: N 46° 21' 19.8" E 15° 45' 39.5"
Max. WOMOs: 12
Ausstattung/Lage: Gaststätte, Wasser, Toilette bei der Kirche / Ortsrand.
Zufahrt: Von der Hauptstraße im Kreisverkehr abbiegen, dann noch 400 m (dem Bus/Wohnmobilsymbol folgen).

Das letzte Stück steigen wir zu Fuß auf und genießen erstmal den weiten Rundumblick - zum einen hinaus ins flache Land und zum anderen über die bewaldeten Hügelketten des **Haloze-Gebirges**. Die Kirche enthält eine der wertvollsten Sehenswürdigkeiten des Landes, den Altar „**Madonna mit dem**

Ptujska Gora: Madonna mit dem Schutzmantel und dem Gnadenrelief

Schutzmantel und dem Gnadenrelief" aus dem frühen 15. Jahrhundert. Sieben Engel halten den Mantel der Mutter Gottes auf, der schützend über zahlreiche kunstvoll gestaltete Häupter gebreitet ist. Dargestellt wird ein vielfältiger Personenkreis, angefangen von Adeligen und Kirchenfürsten bis hin zu Gesichtern aus dem einfachen Volk. Dieses dreischiffige Gotteshaus birgt noch weitere Schätze. Sehenswert ist die **Holzstatue** des **Heiligen Jakob**, der gotische Cillier Altar, der Rosenkranzaltar und die Fresken in der ehemaligen Kreuzkapelle. In der Regel ist die Kirche täglich von 09.00-19.00 Uhr geöffnet.

Über MAJŠPERK fahren wir weiter und damit hinein in die liebliche Hügellandschaft des **Haloze-Zuges**. BREG begrüßt uns mit einem Brückenheiligen und einem kleinen **Schlösschen**. Die Straße ist zumindest teilweise etwas rauer geworden, doch sie bringt uns problemlos durch die ländliche Idylle. Nach 31 km laufen wir in ROGATEC ein und statten dem **Freilichtmuseum** am Ortsanfang einen Besuch ab. Auf dem gepflegten Gelände in hübscher Umgebung stehen mehrere reetgedeckte Häuser, ein Heuschober und ein traditioneller Ziehbrunnen. Natürlich darf auch ein Bienenstock nicht fehlen. Manche der schnuckeligen Häuser beherbergen **Werkstätten**, in denen getöpfert, gebacken oder auch geschmiedet wird. Auf Wunsch dürfen die Besucher nicht nur zusehen, sondern sogar selbst Hand anlegen (geöffnet täglich von 12.00-19.00 Uhr, Eintritt 3 EUR).

Im Freilichtmuseum von Rogatec

Nach dem Museum befindet sich ein ansehnliches **Gestüt** (Strmol), davor erstreckt sich ein großer sonniger Parkplatz.

(097) WOMO-Wanderparkplatz: Strmol-Gestüt/Rogatec
GPS: N 46° 13' 58.9" E 15° 42' 05.5" max. **WOMOs:** 6
Ausstattung/Lage: Gaststätte, Mülltonne / Ortsrand.
Zufahrt: Nach dem Museum rechts.

Der Platz ist ein günstiger Ausgangspunkt für Wanderungen in die bewaldeten Berge der schönen Mittelgebirgslandschaft und für Fahrradtouren auf ausgewiesenen Wegen. Folgt man dem Verlauf der Hauptstraße noch ein Stück, so gelangt man zu einem weiteren Parkplatz noch vor dem Ortskern und unterhalb des **Schlosses Strmol**, das erhaben von seiner Anhöhe über das Städtchen blickt. Das restaurierte Gebäude vereinigt Barock- und Renaissance-Stil Elemente.

(098) WOMO-Picknickplatz: Schloss Strmol/Rogatec
GPS: N 46° 13' 47.9" E 15° 41' 51.4" max. **WOMOs:** 4
Ausstattung/Lage: Beleuchtung, Geschäfte und Restaurants nahebei, Müllcontainer / Ortsrand.
Zufahrt: Unterhalb des Schlosses rechts.

Das Zentrum von ROGATEC zeigt sich freundlich und sehr übersichtlich. Um eine winzige Grünanlage mit einem alten Brunnen gruppieren sich die Häuser. Es muss wohl ein Fest stattgefunden haben. Auf dem Rasen erfreuen - zusätzlich zum

Schloss Strmol in Rogatec

Sommerblumenschmuck - zahlreiche von kundiger Floristenhand angefertigte Blumenarrangements mit Rosen, Bromelien und Orchideen das Auge. Soviel des Aufhebens zu Ehren unseres Empfanges wäre wirklich nicht notwendig gewesen...
ROGAŠKA SLATINA, der berühmte **Kurort**, steht als nächstes auf dem Programm. Nach kaum 10 km sehen wir uns schon im Zentrum des Geschehens. Wir finden einen schattigen Parkplatz für unser WOMO, und schon spazieren wir hin-

Kurkonzert in Rogaška Slatina

ein in den großzügig angelegten **Kurpark** mit seinen akkurat geschnittenen Buchsbaumhecken und den bunten Hügelbeeten. Um einen **Pavillon** herum drängt sich eine größere Menschenmenge. Ein Orchester spielt zum **Kurkonzert** auf und tut das recht flott. Die Zuhörer wissen es zu schätzen und spenden frenetisch Beifall. Einige Meter vor dem Pavillon steht rechts eine schöne hölzerne **Wetterstation**, in die eine Liebesgeschichte eingeschnitzt ist. Die fünf Darstellungen werden auch erklärt. Die Temperaturanzeige lässt uns wissen, dass es bereits 32°C warm ist - es ist erst 10.00 Uhr morgens! Oberhalb des Pavillons fällt uns ein gläserner Rundbau auf. Es ist die **Trinkhalle**. Aus vielen Brünnlein fließt hier ein leicht säuerliches Mineralwasser, dem heilbringende Wirkung nachgesagt wird. Seit es den kroatischen Fürsten Ban Peter Zrinski im 16. Jahrhundert von schwerer Krankheit genesen ließ, ist der Sauerbrunnen in aller Munde. Wir holen uns am Eingang ein gläsernes Trinkgefäß, schöpfen aus dem Vollen, und lauwarm rinnt der Born durch unsere Kehlen - was schon eine gewisse Magenfreundlichkeit widerspiegelt, aber nicht gerade das höchste Geschmackserlebnis darstellt. Das Wässerchen hört auf den Namen „**Donat**" und ist stark magnesium- und kalziumhaltig.

Rogaška Slatina: Die Trinkhalle

Das Umfeld des Kurparks ist geprägt von Hotelanlagen, wobei eine interessante Mischung zu verzeichnen ist. Da erheben sich majestätisch anmutende Barockhäuser gleich neben modernen, mit klaren Linien erbauten Hotels, und dann gibt es da noch die Kästen aus sozialistischen Zeiten mit ihrem ach so charmanten „Zweckflair".

In etlichen Cafés und Restaurants lässt es sich gemütlich sitzen und die Welt beobachten. Pflegen Sie lieber einen teureren Zeitvertreib, sei Ihnen der Besuch des Casinos empfohlen - überschüssiges Geld ist da schnell verräumt.

Ein herkömmliches **Thermalbad** mit verschiedenen Becken und unterschiedlichen Temperaturen besitzt der Ort auch. Die schöne Anlage liegt etwa einen halben Kilometer oberhalb des Kurparks an der Hauptstraße und hat von 09.00-19.00 Uhr geöffnet. Der Parkplatz vor der Therme ist wegen der viel befahrenen Straße nur für Lärmunempfindliche zu empfehlen. Zur Fortsetzung dieser Tour bieten wir Ihnen zwei Möglichkeiten an. Sie können uns entweder in direkter Linie entlang der kroatischen Grenze zur **Therme Čatež** (Endpunkt dieser Tour) begleiten oder auf erlebnisreichen Umwegen zum gleichen Ziel gelangen. Bevorzugen Sie den schnellen Weg, dann blättern Sie bitte weiter vor zur **Variante 2** - ansonsten lesen Sie einfach weiter.

Variante 1

Wir gleiten noch ein wenig die Hauptstraße entlang und biegen bei PODPLAT rechts in Richtung SLADKA GORA ab. Die Fahrt verläuft durch Wiesen und kleinere Wälder, mal taucht ein Weiler, mal nur ein einzelnes Haus auf. Die Gegend ist ruhig und sehr ländlich. SLADKA GORA stellt sich als (für diese Maßstäbe) stattliches Dorf heraus und imponiert mit einer leuchtend **gelben Kirche**, die über zwei Türme verfügt. Auf schmaler, aber kaum befahrener Teerstraße geht es weiter. Der Zustand der Teerdecke verdient größtenteils ordentliche Noten. Wir berühren einige hübsche Weingärten, wo die Privatwinzer ihre Produkte anbieten. An mehreren Stellen stehen die „klapoteci" und verbreiten das typische, klappernde Geräusch. Ansonsten herrscht Stille, der Holunder blüht und bringt riesige weiße Dolden hervor. Nach DOLGA GORA biegen wir rechts ab, es folgt ein Gefälle mit 14%, danach treffen wir auf eine Kreuzung, an der wir links abbiegen in Richtung

Das Kartäuserkloster nahe Žiče

ZIČE. Nach ZIČE wählen wir an einer Kreuzung den linken Abzweig zur **Kartuzija Žiče** (Kartäuserkloster). Der letzte Abschnitt verläuft besonders idyllisch. Wir passieren zwei **Kapellen** am Wegesrand, durchfahren ein Dörfchen mit hübscher Kirche. Das Tal wird enger, die grünen Hänge rücken näher zusammen. Nach 6,8 km erreichen wir einen großen sonnigen Parkplatz nahe dem **Kartäuserkloster**.

---

(099) WOMO-Wanderparkplatz: Kartuzija Žiče
GPS: N 46° 18' 34.6" E 15° 23' 42.4"   max. **WOMOs:** 10
Ausstattung/Lage: Gaststätte und Mülltonne in der Nähe / außerorts.
Zufahrt: 6,8 km nach der Abzweigung bei Žiče rechts.

Gewaltig bauen sich die Mauern und Türme der weitläufigen Klosteranlage vor uns auf. Teilbereiche sind bereits restauriert, fast ein wenig zu perfekt! Die alten Mauern mit ihren Wunden verstrahlen einen größeren Charme als je ein erneuertes und wieder erstandenes Gebäude ihn haben könnte. Graf Otokar V ließ von 1160-1165 das Kloster errichten. 1782 löste Kaiser Josef II im

Die Ruinen des Kartäuserkloster

Zuge von Sparmaßnahmen die Anlage auf, und seit langer Zeit lebt nun kein Mönch mehr an diesem Ort des Friedens und der Besinnung.

In einer Gaststätte nahe dem Kloster lässt es sich gut speisen. Ein Teil des verwendeten Gemüses und Salates stammt aus eigener Scholle. Der Garten liegt unterhalb der Kartause. Die Geister der Mönche scheinen einen guten Einfluss auf die Pflänzchen zu haben, denn diese stehen prima im Futter.

Eine Weiterfahrt durch dieses Tal würde die Strecke verkürzen und ist zumindest bei Trockenheit machbar. Nachdem aber nach dem Kloster eine Schotterstraße mit 16% Steigung beginnt, sehen wir davon ab. Wir rollen zurück und nehmen ausnahmsweise mal die Spur der Autobahn auf, die uns schnell und bequem nach CELJE bringt (Vignette notwendig!). Auch der Weg über die Landstraße ist möglich, allerdings einige Kilometer länger. Wir durchfahren CELJE (Beschreibung Tour Nr. 4 a) in Richtung LAŠKO und staunen über die leeren Straßen und Plätze. Am heutigen Sonntag scheint es alle Men-

Therme Laško: In neuem Glanz

schen hinaus in die Natur gedrängt zu haben. Die jetzt folgende Etappe durch das **Savinja-Tal** erweist sich als landschaftlich sehr reizvoll, das dunkle Band des Flusses begleitet uns. Die **Biermetropole** LAŠKO empfängt uns mit dem **Thermalbad** zur Linken. Die Therme ist frisch renoviert, ein Hotel ist angeschlossen. Der „Ostcharme" ist Vergangenheit, der neue Komplex wirkt jetzt recht mondän. Ein großer Parkplatz nimmt die Besucherfahrzeuge auf. Im hinteren Teil, mit Blick auf den Fluss, wurden 16 Wohnmobilstellplätze eingerichtet. Allerdings stören die nahe Straße sowie die Bahnlinie erheblich. Dafür sind es nur wenige Schritte zur Therme.

(100) WOMO-Badeplatz: Laško 1
GPS: N 46° 09' 47.4" E 15° 13' 57.1"
max. WOMOs: 16
Ausstattung/Lage: 4 VE-Stationen mit insgesamt 16 Stromanschlüssen, Beleuchtung, Café und Restaurant im Bad, zum Zentrum von Laško ca. 10 Gehminuten / im Ort.
Zufahrt: Vor dem Hotel/Thermenkomplex bei der Ina-Tankstelle links einbiegen.

Nach der Therme links folgt ein weiterer Parkplatz, an dessen Ende eine Versorgungssäule mit 4 Stromanschlüssen steht. Auf der einen Seite grenzt der schöne **Kurpark** mit einigen **Skulpturen** und die **Savinja** an. Auf der anderen Seite führt die Straße vorbei, gleich daneben wummern die Züge entlang. Auf diesem Platz steht man noch näher an der „Lärmfront".

(101) WOMO-Badeplatz: Laško 2

GPS: N 46° 09' 28.0" E 15° 13' 55.0" **max. WOMOs:** 4
Ausstattung/Lage: VE-Station mit 4 Stromanschlüssen, Beleuchtung, Café und Restaurant im Bad, zum Zentrum von Laško gut 5 Gehminuten / im Ort.
Zufahrt: Nach der Therme links, am Ende des Parkplatzes.

Der Platz bietet etwas Schatten - Kostenpunkt 8 EUR/ Nacht, das ist auch der Preis für den ersten Stellplatz. Die Anmeldung erfolgt im Hotel.

Das **Thermalbad** ist sehr gefällig gestaltet und bietet verschiedene Becken mit Temperaturen zwischen 32 und 35°C. Linderung wird versprochen vor allem bei Rheuma, Verletzungen am Bewegungsapparat und bei Nervenleiden. Vielfältig gestaltet sich das Angebot im medizinischen und im Wellness-Bereich. Die Öffnungszeiten von Montag bis Samstag sind jeweils von 06.00-07.00 Uhr und von 09.00-22.00 Uhr, Sonntag von 06.00-22.00 Uhr (Erwachsene 11 EUR bzw. 14 EUR am Wochenende, Kinder entsprechend 9 und 11 EUR - verschiedene Eintrittspreiskombinationen möglich).

Bierstadt Laško: „Bock" auf Bockbier?

Von der Therme bis zum kleinen Zentrum mit Restaurants und Einkaufsmöglichkeiten benötigt man nur ein paar Minuten, teils angenehm durch den Kurpark. Große Sensationen braucht man sich nicht zu versprechen. Oberhalb des Ortes wacht die **Burg Tabor** übers Land. Eine erste Erwähnung fand sie im Jahre 1147; im 18. Jahrhundert setzte der Verfall ein. Die Brauerei von LAŠKO nahm sich des Bauwerks an und ließ es restaurieren. Innerhalb der ehrwürdigen Mauern befindet sich jetzt ein exquisites Restaurant, das „Na Taboru", welches auch anspruchsvolle Wünsche erfüllt.

Am Ortsende erstreckt sich auf der linken Seite ein riesiges Firmengelände - die Laško-Brauerei. Das ist genau jener Bräu, der mit dem Zlatorog wirbt.

Dem **Savinja**-Tal entlang fahren wir weiter. Bald streifen wir RIMSKE TOPLICE (kleines Freibad mit Thermalwasser links), und nach ca. 14 km erreichen wir ZIDANI MOST. An diesem Ort vereinigen sich **Savinja** und **Sava**. Drei Brücken überspannen die Fluten, eine davon ist der Bahn vorbehalten. Die Straßenführung hier verläuft recht winklig, die Brücke unserer Strekke ist nur einspurig passierbar. Brav warten wir den Gegenverkehr ab und ziehen danach wieder hinaus in das sich weitende Tal. Jetzt folgen wir der **Sava**, die sich behäbig durch die Felder- und Wiesenlandschaft mit den bewaldeten Bergrücken wälzt. Vielerorts treffen wir auf die schmucken **Heuharfen**, an denen die Maiskolben zum Trocknen aufgehängt sind oder eben Heu eingelagert ist. So mancher Bauer hat sich bei der Gestaltung seiner Schober viel Mühe gegeben und ihnen mit Blumenampeln noch einen Extra-Pfiff verliehen.

Grad Sevnica: Blick auf das Savinja-Tals

In SEVNICA thront zur Linken eine stolze **Burg** auf einer Anhöhe. Ihre vier gedrungenen Türme lassen sie sehr wehrhaft erscheinen. Zu ihren Füßen wartet ein neugeschaffener Wohnmobilstellplatz auf die Reisenden. Es ist ein lauschiges Plätzchen. Bis zur Burg, die schon auf rund 700 Jahre zurückblickt, sind es kaum fünf Minuten. Die Aussicht auf die Ortschaft und die sich träge durchs Tal schleppende **Savinja** ist wirklich traumhaft. Im Rahmen einer Burgbesichtigung können Sie sich einen kur-

Grad Sevnica: Knappen und Ritter"frolleins"

zen Film über die Historie ansehen, den Lutherkeller besichtigen, auf Schulbänken aus dem 19. Jahrhundert sitzen, sprechenden Steinen zuhören, und, und, und...

Besucher sind in der Zeit von 01.04.-31.10. von Montag bis Donnerstag jeweils von 15.00-18.00 Uhr willkommen, am Wochenende von 13.00-18.00 Uhr. Ein Abstecher, der sich wirklich lohnt!

(102) WOMO-Picknickplatz: Grad Sevnica

GPS: N 46° 00' 31.5" E 15° 18' 54.8" max. **WOMOs:** 4
Ausstattung/Lage: VE-Station mit 4 Stromanschlüssen, 2 Tisch/Bankkombinationen, Mülltonne, Café in der Burg / Ortsrand.
Zufahrt: Nach Sevnica abbiegen, im Ort an der Durchgangsstraße beschildert (braunes Schild „Grad"), noch 800 m.

Die Benutzung des Platzes (inklusive Strom) ist kostenlos! Bis zur Gaststätte neben der Kirche von Sevnica (Blickkontakt) muss man ca. zehn Minuten Fußmarsch veranschlagen.

Weiter geht´s. Allmählich senken sich die Bergzüge ab, das Land wird flacher und Getreidefelder erstrecken sich entlang der **Sava**. Die Straße wird geradliniger, und in flotter Fahrt brausen wir KRŠKO entgegen, das wir rund 45 km nach LAŠKO erreichen. Viel können wir dem Städtchen, das von einer mächtigen Industrieanlage geprägt ist, nicht abgewinnen.

Flugs halten wir daher auf die **Therme** ČATEŽ zu. Das Thermalbad mit der angeschlossenen sog. „Spaß-Riviera" beschreiben wir am Ende der Tour.

Variante 2

Rund 15 km beträgt die Wegstrecke von ROGAŠKA SLATINA bis hin ins südlicher gelegene PODČETRTEK, wo der **Thermalpark Aqualuna** seine Gäste empfängt. Im Sommer 2003 wurde diese Anlage eingeweiht und löste damit das kleine veraltete Bad ab. Man ist wohl bestrebt, immer auf dem neuesten Stand zu bleiben. Bei unserer letzten Recherche im Juni 2016 wurde auf je-

Badepark Aqualuna

Badegast im Aqualuna?

den Fall schon wieder renoviert. Obwohl hier Thermalwasser plätschert, ist dies kaum ein Ort um zu kuren, sondern ein **Spaßbad** mit gigantischen Rutschbahn-Anlagen, verschiedenen Becken, Animation für Kinder und einer Wellenbadeinrichtung, die in gewissen Abständen in Funktion tritt. Es gibt ausreichend Liegeflächen und natürlich eine solide gastronomische Ausstattung. Der Badepark Aqualuna ist täglich von 09.00-20.00 Uhr geöffnet. Dankenswerterweise sind Parkplätze reichlich vorhanden!

---

(103) WOMO-Badeplatz: Aqualuna
GPS: N 46° 09' 55.7" E 15° 36' 18.6"　　　　　　　　　**max. WOMOs:** 12
Ausstattung/Lage: Gaststätte und Geschäft im Bad / Ortsrand.
Zufahrt: Linker Hand vom Aqualuna-Badepark.

Der Anlage ist ein Campingplatz angeschlossen. Zwei Drittel davon sind mit netten Holzhütten bestanden, der Rest bleibt Durchgangsgästen vorbehalten. Die Umgebung mit ihren bewaldeten Hügeln sowie einer kleinen **Burg** und einer **Kirche** auf der Anhöhe zeigt sich ansprechend.

---

(104) WOMO-Campingplatz-Tipp:
　　„Kamp Natura" bei Podčetrtek
GPS: N 46° 09' 54.3" E 15° 36' 18.5"
Öffnungszeit: 26.04.-30.09.
Ausstattung/Lage: Restaurant, Geschäft im Bad,
nur wenig Schatten / Ortsrand.
Zufahrt: Beim Aqualuna-Badepark.

Die Übernachtung pro Person kostet je nach Saison zwischen 13 und 16 EUR, wie üblich müssen Kurtaxe und Strom extra bezahlt werden. Zwischen 17 und 22 EUR pro Person werden fällig, möchte man den Aquapark (Aqualuna) mitbenutzen (Einzelpreis pro Tag 12 EUR). Eine weitere Variante schlägt mit 15 und 18 EUR zu Buche. Dieser Übernachtungstarif schließt die Benutzung der **Hallen-Thermalbecken** im **Hotel Breza** ein. Zu der Anlage kann man entweder in zehn Minuten zu Fuß gehen oder mit dem Fahrrad dahin fahren. Wer Lust hat, klettert beim Camp in den Zug und steigt ein paar hundert Meter später wieder aus (Station Hotel Atomske Toplice). Nahe des Hotels Breza liegt das **Thermalbad Olimia**. Diese Therme weist zahlreiche Becken und Temperaturen von 28°C (Schwimmerbecken) bis 36°C auf. Der Schwerpunkt der Indikationen liegt auf Rheuma, Verletzungen des Bewegungsapparates, Gefäß- und Hautkrankheiten. Es gibt eine finnische und eine türkische Sauna. Angeboten werden eine Fülle medizinischer Therapien und eine breite Palette im Wellness-Bereich. Geöffnet ist das feine Thermalbad täglich von 08.00-21.00 Uhr, Eintritt wochentags 12 EUR, am Wochenende 13 EUR.

Die Therme Olimia

Natürlich kann **Olimia** auch mit dem Mobil angefahren werden, Parkplätze sind allerdings nach der Errichtung eines Parkhauses knapp geworden.

Reichlich 4 km beträgt die Wegstrecke nach OLIMJE. Das Dorf liegt etwas abseits der Hauptstraße und präsentiert sich vielseitig. Es gibt einen kleinen **Reiterhof**, wo man sein Glück auf dem Rücken der Pferde suchen kann. Kurz darauf blickt uns neugierig ein Vogel Strauß an und stolziert in seinem Ge-

Das Minoritenkloster in Olimje

hege herum. Er und seine Artgenossen sollen wohl die Speisekarte etwas bunter gestalten - gut, dass sie nichts von ihrem Schicksal wissen. Wir nähern uns der Hauptattraktion des Ortes, dem **Minoritenkloster**. Im Jahre 1550 wurde dieses prachtvolle Gebäude als Schloss errichtet. Ein Jahrhundert später übernahmen Pauliner Mönche die Hausherrschaft und fügten eine Kirche an. Vor einigen Jahren erfuhr der stattliche Bau mit seinen dicken, gedrungenen Rundtürmen eine gründliche Renovierung und bekam dabei einen kräftigen graublauen Anstrich verpasst. In schönem Kontrast dazu stehen die weißen symmetrischen Figuren, die sich über die gesamte Fassade verteilen. Seitlich des Eingangsbereichs ruhen kleine schilfbewachsene **Weiher**, deren Frischwasserspeisung aus eigens dafür angebrachten Amphoren erfolgt. Innerhalb der Klostermauern finden wir ein kostbares Kleinod. In einem Raum mit wunderschönen Malereien verbirgt sich Europas **drittälteste Apotheke**, die aus dem 17. Jahrhundert stammt.

Europas drittälteste Apotheke

Das zwar spärliche, aber wertvolle Mobiliar wird von Gottvater persönlich bewacht. Dargestellt wird er als alter Mann mit einem weißen Rauschebart und blickt als Schöpfer der Natur und der Heilpflanzen von einem eindrucksvollen Deckengemälde herab. Die **Stara Lekarna** (Alte Apotheke) kann täglich für einen Euro besichtigt werden, und zwar ab 10.00 Uhr jeweils zur vollen und halben Stunde. Im Hause gibt es eine weitere funktionsbereite Apotheke, in der die Mönche allerlei

Kräutlein und Tinkturen verkaufen. Bei Interesse gehen Sie einfach dem Duft nach - die Einrichtung riecht so, wie man es von ihr erwartet.

Wir werfen einen Blick in das **Gotteshaus Mariä Himmelfahrt**, das mit dem Kloster eine Einheit bildet. Die Kirche wirkt fast ein wenig überladen. Der Stil ist barock, un-

gewöhnlich allerdings erscheint die Farbkombination: gold-schwarz. Von der Kanzel ragt ein Arm heraus, dessen Hand ein Kreuz mit Rosenkranz trägt. Überaus reich geschmückt zeigt sich auch die **Kapelle** des **Heiligen Franz Xaver** links des Hauptaltars.

Vor der Klosteranlage spenden etliche Bäume Schatten. Hier stehen einige Tische und Bänke, die zur Rast einladen. Vielleicht leistet Ihnen ja ein Pater dabei Gesellschaft.

Möchten Sie mal einen Blick auf eine größere Ansammlung von Rehen und Hirschen werfen, dann besuchen Sie die **Hirschfarm Ježovnik**, ca. 0,5 km oberhalb des Klosters. Angeschlossen ist eine Gaststätte, es gibt einen Biergarten sowie ein Geschäft in dem hauseigene Produkte und andere Dinge vermarktet werden. Der geschäftstüchtige Wirt bietet auch einen Übernachtungsplatz an. Voraussetzung ist

Auf der Hirschfarm Ježovnik

allerdings, dass nur höchstens ein Autobus auf dem Hof steht. Allzu üppig sind die Platzverhältnisse nicht gerade. Ansonsten - so versichert er uns zweimal - sei das „kein Problem"!
Zur Hauptstraße zurückgekehrt, orientieren wir uns jetzt in südlicher Richtung über IMENO nach GOLOBINJEK. Eigentlich hatten wir Ihnen versprochen, auf direktem Weg nach **Čatež Therme** durchzurauschen, doch eine kleine und lohnende Extratour können wir uns nicht verkneifen. Wir biegen also in GOLOBINJEK rechts ab und fahren auf vorwiegend guter Straße hinein in ein hübsches Weinbaugebiet. Die Rebgärten überziehen die Hügel, und auf Schildern preisen die Winzer ihre Produkte an. Über KOZJE rollen wir PODSREDA entgegen, während uns das Flüsschen **Bistrica** begleitet. Das Tal wird enger und waldreicher. Vom Dörfchen PODSREDA aus schwingen wir uns in einigen Kehren den Berg hinauf und biegen bei einem Bauernhof links zur **Burg** hin ab (braune Hinweisschilder). Das alte Gemäuer aus dem 12. Jahrhundert hat seinen Platz auf der Hügelkette **Orlica** und liegt inmitten grüner Wälder auf 475 m Höhe. Uns fehlen noch ein paar Höhenmeter, deswegen lassen wir unser WOMO ein kurzes Steilstück hinaufschnaufen und landen bald auf einem lauschigen Picknickplatz mit einer **Mini-Kapelle** und einem tollen Blick auf die Burg und das Umland. Wir gesellen uns zu einem italienischen Wohnmobilisten, der auch dieses Plätzchen auserkoren hat.

---

(105) WOMO-Picknickplatz: Burg Podsreda
GPS: N 46° 01' 34.7" E 15° 35' 14.4"   max. WOMOs: 3
Ausstattung/Lage: Tisch, Bänke, Mülleimer / außerorts.
Zufahrt: 2,4 km nach dem Abzweig beim Bauernhof.

Wir stiefeln nur noch ums Eck, schon baut sich **Burg Podsreda** (12. Jahrhundert) vor uns auf, und wir sind über den gewaltigen „Kasten" erstaunt - die Größenordnung haben wir nicht erwartet. Seitlich im Hof ist eine neue Toilette eingerichtet, an der Außenwand spendet ein Hahn frisches Wasser. Notfalls lässt sich hier per Kanister etwas vom kühlen Nass zapfen.
An verschiedenen Stellen sind **alte Kutschen** als Dekoration aufgestellt. Im Inneren finden wir einen ehrwürdigen

Picknickplatz nahe der Burg Podsreda

Rittersaal, Räume mit schönen **Kronleuchtern**, eine interessante **Skulpturenausstellung** und eine **Schwarzküche** mit offener Feuerstelle. Auf einem Wandbord sind kunstvolle Töpferwaren aufgereiht. In einem kleinen **Museum** „erzählen" verschiedene Exponate aus vergangenen Zeiten. Die altehrwürdige **Burg Podsreda**, der auch ein Restaurant angeschlossen ist, hält täglich (außer montags) ihre Pforten von 10.00-18.00 Uhr offen, der Eintritt beträgt 3 EUR.

Sträßchen in Brežice

Wir machen uns wieder auf die Socken, fahren zurück nach PODSREDA, weiter nach BISTRICA OB S. und über BREZOVICA schließlich nach BREŽICE. Seit geraumer Zeit ist das der erste Ort, der das Prädikat „Städtchen" verdient. Die Lage im sanften Hügelland ist hübsch. Schnell dringen wir zum Zentrum vor. Lebhaft geht es zu, und Parkplätze sind zwar vorhanden, aber nicht immer frei. Nach einigem Hin und Her ergattern wir doch noch eine Lücke in der Nähe eines hochaufragenden

Brežice: Die Rajhenburg

rosa **Turmes**, der eine Pilsbar beherbergt. Nicht weit davon entfernt liegt die **Rajhenburg**. Sie gilt als die älteste Sloweniens, entstanden im Jahre 895 und trug seinerzeit den Namen Reichenburg. Heute spricht man gern vom „Schloss" und empfiehlt einen Besuch im darin untergebrachten **Regionalmuseum**, geöffnet täglich von 10.00-18.00 Uhr, samstags und sonntags von 10.00-14.00 Uhr. Der Eintritt beträgt 3 EUR.
Es gibt noch einen weiteren Anreiz, die **Rajhenburg** näher in

Augenschein zu nehmen. Vom Innenhof führt eine Treppe in unterirdische Räume hinab. Einst schmachteten da wenig beneidenswerte Zeitgenossen im Verließ, heute lagern hier in schönen **Holzfässern** und tausenden von Flaschen **edle Weine**. Die Einrichtung der kühlen Kellerräume ist stilgerecht und urig, die Beleuchtung nur diffus. Abends kann man das eine oder andere Tröpfchen verkosten und danach recht locker entschweben...
Praktisch ist dabei, wenn man sein Domizil in der Nähe weiß. Ungefähr 2 km von BREŽICE entfernt, lockt die riesige **Therme Čatež** Wasserratten an. Ein Campingplatz mit weiten Wiesenflächen und etlichen Bäumen grenzt an.

(106) WOMO-Campingplatz-Tipp: „Therme Čatež" nahe Brežice
GPS: N 45° 53' 28.4" E 15° 37' 33.5"
Öffnungszeit: 30.03.-03.11./Wohnmobile ganzjährig
Ausstattung/Lage: Restaurants, Geschäfte, teils Schatten / außerorts.
Zufahrt: Den Hinweisen zur Therme folgen.

Thermalriviera - dieser Name ist nicht unbedingt der Inbegriff an Bescheidenheit und klingt vielversprechend. Und gleich vorab - es ist die modernste, größte und wohl auch die schönste Anlage Sloweniens!
12.000 m² Wasserfläche stehen den Besuchern zur Verfügung. Auf dem Freigelände gibt es zahlreiche Becken. Geschwungene Formen sorgen für eine gefällige Optik, und **kleine Inseln**, zu denen Brücken hinüberführen, sind eingelagert. Große **Rutschbahn-Konstruktionen** bieten für jeden Mut das Passende. Wer es gemütlich möchte, kann sich von verschie-

denen Sprudeln oder im Wellenbad verwöhnen lassen. Für die lieben Kleinen gibt es einen Extra-Bereich, der auf die entsprechenden Ansprüche zugeschnitten ist und keine Langeweile aufkommen lässt.

Auch der **Hallenbereich** weist ungewohnte Ausmaße auf und verfügt über kleine Rutschen und ein **Wellenbad,** von dem man sich durchschaukeln lassen kann. **6 Whirlpools** mit ca. 36°C stellen einen angenehmen Gegenpol zu den anderen, etwas kühleren Becken dar. In einer künstlichen Höhle sprudelt lautstark ein kräftiger Quell, des weiteren sorgen verschiedene Wasserfälle und diverse (Kunst)-pflanzen für ein gediegenes Ambiente. Als nette Accessoires erfreuen einige Bambushütten vor allem die Kinder. Zwischen zwei großen Be-

Die Thermalriviera von Čatež

cken erhebt sich ein Leuchtturm. Wenn das rote Blinklicht zu rotieren beginnt, dann sehen Sie sich vor - denn ein Gewitter ist im Anzug! Nehmen Sie einen Schirm mit, Sie könnten sonst nass werden...

Sowohl im Innen- als auch im Außenbereich kommt Thermalwasser zum Einsatz.

Gäste des Campingplatzes erhalten eine Chipkarte, mit der sie pro Tag entweder einmal den Hallenkomplex oder zweimal das Freigelände nutzen dürfen. Die Übernachtung schließt genannten Badeeintritt ein und kostet 20 EUR pro Person - zusätzlich Kurtaxe und Strom.

In der Umgebung findet man einen Golfplatz, Reitmöglichkeiten und andere Sportangebote.

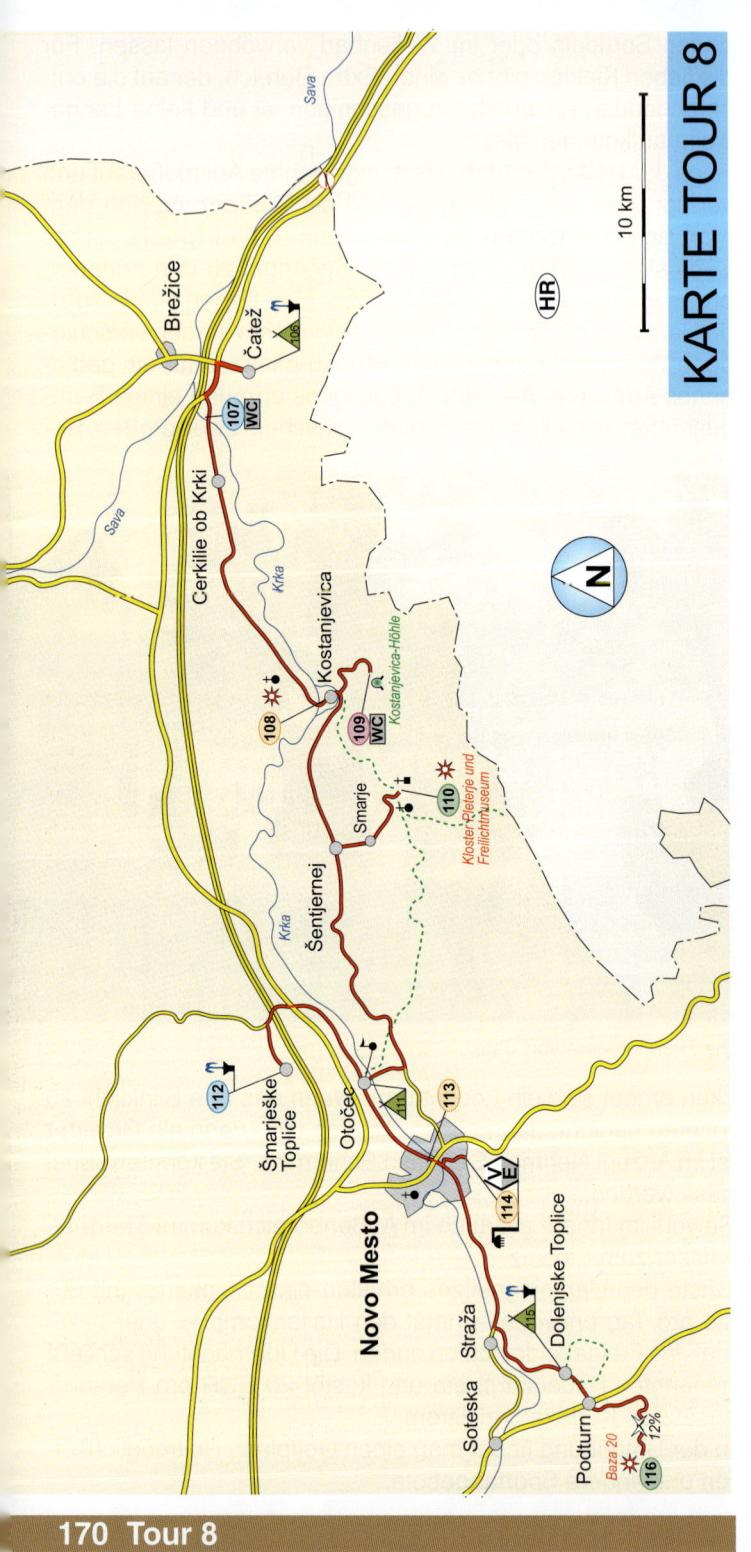

Tour 8 (95 km / 3-4 Tage)

Čatež - Kostanjevica - Sentjernej - Otočec - Šmarješke Toplice - Novo Mesto - Dolenjske Toplice - Podturn

Freies Übernachten:	Bei Velike Malence, in Kostanjevica, beim Kloster Pleterje, in Šmarješke Toplice, in Novo Mesto und in Baza 20.
Campingplätze:	„Kamp Otočec" bei Otočec, „Kamp Dolenjske Toplice" in Dolenjske Toplice.
Besichtigen:	Kostanjevica sowie die Höhle nahe dieses Ortes, das Kloster Pleterje, das Schloss von Otočec, die Nikolaus-Kirche in Novo Mesto und das Partisanenlager Baza 20.
Wandern:	Beim Kloster Pleterje, bei Otočec und Baza 20.
Radfahren:	Auf vielen Nebenstraßen der Tour.
Baden:	Bei Velike Malence, in Šmarješke Toplice und in Dolenjske Toplice.

Zwei Tage haben wir die feuchtfröhlichen Vergnügungen in der **Therme Čatež** genossen, jetzt sind wir wieder fit für neue Unternehmungen. Wir fahren zunächst in Richtung BREŽICE und folgen an einer Ampel dem Hinweis nach CERKLJE OB KRKI. Das heißt, wir fahren direkt vor der Savabrücke links ab. Nach nur 1,3 km befindet sich rechter Hand die Einfahrt zu einem langgestreckten Wiesenstreifen, der an der **Krka** liegt. Ein Schild heißt uns willkommen. Der **Sportpark Grič** begrüßt seine Gäste. Hier kann man entweder in der **Krka** baden, Kanufahren (Verleih vorhanden), oder sich auf der Wiese sonnen sowie in der kleinen Imbissgaststätte etwas zu sich nehmen. Eine „richtige

Die Krka am Sportpark Grič

Gaststätte" findet man in der Ortschaft VELIKE MALENCE, nur ein paar 100 m entfernt. Das ansprechende Gelände liegt allerdings direkt unter der vielbefahrenen Straße, die Lärmbelästigung ist daher nicht unerheblich! Ebenso kann bei Nässe das Befahren der Wiese problematisch werden.

(107) WOMO-Badeplatz: Sportpark Grič

GPS: N 45° 53' 33.9" E 15° 35' 11.8" max. **WOMOs:** 10
Ausstattung/Lage: Dixi-Toilette, Beleuchtung, Grillplatz, Spielplatz, Imbiss, Kanuverleih, Mülltonnen / außerorts.
Zufahrt: Von der Therme **Čatež** kommend, vor der Savabrücke links in Richtung Cerkilje ob Krki abbiegen, 1,3 km dem Straßenverlauf folgen, dann rechts.

Weiter geht es nach VELIKE MALENCE und über andere kleine Ortschaften bis wir knapp 20 km später in KOSTANJEVICA NA KRKI landen. Die Ausschilderung dahin ist nur sehr vage. Häufig sieht man die braunen Hinweise zur **Höhle** (Jama) **Kostanjevica**, und diese führen auch zum Ziel. Der **Kultur-** und **Künstlerort** wird von der **Krka** umarmt. Eine alte Holzbrücke bringt uns unter dezentem Donnern über das Flüsschen. Gleich bei der Kirche entdecken wir einen gut anfahrbaren Brunnen. Danach beschreibt die Straße einen Rundkurs durch den Ort. Bevor wir uns einen Parkplatz suchen, umrunden wir erstmal den ganzen Kreis. Das bereitet so viel Spaß, dass wir die Geschichte gleich noch einmal - und zwar zu Fuß - angehen. Niedrige alte Häuser dominieren das Stadtbild und schmiedeeiserne Laternen sorgen für eine stilgerechte Beleuchtung. Überall erwarten uns neue Überraschungen. Mal schmückt eine alte **Weinpresse** oder ein **Brunnen** das sorgsam verlegte Pflaster, dann wiederum schaut uns ein aus Schrott zusammengeschweißter Vogel mit seinen großen Kugellageraugen an. In so manchem Winkel entdecken wir neue

Im Künstlerstädtchen Kostanjevica

eigenwillige Kunstwerke, die aus den verschiedensten Materialien kreiert wurden. Auf dem Hauptplatz empfängt eine nette Gaststätte, an deren offener Feuerstelle ein munteres Feuerchen lodert, seine Gäste.

Eine zweite Holzbrücke führt an der anderen Seite aus dem

Lauschiges Fleckchen an der Krka

Zentrum hinaus. Gleich nach der hübschen hölzernen Konstruktion öffnet sich links ein idyllischer Platz mit schattenspendenden Bäumen, einem schmucken Blumenbeet und Blick auf die **Krka**. Einige Kinder baden in dem Gewässer, doch das „biotopmäßige" Aussehen animiert uns nicht, es ihnen gleich zu tun. Ein paar Meter weiter folgt ein drittes Holzbrücklein und danach ein kleiner Parkplatz.

(108) WOMO-Stellplatz: Kostanjevica
GPS: N 45° 50' 35.4" E 15° 25' 21.5"   **max. WOMOs:** 3
Ausstattung/Lage: Eisdiele, Restaurants/Geschäfte nahebei, Mülltonne / im Ort.
Zufahrt: Nach der dritten Holzbrücke rechts.

Nahe einer Trauerweide, die malerisch ihre Zweige ins Wasser eintauchen lässt, hat sich ein Storch niedergelassen und sucht nach Essbarem. Vorsichtig schleichen wir uns an, um den Adebar auf Zelluloid zu bannen. Leider hat der Vogel keine Model-Ambitionen und entfleucht. Etwas Gutes hat die Sache doch. Bei unserer Fotojagd entdecken wir auf freiem Feld, bei einer Schule, einen **Skulpturenpark**, die **Jože-Garjup-Galerie**, und somit weitere Zeugnisse der anscheinend großen heimischen Künstlerschar.

Vom Stellplatz führt eine Stichstraße zur **Kostanjevica-Höhle**. Nahe dem Höhleneingang befindet sich ein Kiosk mit Tischen und Bänken. Auf einer Wiese lässt es sich fein in der Sonne liegen. Ein Bächlein eilt glucksend an dem hübschen Gelände vorbei, und davor gibt es einige vorwiegend schattige Parkplätze.

(109) WOMO-Picknickplatz: Jama Kostanjevica
GPS: N 45° 50' 19.3" E 15° 26' 00.1" max. **WOMOs:** 3
Ausstattung/Lage: Imbiss mit WC / außerorts.
Zufahrt: Nach 1,5 km am Ende der Stichstraße.

Kloster Pleterje in Sentjernej

Ein Teil des Berginneren mit kleinen Seen, Wasserläufen und interessanten Felsformationen ist Besuchern zugänglich (wechselnde Öffnungszeiten - da richtet man sich ganz nach dem Bedarf).

Bei der Rückfahrt muss man nicht unbedingt durchs Örtchen fahren. Man kann auch gleich links, also noch vor der Holzbrücke abbiegen und gelangt so wieder auf die Umgehungsstraße. Kurz vor dem Ortsende liegt rechts ein relativ großer, sonniger Parkplatz. Von diesem aus gelangt man flott zu Fuß über ein Brücklein direkt in das Herz der netten Gemeinde.

In Richtung NOVO MESTO tuckern wir weiter, doch schon in SENTJERNEJ biegen wir links zum **Kloster** (samostan) **Pleterje** ab. Der große Gebäudekomplex liegt inmitten grüner Natur. Störende weltliche Einflüsse halten sich die frommen Brüder durch hohes Mauerwerk, das die Klosteranlage mit immerhin drei Kilometer umläuft, vom Leibe. Eine Besichtigung von innen ist nicht möglich. Das letzte Quentchen Konsequenz fehlt den Mönchen aber, denn im Kloster-Laden ist man willkommen - vor allem, wenn man sich für die Produkte aus eigener Herstellung interessiert (Birnenschnaps, Wein, u.a. den preisgekrönten Civiček). Als frei zugänglich erweist sich ebenso eine seitlich angrenzende gotische **Dreifaltigkeitskirche**.

Kloster Pleterje, Dreifaltigkeitskirche

Das alte Gotteshaus zeichnet sich durch würdevolle Schlichtheit aus, der steinerne Altar ruht auf einem Felsbrocken. Nach Betreten des Eingangsbereiches lösen Bewegungsmelder tragende Mönchsgesänge aus. In einem Nebenraum kann man an Hand eines modernen sog. „Multi-Visual-Programms" Einblicke in das Klosterleben gewinnen.

Vor dem **Samostan Pleterje** erstreckt sich ein großer Parkplatz mit zahlreichen Bäumen, die auf schmalen Grünstreifen stehen und somit die Fläche untergliedern.

(110) WOMO-Wanderparkplatz: Kloster Pleterje

GPS: N 45° 49' 07.1" E 15° 21' 01.0" max. **WOMOs:** 5
Ausstattung/Lage: Museum, Mülltonne, WC bei der Kirche / außerorts.
Zufahrt: In Sentjernej links abbiegen, noch 3,2 km (über Smarje).

Gegenüber dem Parkplatz, auf einer von Wald umgebenen Wiese, verteilen sich die reetgedeckten Häuschen eines **Freilicht-Museums**. Ein schmales Bächlein plätschert vorbei, und einige Gänse scheinen sich hier sichtlich wohl zu fühlen. Die hübschen Häuser sind stilecht eingerichtet, und es gibt alte bäuerliche Werkzeuge und Gerätschaften zu bestaunen. Geöffnet außer montags von 10.00-12.00 Uhr und von 13.00-17.00 Uhr, Eintritt 3 EUR/Person (Familienpreis 6,50 EUR).

Im Freilicht-Museum vom Kloster Pleterje

WOMO-Wandertipp: Europäischer Fernwanderweg E 7

Geht man vom Parkplatz durch die schöne Baumallee in Richtung der gotischen Kirche, so findet man an der **Mauer** des **vorgelagerten Gartens** die **Markierung des Fernwanderweges E 7**. In der hübschen Umgebung lohnt es sich, seine Spur aufzunehmen und wenigstens ein kurzes Stück zu wandern. Entweder wählt man die südliche Etappe, die zur kroatischen Grenze führt und danach westlich abschwenkt, oder man orientiert sich in nordöstlicher Richtung und gelangt dann als nächstes nach KOSTANJEVICA.

Zurückgekehrt nach SENTJERNEJ zweigen wir jetzt links nach NOVO MESTO ab. Ungefähr nach 8 km führt rechter Hand eine schmale Straße nach OTOČEC, das bald erreicht ist. Das

Sträßchen ist auf 3 t zulässiges Gesamtgewicht begrenzt. Diese Tragfähigkeit bezieht sich auf die Brücke kurz vor dem Schloss. „Man brauche das aber nicht so eng sehen - um die 6 bis 7 t halte sie schon aus" - so lautete zumindest die Aussage im Hotel.

Schloss Otočec an der Krka

Das „Zugpferd" des Ortes ist das romantische, verwunschen wirkende **Wasserschloss** aus dem 13. Jahrhundert, dem später barocke Elemente hinzugefügt wurden. Geheimnisvoll verbirgt sich das alte Gemäuer hinter Bäumen. Weinranken klettern entlang der Fassaden, und ein schöner Park, in dem bunte Sommerblumen für Farbtupfer sorgen, erstreckt sich zu zwei Seiten. Die **Krka** umklammert das kleine Eiland, auf der sich **Schloss Otočec** erhebt. Grasinseln schwimmen im Fluss, und Schwäne ziehen ihre Bahnen. In einem toten Arm des Gewässers hat sich ein Biotop gebildet. Blaue Schmetterlinge tänzeln durch die Lüfte, und grazile Libellen sirren an uns vorbei. Von der Durchgangsstraße führt eine Holzbrücke zur Insel mit dem ehrwürdigen Gebäude, dessen Innenräume nur Hotel- bzw. Restaurantgästen zur Verfügung stehen und nicht zur Besichtigung freigegeben sind. Eine weitere Holzbrücke stellt die Verbindung zum jenseitigen Ufer dar. Ca. 200 m vom Schloss entfernt empfängt uns ein Campingplatz, der von der Hotelleitung mit verwaltet wird. Die Lage auf einem lang gestreckten Wiesenstreifen an der **Krka** ist sehr gefällig. Die sanitären Anlagen kann man noch mit ausreichend bewerten, der Pflegezustand verdient eher die Note mangelhaft.

(111) WOMO-Campingplatz-Tipp: „Kamp Otočec" bei Otočec

GPS: N 45° 50' 17.1" E 15° 14' 17.1" **Öffnungszeit:** 15.05.-30.09.
Ausstattung/Lage: Restaurant in der Nähe, zum Zentrum ca. 2 km, teilweise schattig, Reiterhof 1 km / außerorts.
Zufahrt: Ca. 200 m vom Schloss.

So idyllisch die Lage am **Krka-Ufer** auch sein mag - die Abgeschiedenheit trügt. Die nahe Hauptader von LJUBLJANA nach **Kroatien** ist zwar praktisch unsichtbar, doch leider deutlich vernehmbar. Selbst die schmale Straße, die am Campingplatz vorbei zum **Reiterstall Struga** führt, weist ein nicht unerhebliches Verkehrsaufkommen auf und ist somit schlicht lästig! Das Umland erfreut sich bei Radlern großer Beliebtheit, verschiedene Ausflüge sind möglich. Das Gleiche gilt für Wanderer. Mit der nötigen Ausdauer kann man den Gipfel des **Tolsti** (Tolsti vrh) erstürmen oder zum **Kloster Pleterje** wandern (hin und zurück 4 bzw. 8,5 Stunden).

Wir wenden uns dem kleinen **Thermalbad** ŠMARJEŠKE TOPLICE zu, das von **Schloss Otočec** nur etwa 4,5 km entfernt ist. Unterwegs wirbt ein gepflegtes Lokal, das „Gostilna Domen" um Wohnmobilreisende. Der Parkplatz ist schön schattig, doch er liegt auch recht nahe an der Straße. Schließlich finden wir, eingebettet im Grünen die Therme, die über drei Außenbecken (zwischen 26 und 32°C) sowie zwei Innenbekken mit 32°C verfügt. Das Wasser ist stark magnesium-, kalzium- und kaliumhaltig. Neben verschiedenen Angeboten der „Schönheits-Abteilungen" (Maniküre, Pediküre, Fitness usw.) liegt ein anderer Schwerpunkt im Saunabereich (römische, finnische und türkische Sauna).

Der **Kurpark**, den auch ein Bächlein, verschiedene Blumenbeete und eine Statue verschönern, lädt zu Spaziergängen ein. Schätzt man intensivere Aktivitäten, kann man bis OTOČEC marschieren oder sich bei Tennis, Volley- oder Fußball verausgaben. Ein großer, teils schattiger Parkplatz nimmt die Besucherfahrzeuge auf.

(112) WOMO-Badeplatz: Šmarješke Toplice

GPS: N 45° 52' 07.9" E 15° 14' 27.8" **max. WOMOs:** 10
Ausstattung/Lage: Restaurant, Beleuchtung, Mülltonnen / außerorts.
Zufahrt: Gut ausgeschildert (braune bzw. gelbe Hinweistafeln).

Nicht weit ist es nach NOVO MESTO - die neue Stadt. Nachdem wir uns durch den Verkehr der neueren und wenig schönen Ansiedlungen durchgekämpft haben, treffen wir auf den alten Kern des Städtchens. Dieser präsentiert sich freundlich mit einigen Straßencafés und kleineren Geschäften unter Arkaden sowie einem Brunnen. Aufregender wird es erst, wenn man sich zum höchsten Punkt des Ortes begibt, an dem sich die **Kirche** des **Heiligen Nikolaus** erhebt. Das Gotteshaus ist reich an schönen Fresken, das Altargemälde schreibt man sogar dem berühmten Meister Tintoretto zu. Ein ungewöhnliches Bild bietet das Kirchenschiff, es beschreibt zum Altar hin einen deutlichen Knick. Die **Krypta** stammt aus dem 15. Jahrhundert und strahlt etwas Geheimnisvolles aus. Man muss einige Stufen in den kühlen, düsteren Raum hinabsteigen und stößt hier auf etliche Grabtafeln und Gedenksteine.

Unterhalb der Nikolaus-Kirche, in der **Muzejska ulica**, befindet sich das **Dolenjska-Museum**. Es beherbergt diverse **Ausgrabungsstücke**, eine **Galerie** und eine **volkskundliche Ausstellung**, welche mit einigen Kuriositäten aufwartet - beispielsweise mit Honigkuchenherzen oder einem hölzernen Soldaten als Bienenstock. Geöffnet ist das Museum von 08.00-17.00 Uhr (außer montags), Samstag jeweils von 10.00-17.00 Uhr und Sonntag von 09.00-12.00 Uhr, geringer Eintritt.

Blick auf Novo Mesto

Möchten Sie in NOVO MESTO übernachten? Dann erwartet Sie ein wirklich ansprechendes und gepflegtes Plätzchen! Von

ŠMARJEŠKE TOPLICE kommend orientieren wir uns in der Stadt in Richtung DOLENJSKE TOPLICE. Beim Hotel „Pri Belokranjcu" biegen wir rechts ein und stellen unser Mobil auf den hauseigenen Parkplatz ab. Unter der Voraussetzung, dass ein bisschen „Luft" ist, bietet der rührige und freundliche Chef hier eine Übernachtung an. Besondere Einrichtungen gibt es nicht, doch in dem gediegenen Lokal lässt es sich gut speisen. Die nahe vorbeiführende Straße kann allerdings schon etwas nerven.

(113) WOMO-Stellplatz: Hotel „Pri Belokranjcu"

GPS: N 45° 47' 58.7" E 15° 10' 43.0"   **max. WOMOs:** 3
Ausstattung/Lage: Gaststätte, zum Zentrum von Novo Mesto ca. 10 Gehminuten / im Ort.
Zufahrt: Zum Zentrum hin orientieren und dem Straßenverlauf nach Dolenjske Toplice folgen, an der zweiten Ampel rechts abbiegen, dann nach gut 100 m wieder rechts.

Kommen wir zu dem zuvor erwähnten schönen Platz, für den sich ebenso der Hotelchef verantwortlich zeichnet. Ca. 1,3 km vom Hotel entfernt erstreckt sich, unterhalb einer Kirche und eines kleinen Parks, ein neugeschaffenes WOMO-Gelände. Der Platz ist ruhig und vorwiegend sonnig. Je nach Wetterlage oder Gusto kann man auf einer Kiesfläche oder auf dem Rasen stehen. Im angeschlossenen Gebäude gibt es Dusche und Toilette sowie einen Aufenthaltsraum. Sogar zwei Appartements stehen zur Verfügung - falls Sie jemanden ausquar-

Stellplatz Grüne Oase „Pri Belokranjcu"

tieren möchten! Alles ist neu und bis dato top gepflegt. Auch von hier benötigt man rund zehn Gehminuten bis zum Zentrum. Ein großer Stadtplan zur Orientierung hängt aus.

> **(114) WOMO-Stellplatz: Grüne Oase „Pri Belokranjcu"**
> **GPS:** N 45° 47' 42.6" E 15° 10' 13.9" **max. WOMOs:** 15
> **Ausstattung/Lage:** VE-Station, Strom, Dusche, Toilette, Wlan frei, zum Zentrum ca. 800 m / Ortsrand.
> **Zufahrt:** Vom Hotel „Pri Belokranjcu" noch 400 m weiterfahren, links abzweigen und dann den Hügel hinauffahren, den Hinweisen PZA Camper Stop folgen, nach insgesamt 1,3 km links.

Fragen Sie am Besten vorher im Hotel „Pri Belokranjcu" nach, der Wirt gibt gerne Tipps und leitet Sie u.U. sogar hin! Der Preis für zwei Personen und ein WOMO beträgt 15 EUR (Kurtaxe geht extra).

Ca. 13 km von NOVO MESTO entfernt liegt die kleine, aber gediegene Therme DOLENJSKE TOPLICE. Drei Hallenbecken (bis 36°C) und zwei Außenbecken (27°C) stehen dem Besucher zur Verfügung. Das Begleitprogramm (Therapien, Wellness, Sport) ist recht umfangreich. Die Anlage erstrahlt in neuem Glanz und ist täglich von 09.00-21.00 Uhr geöffnet, am Freitag und Samstag sogar bis 23.00 Uhr. Der Eintritt beträgt wochentags ca. 9,50 EUR, am Wochenende muss ein Zuschlag von 2 EUR berappt werden. Ein gepflegter **Kurpark** mit alten Bäumen und bunten Blumenbeeten schließt an und lädt zum Flanieren ein. Am Rand des Parks lockt ein gemütli-

Im Kurpark von Dolenjske Toplice

Entspannung in Dolenjske Toplice

ches Lokal mit guter Küche und angenehmem Ambiente. Auf dem gefällig gestalteten zentralen Platz lädt ein Café zum Verweilen ein und erfreut mit zivilen Preisen. Sie können auch Kuriositäten ordern wie etwa 0,1l Mineralwasser für 30 Cent oder die gleiche Menge Bier für 80 Cent.

Gegenüber der Therme erstreckt sich ein neuer großer Parkplatz (**GPS:** N 45° 45' 35.4" E 15° 03' 24.3"). Für einen kurzen Aufenthalt ist das sonnige Areal sehr praktisch. Ein Teil des Platzes ist allerdings mit einem WOMO-Verbot belegt. Will man länger verweilen, empfiehlt sich das Camp unterhalb des Parkplatzes. Zwischen Fichtenhecken findet jeder sein eigenes Kabäuschen, es gibt eine kleine Liegewiese, und ein munteres Bächlein zieht glucksend vorbei.

---

(115) WOMO-Campingplatz-Tipp: „Kamp Dolenjske Toplice" in Dolenjske Toplice

GPS: N 45° 45' 31.8" E 15° 03' 17.6"   **Öffnungszeit:** 01.05.-30.09.
Ausstattung/Lage: Thermalbad, Restaurant und Geschäft nahebei, viel Schatten / Ortsrand.
Zufahrt: In die schmale Straße vor dem Parkplatz links abbiegen, noch 200 m.

WOMO-Wandertipp: Kurortwald

Der **Kurortwald** ist ein mehrere Hektar großes Mischwaldgebiet, welches sich gleich nach dem Campingplatz erstreckt. Einfache Wanderwege sowie ein **Jogging**-Pfad durchkreuzen den dunklen Tann in verschiedene Richtungen. Großer Anstrengungen bedarf es dabei nicht. Wer dennoch meint, seinen Tatendrang mit einem kühlen Bier belohnen zu müssen, dem sei die „**Grüne Kathedrale**" empfohlen. Das ist ein **Picknickplatz** auf einer Waldlichtung mit großer Feuerstelle, vielen schattigen Sitzplätzen und Getränkeausschank. Bewirtschaftet ist die „Kathedrale" meist nur am Wochenende.

Verlässt man DOLENJSKE TOPLICE in Richtung ČRNOMELJ erreicht man die nur 2 km entfernte Ortschaft PODTURN. Biegt man hier rechts ab in Richtung LJUBLJANA, so gelangt man kurz danach zum Abzweig nach **Baza 20** (gute Straße, 12% Steigung). Es handelt sich hierbei um ein ehemaliges **Partisanenlager**. Der dazugehörende Parkplatz ist nach ca. 6 km erreicht. Von hier aus führt ein Wanderweg den Hügel hinan. Für die rund 500 m bis zur im Wald versteckten Baracken-

Partisanenlager Baza 20

siedlung benötigt man etwa eine viertel Stunde. Der Zustand der Holzhütten lässt ein wenig zu wünschen übrig, doch interessant ist dieser Ausflug allemal. Was mag wohl damals in den Männern, die sich hier verborgen hielten, vorgegangen sein?

Auf dem Weg vom Parkplatz nach **Baza 20** folgt bald der Hinweis **Bunker 44**. Den zehnminütigen Weg dorthin kann man sich sparen. Von der Anlage sind nur noch zwei mit Ästen und dünnen Stämmen abgedeckte Erdlöcher zu sehen.

„Die letzten zwei Verbliebenen"...

(116) WOMO-Wanderparkplatz: Baza 20
GPS: N 45° 41' 48.3" E 15° 02' 56.5" **max. WOMOs:** 10
Ausstattung/Lage: Teilweise Beleuchtung / außerorts.
Zufahrt: In Podturn den Hinweisen „Baza 20" folgen, noch ca. 6 km.

Am Parkplatz stehen ein verwaistes Restaurant und ein ebensolches Kassenhaus. Der Obolus von 4 EUR für die Besichtigung des Barackenlagers wird wohl nicht mehr eingefordert.

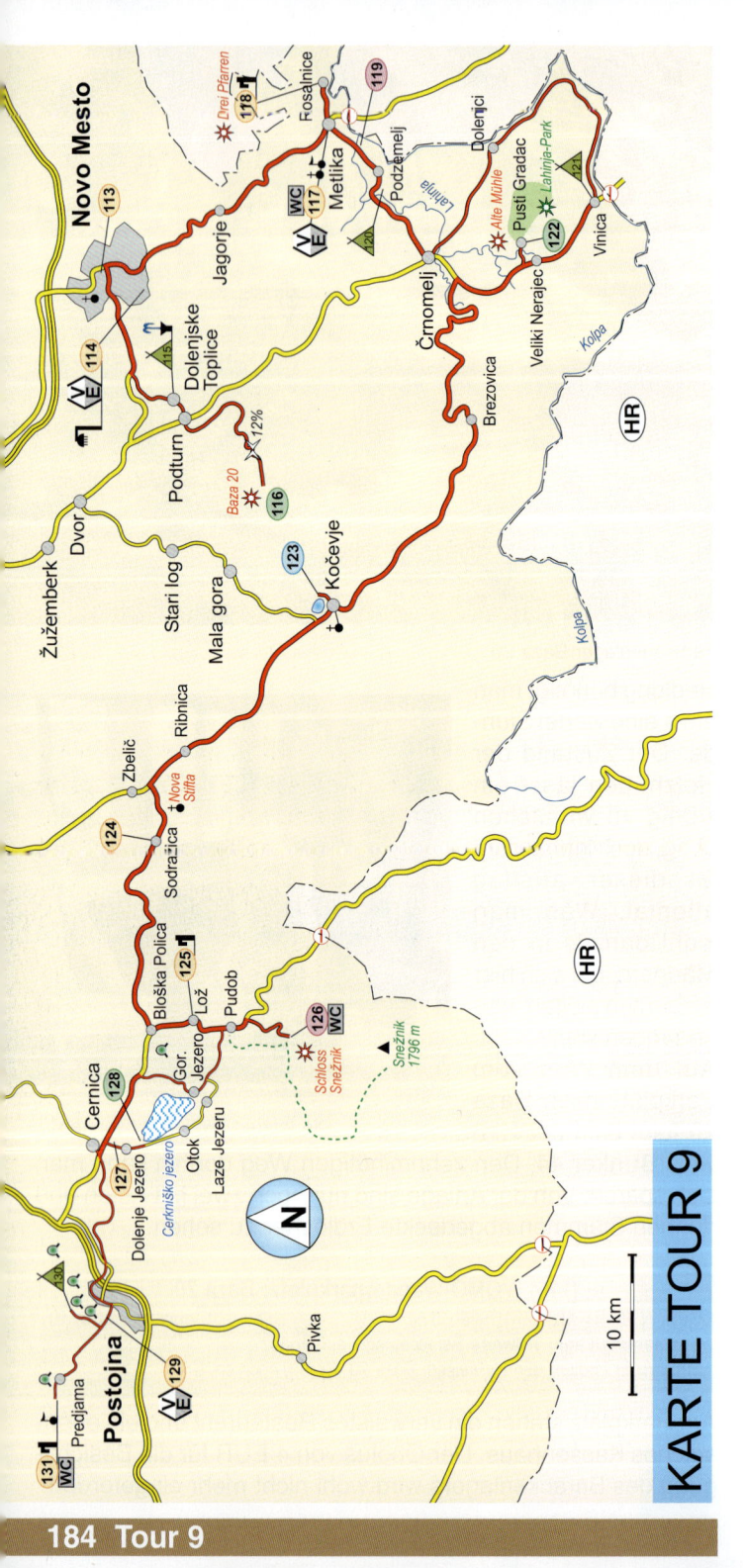

Tour 9 (275 km / 5-6 Tage)

Dolenjske Toplice - Novo Mesto - Metlika - Črnomelj - Vinica - Kočevje - Ribnica - Cerknica - Postojna - Predjamski grad

Freies Übernachten:	In Metlika, in Rosalnice, nahe Primostek, in Pusti Gradac bei Kočevje, in Sodražica, in Lož, bei der Burg Snežnik, nahe Cerknica, in Postojna und beim Schloss Predjama.
Campingplätze:	„Kolpa" nahe Pozdemelj, „Katra" in Vinica und „Pivka Jama" bei Postojna.
Besichtigen:	Ortskern in Metlika, Drei Pfarren in Rosalnice, Naturpark Lahinja, Ortskern von Kočevje, Schloss Snežnik, den Cerkniško-See, Höhle von Postojna und Schloss Predjama.
Wandern:	Im Naturpark Lahinja, bei Schloss Snežnik und am Cerkniško-See.
Radfahren:	In der Gegend um Vinica und am Cerkniško-See.
Baden:	In der Kolpa bei Pozdemelj sowie in Vinica und im See bei Kočevje.

Diese Tour führt uns durch den Süden des Landes. Doch zunächst einmal rollen wir von DOLENJSKE TOPLICE nach NOVO MESTO zurück und orientieren uns hier in Richtung METLIKA. Der Verkehr ist heftig, die Ausschilderung aber gut! Das freut den Reisenden, denn das wir nicht immer so. Bald hat uns die freie Natur wieder, und die zeigt sich von ihrer schönen Seite. Die Landschaft ist hügelig und bewaldet. Allmählich werden die Hügel zu Bergen und die teilweise recht raue Straße sucht sich in vielen Kurven ihren Weg. Kleinere Ortschaften tauchen auf und verschwinden wieder. Ab und zu erhalten wir weite Ausblicke über das Land und freuen uns über den grünen Dschungel, der mit Farben vom zarten Gelbgrün bis hin zu einem kräftigen Schwarzgrün alle Register zieht. In SUHOR thront

Die Burg von Metlika

Wälder und Höhlen

eine ockerfarbene Kirche mit zwei Türmen auf einer Anhöhe, die einen wahrlich erhabenen Eindruck vermittelt. Jetzt künden zahlreiche Weingärten bereits die Nähe METLIKAS an. Nach 39 km laufen wir in dem Städtchen einen zentralen Parkplatz an und gehen auf Erkundungstour. METLIKA ist stolz auf seine frisch renovierte **Burg**, die gleich **zwei Museen** und

Metlika: Im Burgmuseum

ein Info-Büro beherbergt. Zum einen lernt man die **Geschichte Bela Krajinas** (das ist der Name dieses Landstrichs) kennen, zum anderen bekommt man im **Feuerwehrmuseum** alte Spritzen und Gerätschaften präsentiert. Besucher sind täglich zwischen 09.00 und 17.00 Uhr willkommen, sonntags nur von 10.00-14.00 Uhr, Eintritt Erwachsene 4 EUR, Kinder 3 EUR. Vor der Burg stehen in einem winzigen Park etliche **Büsten** und ein **Denkmal**, das wohl aus sozialistischen Zeiten übrig geblieben ist.

Schlendert man die Straße noch ein Stück weiter, so gelangt man - vorbei an einem irischen Pub - zur **Nikolaus-Kirche** mit ihrem reich geschmückten Altar. Am Ende der Gasse steht ein **ehemaliges Kloster**, gegenüber entdecken wir das örtliche Alters-

Auslage in Metlika

heim. Die Bänke davor sind mit Senioren belegt, die gerade eine slowenische Weise angestimmt haben - ein anrührendes Bild!
Leider hat der Charme des Ortes in letzter Zeit gelitten. So manches Eck wünschte man sich gepflegter und auch der Geschäfteleerstand hat beängstigte Ausmaße angenommen. Nichts desto trotz gibt es einen schönen offiziellen Stellplatz und zwar im Hof eines Garni-Hotels. Der Preis für 2 Personen und ein WOMO beträgt 15 EUR (zuzüglich Kurtaxe).

---

(117) WOMO-Stellplatz: Dependensa Pri Belokranjcu
GPS: N 45° 38' 47.9" E 15° 19' 03.9"   **max. WOMOs:** 3
Ausstattung/Lage: VE-Station, Strom, Toilette, Beleuchtung, Spüle, Gaststätten und Geschäfte in der Nähe / im Ort.
Zufahrt: Vom ersten Kreisverkehr am Ortsanfang die zweite Ausfahrt nehmen, dann 1,1 km bis zur Ampel fahren hier links abbiegen und danach gleich rechts (gelbes Haus mit Aufschrift „Sobe Rooms").

2,9 km außerhalb von METLIKA liegt der **Wallfahrtsort** RO-SALNICE. Um dorthin zu gelangen, biegt man noch vor dem Ortsende links ab, passiert bald ein großes Werk und quert dann eine Bahnlinie. Nach den Schienen halten wir uns links und erreichen kurz darauf die „**Drei Pfarren**". Einträchtig stehen hier drei Kirchen nebeneinander, um die sich ein gemeinschaftlicher Friedhof gruppiert. Vor diesem Kleinod gibt es einen kleinen schattigen Parkplatz, dahinter einen größeren sonnigen. An der Kirchenmauer sprudelt ein Wasserhahn.

Wallfahrtsort Rosalnice: Die „Drei Pfarren"

(118) WOMO-Stellplatz: Rosalnice

GPS: N 45° 39' 07.8" E 15° 20' 13.9" max. WOMOs: 5
Ausstattung/Lage: Wasserstelle, Gaststätte / Ortsrand.
Zufahrt: Vor dem Ortsende links abbiegen, an dem großen Werk vorbeifahren, nach der Bahnlinie links.

Die „**Drei Pfarren**" gehen in ihren Ursprüngen auf das 12. Jahrhundert zurück und vereinen Gotik und Barock. Die Innenausstattung ist prachtvoll, vor allem die Altäre sind reich geschmückt. Besichtigung nur nach Absprache (Touristeninfo Metlika) möglich.

ČRNOMELJ ist der nächste Anlaufpunkt. Noch zuvor, kurz nach der Ortschaft PRIMOSTEK, zweigt links ein Sträßchen in Richtung OTOK ab. Auf einer Wiese bei einem kleinen Wäldchen hat ein altes Flugzeug seine letzte Ruhestätte gefunden. Das Gelände wird als Picknickplatz benutzt und kann auch Wohnmobilisten als Bleibe dienen.

(119) WOMO-Picknickplatz: „Fliegerruhe"

GPS: N 45° 37' 08.3" E 15° 17' 25.1" max. WOMOs: 7
Ausstattung/Lage: Flugzeugveteran, Tische, Bänke, Mülleimer / außerorts.
Zufahrt: In Richtung Otok abbiegen, noch 300 m.

Wir touren weiter und entdecken nahe PODZEMELJ ein Hinweisschild zu einem **Campingplatz**. Der Platz liegt lauschig im Grünen am Kolpaufer, eine Gaststätte ist angeschlossen. Der Blick auf den Fluss ist herrlich. Ein Fleckchen wie geschaffen zum Faulenzen. Die offiziellen Öffnungszeiten sind nicht immer für bare Münze zu nehmen. Wenn bei (längerem) Schlechtwetter keine Gäste kommen, lässt man schon mal den Laden geschlossen! Im Gegenzug kann in der Hochsaison aber auch großer Andrang herrschen.

> **(120) WOMO-Campingplatz-Tipp: „Kolpa" nahe Pozdemelj**
> **GPS:** N 45° 36' 17.8" E 15° 16' 32.2"   **Öffnungszeit:** Ca. 15.05.-15.09.
> **Ausstattung/Lage:** Gaststätte, Spielplatz, Flusslage, reichlich Schatten / außerorts.
> **Zufahrt:** Ca. 300 m nach dem Ortsende von Pozdemelj links abbiegen noch 100 m.

Auf recht ordentlicher und nicht mehr so kurvenreicher Straße erreichen wir schließlich ČRNOMELJ. Am Ortsanfang gibt es einige Geschäfte und Tankmöglichkeiten. Ansonsten lohnt sich ein Zwischenstopp kaum. Die Stadt wirkt ziemlich gammelig und bietet nichts

Das Gasthaus an der Kolpa

wirklich Sehenswertes. Wir orientieren uns in Richtung ADLEŠIČI und bummeln gemütlich durch die Landschaft. Nach DOLENJCI zeigen sich erste Anfänge des Karsts - zumindest treten hin und wieder felsige Elemente hervor. In groben Zügen folgt die Straße jetzt dem Flusslauf der **Kolpa**. Zu sehen ist das Gewässer aber erst kurz vor VINICA, bis dahin versteckt es sich im Grünen. 30 km nach ČRNOMELJ laufen wir in VINICA ein. Das Stadtbild ist freundlich, doch ohne große Attraktionen. Am Kolpaufer gibt es einen Campingplatz, dessen Lage günstig für Ausflüge in die Umgebung ist, die relativ wenig befahrenen Straßen des Landstriches bieten sich auch für Radtouren an.

> **(121) WOMO-Campingplatz-Tipp: „Katra" in Vinica**
> **GPS:** N 45° 27' 31.6" E 15° 15' 09.6"   **Öffnungszeit:** 01.05.-15.09.
> **Ausstattung/Lage:** Gaststätte, Geschäft 500 m, Bademöglichkeit in der Kolpa, teilweise schattig / Ortsrand.
> **Zufahrt:** Vor der kroatischen Grenze links abbiegen, noch 500 m.

Dem Campingplatz „Katra" folgen noch zwei weitere Plätze. Von VINICA aus wählen wir die Alternativstrecke in Richtung ČRNOMELJ und fahren bis VELIKI NERAJEC. Die Ortschaft liegt am Rande des **Nationalparks Lahinja**, der mit ca. 200 Hektar recht stattlich ausfällt. In einem Informationszentrum erfährt man allerlei Wissenswertes und kann auch Kutschfahrten buchen.

Kurz nach VELIKI NERAJEC zweigt rechts eine Stichstraße nach PUSTI GRADAC ab. Das winzige Nest mit nur einer Handvoll Häuser bietet sich als Sprungbrett in den wunderschönen **Lahinja-Park** mit seinen stillen Wäldern, geheimnis-

Der Nationalpark Lahinja - eine Oase des Friedens

vollen Sümpfen und verwachsenen Wasserarmen an. Hier gedeihen gefährdete Pflanzen, und er ist die Heimat seltener Vögel, wie beispielsweise Pirol, Eisvogel und Nachtigall. Leider bietet PUSTI GRADAC nur einen sehr kleinen Parkplatz in sonniger Lage für WOMOs von maximal 5-6 m Länge.

(122) WOMO-Wanderparkplatz: Pusti Gradac
GPS: N 45° 30' 59.3" E 15° 11' 40.6"   max. **WOMOs:** 2
Ausstattung/Lage: Mühle und Säge in der Nähe, Mülltonne / im Ort.
Zufahrt: Nach Veliki Nerajec rechts nach Pusti Gradac abbiegen, noch 1 km.

Kaum fünf Minuten zu Fuß benötigt man von hier um bis zu einem zauberhaften Fleckchen vorzudringen. An einer Schleife des **Lahinja** Flusses liegt ganz idyllisch eine alte **Mühle** mit angeschlossener **Sägerei**. Neben einem Privatgarten mit üppiger Blumenpracht steht erhöht eine hübsche **Kapelle**, von der aus der Blick auf die romantisch anmutende **Lahinja** besonders eindrucksvoll ist. Für 3,50 EUR bekommt man eine

Nur noch manchmal klappert die Mühle am rauschenden Bach...

kleine Führung, bei der auch die alte Säge in Aktion tritt. Der kurze Blick auf das Schatzkästchen hingegen ist gratis. Nahebei steht auf einem Wiesenflecken ein wunderbar in die Landschaft integriertes Plumpsklo - gepflegt und mit Herzchen in der Tür! Ebenso stehen zwei Kanus zum Verleih an, mit denen man auf Erkundungstour gehen kann. Die Betonung liegt auf zwei, man kann also in aller Ruhe durch den Zauberwald gleiten und mit sich alleine sein...

WOMO-Wandertipp: Naturpark Lahinja

Beginnend an einer Brücke nahe der Mühle führt ein Wanderweg hinein in den Park. Man kann sich dabei auf einen halbstündigen Rundweg beschränken oder aber weitere Ziele in Angriff nehmen (z.B. verschiedene Höhlen oder einen Einsturztrichter). Die Wege sind einfach zu bewältigen und verlaufen vorwiegend im Schatten. Eine Wanderskizze gibt es am Kassenhäuschen bei der Mühle.

KOČEVJE markiert das nächste wichtige Ziel dieser Tour. Vor ČRNOMELJ zweigen wir links ab und halten danach auf einen Berghang zu, auf dem eine erkleckliche Anzahl kleiner Häuser verstreut liegt. Bald darauf biegen wir nochmals links ab und folgen dem Hinweis nach KOČEVJE. In vielen Kurven zieht die Straße den Berg hoch und führt hinein ins **Poljanska-Gebirge**. Die Straßenränder sind gesäumt von bunt blühenden Sommerblumen. Gerade fuhren wir noch durch Felder und Weideland, das von Schafen bevölkert war, und schon tauchen wir ein in schier endlose Wälder. Hier leben noch Bären, Wölfe, Luchse und natürlich andere Waldtiere. Bisweilen passieren wir kleine Ortschaften, danach kurven wir wieder durch Laub- und Nadelwälder. Der Straßenzustand ist nicht der beste, aber auch nicht gerade zum Verzweifeln. Nach 60 km (von VINICA aus gemessen) erreichen wir KOČEVJE und damit das erste größere Städtchen. Es empfängt uns mit einer stattlichen **Kirche** (alte deutsche Inschriften im Altarraum) und bietet ein interessantes **Regionalmuseum**, welches die Geschichte der Region dokumentiert (Versammlung der Delegierten des slowenischen Volkes, das verlorene Kulturerbe der Gottscheer Deutschen, zahlreiche Bilder und Fotografien usw.). Geöffnet ist das Museum von Montag bis Freitag von 08.00-15.00 Uhr, samstags von 09.00-12.00 Uhr, am Sonntag ist geschlossen. Durch den Ort fließt das Flüsschen **Rinža**, das sich als hübsches Biotop mit Seerosen, Gräsern und Fröschen präsentiert. Nach der **Rinžabrücke** gibt es rechter Hand einen nicht allzu großen Parkplatz, von dem aus sich das Städtchen gut erkunden lässt.

Rundum nass: Der Badesee von Kočevje

Einen **Badesee** bietet KOČEVJE auch. Dieser liegt ein wenig außerhalb, schön eingebettet ins Grüne. Trauerweiden tauchen ihre langen Zweige ins Wasser. Am Ufersaum wachsen Gräser und Wiesenblumen. Wasserratten und Badenixen erhalten über einen Steg bequem Zugang zum kühlenden Nass. Bis dato konnte man mit dem WOMO direkt bis zum See fahren und dort auf einem großen Parkplatz mit vielen Schatten spendenden Bäumen stehen. Vermutlich wird das nicht so bleiben, da nun kurz zuvor ein großes Gelände für WOMOs ausgewiesen wurde. Bei unserer letzten Recherche (Mai 2016) waren noch nicht alle Arbeiten auf diesem offiziellen Platz abgeschlossen. Auf jeden Fall gibt es neben den üblichen Einrichtungen sogar ein Sanitärhaus. Dieses war nicht

zugänglich, doch könnte es neben Toiletten auch Waschbecken und Duschen enthalten.
Der Aufenthalt ist auf zwei Tage begrenzt, Preise standen noch keine fest! Viel Licht, aber auch etwas Schatten bzw. eben nicht! Der Platz ist sehr sonnig und das Umfeld mit alten Häusern und einer Industrieanlage „gesegnet".

(123) WOMO-Badeplatz: PZA Jezero Camper Stop
GPS: N 45° 38' 39.3" E 14° 52' 16.0" **max. WOMOs:** 25
Ausstattung/Lage: VE-Station, teils Strom, Toiletten, Gasthaus gegenüber, kleine Bar in der Nähe / außerorts.
Zufahrt: Vom Zentrum in Kočevje den (meist) grünen Hinweisen „Rudniska Jezero" bzw. „PZA Jezero Camper Stop" folgen, kurz vor dem See links.

Nach KOČEVJE verlassen uns die dichten Wälder, das Tal weitet sich und der Straßenzustand bessert sich. Letzterer bleibt auch im weiteren Verlauf der Tour ordentlich - von kurzen Wegstücken einmal abgesehen. Wenige Kilometer nach RIBNICA biegen wir links in Richtung CERKNICA ab. Auf einer Anhöhe zur Linken thront die schöne **Kirche Nova Stifta** (Parkplatz mit Toilette). Eine Übernachtung hier kann durchaus in Betracht gezogen werden. Unsere Fahrt verläuft nun durch eine anmutige Landschaft, die durch Felder, Wiesen und Wälder geprägt ist - eine gelungene Komposition von Mutter Natur. In SODRAŽICA entdecken wir bei der Kirche einen kleinen praktischen Stellplatz.

(124) WOMO-Stellplatz: Sodražica
GPS: N 45° 45' 37.5" E 14° 38' 15.8" **max. WOMOs:** 2
Ausstattung/Lage: Mülltonnen, Geschäft und Gaststätte in der Nähe / im Ort.
Zufahrt: Von der Hauptstraße zur Kirche hin abbiegen, noch 200 m (Hinweis Izver/Liftsymbol).

Etwas später, in BLOŠKA POLICA, zweigen wir links ab und folgen den braunen Hinweisen zum **Schloss Snežnik**, das noch gut 10 km auf sich warten lässt. Ungefähr einen Kilometer nach der Abzweigung erspähen wir ein Schild, welches auf die **Križna jama** aufmerksam macht. Diese Höhle ist allerdings nur sonntags geöffnet.
Bald darauf, in LOŽ, gibt es einen praktischen Stellplatz bei der Kirche.

(125) WOMO-Stellplatz: Lož
GPS: N 45° 43' 44.0" E 14° 28' 28.5" **max. WOMOs:** 2
Ausstattung/Lage: Wasser, Mülltonnen, Gaststätte ca. 800 m / Ortsrand.
Zufahrt: Am Ortsanfang scharf rechts zur Kirche abbiegen, noch ca. 300 m.

Schloss Snežnik verbirgt sich in einem kleinen Wald und gilt als eines der besterhaltenen Sloweniens. Durch eine heimeli-

Schloss Snežnik - ein Schatzkästchen

ge Allee nähern wir uns dem prachtvollen Gebäude und stellen unser WOMO anschließend im Schatten alter Baumriesen ab.

(126) WOMO-Picknickplatz: Snežnik
GPS: N 45° 40' 58.3" E 14° 28' 10.2" **max. WOMOs:** 8
Ausstattung/Lage: Toilette, Mülltonne, Tisch, Bänke, Spielplatz, kleine Schänke und Museum / außerorts.
Zufahrt: Direkt am Schloss.

Der idyllische **Schlossgraben** und ein doppelter **Torbogen**, über den man in die „heiligen Hallen" vordringen kann, verleihen der Festung einen romantischen Touch. Im Inneren finden wir stilvolles, **antikes Mobiliar**, einen Raum mit **ägyptischen Gegenständen** und eine **Kunstgalerie**. Eine Besichtigung ist möglich und zwar vom 15. April bis einschließlich Ende Oktober (Mittwoch, Donnerstag und Freitag von 10.00-12.00 Uhr und von 15.00-18.00 Uhr, Samstag und Sonntag von 10.00-18.00 Uhr, Führung zur vollen Stunde, Eintritt 4,50 EUR). In einem Nebengebäude sind zwei Museen untergebracht, ein **Jagdmuseum** mit Trophäen und ein weiteres Museum, das ausgiebig das Leben und Wirken des **Siebenschläfers** behandelt. Hier können Sie Dinge erfahren, die Sie vielleicht gar nicht wissen wollten?! (Geöffnet täglich von 10.00-13.00 Uhr und 15.00-19.00 Uhr, Eintritt 3 EUR)

An **Schloss Snežnik** vorbei verläuft der **Europa-Wanderweg E 6**. Wer dessen Spur aufnimmt, kann den in der Nähe gele-

genen, fast 1800 m hohen **Berg Snežnik** erstürmen. Die engere Umgebung lädt zu angenehmen Spaziergängen ein - werfen Sie doch mal einen Blick auf die eigenartigen **Steinfiguren** im Schlosspark (Schweine, Frösche, Affen)!
Auf gleicher Strecke rollen wir bis PUDOB zurück. Nach der kleinen Ortschaft biegen wir links in Richtung GOR. JEZERO ab. Das Sträßchen führt zu einem geheimnisvollen See - dem **Cerkniško jezero**. Im Sommer verschwindet das Gewässer fast ganz, zurück bleiben nur riesige Schilfsümpfe, die von kleineren Wasseradern durchzogen werden. In der regenreichen Jahreszeit beginnt das Wasser aus dem Boden zu sprudeln - gespeist durch einen unterirdischen Fluss - der See füllt sich wieder und wächst bis zu einer Größe von 40 km² an.

Der geheimnisvolle Cerkniško-See

Der mystische See ließ sich linksseitig über LAZE JEZERU und OTOK auf einer gepflegten Schotterstraße umrunden. Diese ist jetzt für den öffentlichen Verkehr gesperrt - sowie es aussieht auf Dauer! Das muss man aber nicht bedauerlich finden, denn man fährt auf der rechten Seite über GORENJE JEZERO und ZEROVNICA viel bequemer weiter nach CERKNICA (Teerstraße). Vor der Brücke biegen wir links ab (braunes Schild **Cerkniško jezero**), und schon nach 500 m entdecken wir einen relativ großen Parkplatz beim Friedhof des Ortes. Von hier aus gelangt man schnell in nur wenigen Minuten zum Zentrum.

(127) WOMO-Stellplatz: Cerknica
GPS: N 45° 47' 24.5" E 14° 21' 41.8"   max. **WOMOs:** 5
Ausstattung/Lage: Beleuchtung, Mülleimer, Gaststätten und Geschäfte ca. 500 m / Ortsrand.
Zufahrt: In Cerknica vor der Brücke links abbiegen (Hinweis Cerkniško jezero), noch 500 m, hier links.

Folgt man dem Straßenverlauf weiter, erreicht man bald darauf DOLENJE JEZERO. Wir durchfahren das Dörfchen in gerader Linie und biegen schon kurz darauf links in einen riesigen Parkplatz ein. An dessen oberen Ende empfängt das

Wälder und Höhlen 195

Der Steinkreis beim See-Museum

See-Museum täglich seine Besucher und zwar von 10.00-21.00 Uhr, nur am Samstag öffnet man erst um 15.00 Uhr. Der Eintritt ist frei.

> **(128) WOMO-Wanderparkplatz: Cerkniško jezero**
> GPS: N 45° 46' 23,2" E 14° 21' 27.2"   max. WOMOs: 15
> **Ausstattung/Lage:** Beleuchtung, Seemuseum, Mülleimer / außerorts.
> **Zufahrt:** In Cerknica vor der Brücke links abbiegen (Hinweis Cerkniško jezero), noch 1,8 km fahren, dann links einbiegen.

Die Gegend bietet sich für Wanderungen und Radausflüge an. Neben interessanter Flora und Fauna kann man auch zahlreiche, oft bunte Bienenstöcke bewundern.

Um nach POSTOJNA zu kommen, fährt man entweder auf einer geteerten Straße über RAKEK und UNEC oder auf einer gepflegten Schotterstraße durch das **Wandergebiet Rakov Skocjani**, welches mit ausgedehnten Wäldern, Schluchten und Naturbrücken lockt (Abzweig bei ZELSE links). In diesem Waldgebiet stehen etliche Parkplätze zur Verfügung, die auch zum Übernachten geeignet sind.

Ca. 90 km nach KOČEVJE (inklusive aller Abstecher) trudeln wir schließlich in POSTOJNA ein. Der 8000-Seelen-Ort selbst bietet wenig Weltbewegendes, doch etwas außerhalb erwartet uns eine Sensation - die **Postojna jama** oder **Adelsberger Grotte**. Diese Höhle ist die größte Sloweniens (Länge ca. 20 km) und weltberühmt. Der Weg dahin ist gut ausgeschildert und Parkplätze gibt es reichlich. Möchte man nur für die

Zeit der Besichtigung parken, so wird man zur Zeit (das kann wechseln) auf den ersten Parkplatz linker Hand verwiesen. Um zu übernachten rollt man ein Stück weiter und fährt in den extra dafür ausgewiesenen Stellplatz auf der rechten Seite ein. Mit 20 EUR Gebühr stellt er allerdings nicht unbedingt ein Schnäppchen dar!

> **(129) WOMO-Stellplatz: Postojna Höhle**
> **GPS:** N 45° 46' 50.1" E 14° 12' 12.1" max. **WOMOs:** 15
> **Ausstattung/Lage:** VE-Station, Strom, Beleuchtung, Mülltonne / außerorts.
> **Zufahrt:** Von Postojna den Hinweisen zur Höhle (Postojnska jama) folgen.

Vor dem Eingangsbereich erstreckt sich ein kleiner Park mit Wasserflächen. Nahebei, in zahlreichen Buden und Kiosken, werden Andenken und allerlei Ramsch umgesetzt. Hat man sich schließlich zum Kassenhaus vorgearbeitet, wird man um 23 EUR pro Person (Kinder 18 EUR) erleichtert und darf jetzt hinein ins 8°C kalte Reich der Finsternis (Führung täglich von 09.00-18.00 Uhr, jeweils zur vollen Stunde).

Zunächst saust man mit einem Elektrozug ca. 2 km weit in den Berg hinein. Die Fahrt verläuft erstaunlich flott, die Felswände fliegen nur so vorbei - oft vermeintlich derart knapp, dass man unwillkürlich sein Haupt einzieht, um einem drohenden „Dachschaden" zu entgehen. Wir passieren mehrere Säle und staunen über die Pracht der **Stalagmiten** und **Stalaktiten**, die wunderbar durch eine geschickte Beleuchtung in Szene gesetzt werden. Einen großen Raum, den sog. **Kongresssaal**, erleuchten sogar schwere Kronleuchter. Der **Gro-**

In den Höhlen von Postojna

ße Berg ist die Endstation des wilden Bähnchens, jetzt geht es - sprachlich getrennt - zu Fuß weiter. Die Länge dieses Rundkurses beträgt ca. 1,5 km, die Wege sind sehr besucherfreundlich, fast kann man sagen perfekt ausgebaut! Durch eine große luftige Halle mit einem wahren Stalaktiten-Wald stapfen wir los, berühren bald kleinere, aber nicht minder interessante Räume mit kunstvoll illuminierten Tropfsteinformationen. Über die **Russische Brücke** gelangen wir in die **Schönen Höhlen**. Das ist der Tiefpunkt - doch nur geographisch gesehen! Ganze Vorhänge bunter Stalaktiten hängen von der Decke herab und erstaunen die Besucher. Bald kommen wir in die **Winterhalle** und damit vorbei am **Brillanten**. Dieser helle, leuchtende Stein, auch Diamant genannt, ist das Symbol der Höhle. Danach werden wir einigen **Grottenolmen** vorgestellt. Diese bleichen Gesellen sind in einem Bassin untergebracht und

müssen die Störung durch Touristen erdulden. Die lurchähnlichen Tierchen sind blind und Licht ist ihnen unangenehm. Nach einigen Wochen ihres „Schaustellerdaseins" werden sie aber wieder in die dunkle Höhlenfreiheit entlassen, und neue Menschenfische - so eine andere Bezeichnung für die Burschen - müssen eine Zeitlang die Neugier der Besucher befriedigen. Der Kreis schließt sich langsam wieder. Zum Schluss dürfen wir einen großen Saal bestaunen, der über eine hervorragende Akustik verfügt - den **Konzertsaal**. Bisweilen werden hier Konzerte abgehalten; Platz ist für einige Tausend Zuhörer vorhanden! Schließlich besteigen wir das Züglein, brausen noch einmal durchs Grotten-Labyrinth und erblicken wieder das Licht der Welt.
Etwa 4 km beträgt die Wegstrecke von der Höhle bis zu ei-

nem gut ausgestatteten Campingplatz in landschaftlich sehr reizvoller Lage.

> **(130) WOMO-Campingplatz-Tipp: „Pivka Jama" bei Postojna**
> **GPS:** N 45° 48' 18.0" E 14° 12' 11.8"   **Öffnungszeit:** Ganzjährig
> **Ausstattung/Lage:** Geschäft, Restaurant, Swimmingpool, viel Schatten, zum Zentrum ca. 5 km / außerorts.
> **Zufahrt:** Gut ausgeschildert.

Direkt am Platz befindet sich der Eingang zur **Pivka jama**, die mit der **Črna jama** verbunden ist. Dazu steigt man recht spektakulär über steinerne Treppen auf den Grund eines tiefen Trichters hinab. Mittels eines Führers kann man das etwa 4 km lange Höhlensystem mit seinen zwei Seen kennenlernen (Führung dreimal täglich, Eintritt 9 EUR).

Ein ganz besonderes Schmuckstück haben wir uns für das Ende dieser Tour aufgehoben. Von POSTOJNA führt eine ca.

Museum für bäuerliche Fuhrwerke

11 km lange Stichstraße hinaus in eine anmutige Hügel- und Berglandschaft. Unterwegs stoßen wir auf einen jener traditionellen **Heuharfenstadel**, der auch ein kleines **Museum** mit **bäuerlichen Fuhrwerken** beherbergt. Am Ende der Stichstraße empfängt uns ein uriges Schloss, welches in eine Felshöhle hineingebaut ist und einen äußerst trutzigen Eindruck hinterlässt. **Predjamski Grad** lautet der Name des verwegenen Bauwerks, und eine Besichtigung gestaltet sich sehr interessant (Eintritt: Erwachsene 9 EUR, Kinder 5,50 EUR). Ohne Führer kann man in Ruhe die vielen Räume durchstreifen und

Das sagenumwobene Schloss Predjamski

z.B. den **Thronsaal**, einen **Wappenraum**, eine **Kapelle**, verschiedene Rüstungen, Waffen usw. in Augenschein nehmen. Gruselig ist es in einer **Folterkammer**, man kann die Schrecken und Leiden nachvollziehen - dafür genießt man anschließend den Blick von der Burgterrasse in die Freiheit doppelt! Der höchste Punkt unseres Rundganges führt uns bis hinauf in die **Felsenhöhle**, die das Schloss zu beschützen scheint.

Ja so warns, die alten Rittersleut...

In dieser Grotte briet schon einst der Raubritter Erasmus ganze Ochsen. Erazem, wie er im Slowenischen genannt wird, lebte im 14. Jahrhundert und war eine Art Robin Hood. Er nahm es den Reichen, gab es den Armen und vergaß sich selbst dabei auch nicht.

Kaiser Friedrich III war das ein Dorn im Auge. Die Burg zeigte sich uneinnehmbar und so belagerte er die Festung fast ein Jahr lang, um Erasmus auszuhungern. Doch dieser konnte durch einen Geheimgang gehen und kommen wann er wollte und somit Nachschub nach Belieben besorgen. Er verhöhnte seine Belagerer, indem er gebratenes Ochsenfleisch und frische Kirschen auf sie herunterwarf. Durch den Verrat eines Dieners fand Erasmus dennoch ein schlimmes Ende. Der Bedienstete markierte mit einer Kerze just jene Stelle, die auch der Kaiser zu Fuß aufsucht. Gerade als sich der freche Raubritter zu seinem „Geschäft" niederließ, traf ihn eine große, steinerne Kugel - abgeschossen von den Belagerern. Und so hauchte Erasmus sein Leben aus, noch bevor er vollendete, was er begonnen hatte...

Unterhalb des Schlosses befindet sich eine weitere **Höhle**. Führungen gibt es mehrmals täglich - Dauer ca. 40 Minuten. Elektrisches Licht ist in der Grotte nicht vorhanden, doch ein Jeder erhält eine Taschenlampe. Festes Schuhwerk ist ebenso vonnöten. Der Eintrittspreis pro Hobby-Höhlenforscher beträgt 6 EUR.

Wege durch die Unterwelt

Last but not least: Nahe der **Predjamski Grad** liegen mehrere Parkplätze (größtenteils sonnig) in Etagen übereinander und laden zum Übernachten ein.

---

(131) WOMO-Stellplatz: Schloss Predjamski
GPS: N 45° 48' 51.1" E 14° 07' 42.0"   max. WOMOs: 5
Ausstattung/Lage: Gaststätte, Toilette, Wasser (oberhalb an einer Hauswand), Mülltonnen / außerorts.
Zufahrt: Am Ende der Stichstraße.

Wälder und Höhlen 201

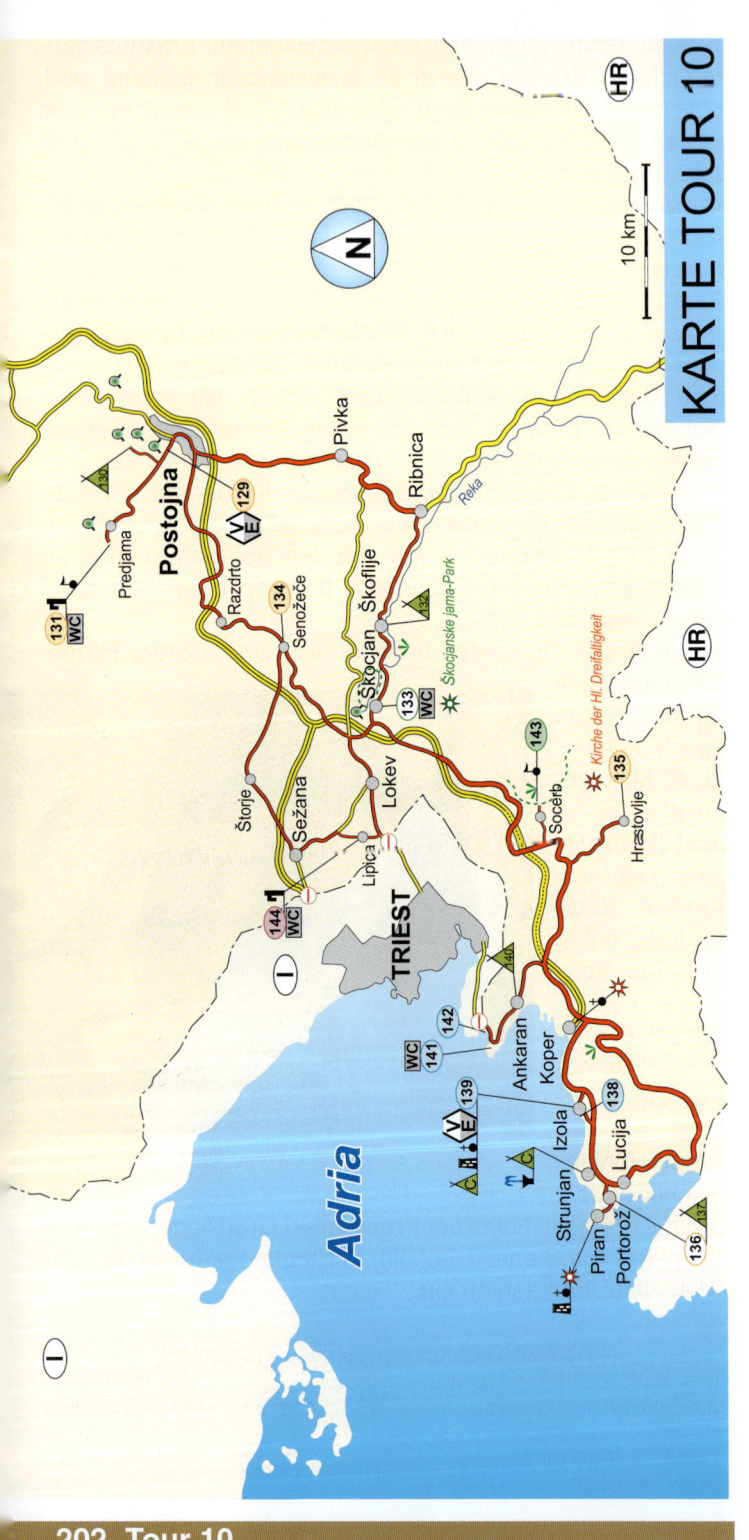

Tour 10 (265 km / 6-7 Tage)

Predjamski grad - Postojna - Pivka - Škocjan - Hrastovlje - Portorož - Piran - Izola - Koper - Ankaran - Lipica - Sežana - Postojna

Freies Übernachten:	In Senožeče, in Hrastovlje, in Portorož, in Izola, nahe Ankaran, bei der Burg Socerb, in Lipica und in Postojna bzw. Predjamski grad.
Campingplätze:	„Dujčeva domačija" in Škoflije, „Avtokamp Lucija" in Portorož, „Adria" in Ankaran, „Pivka jama" in Postojna.
Besichtigen:	Die Höhle von Škocjan, die Kirche von Hrastovlje, die Ortskerne von Piran, Izola und Koper, die Burg Socerb (bzw. die Aussicht), das Gestüt von Lipica.
Wandern:	In der Umgebung von Škocjan und bei der Burg Socerb.
Radfahren:	Auf den Nebenstraßen bei Lipica.
Baden:	An vielen Stellen entlang der Küste.

Auf dieser Tour nehmen wir u.a. den immerhin fast 50 km langen Küstenabschnitt unter die Lupe und berichten Ihnen unsere Erfahrungen. Ein Spaßvogel errechnete mal, jedem Slowenen stehen 20 mm Meeresufer zu. Kommen dann noch ein paar Touristen hinzu, wird es so richtig eng.

Über POSTOJNA fahren wir zunächst in Großrichtung RIJEKA, verlassen diese vielbefahrene Strecke aber bereits ein Stück nach PIVKA wieder (schöner Picknickplatz rechter Hand nach der Ortschaft). In RIBNICA orientieren wir uns rechts und folgen den Hinweisen nach DIVAČA bzw. **Škocjanske jama-Park**. Die Fahrt geht flott voran, die Straße ist gut ausgebaut und teilweise frisch geteert. Wir passieren einige kleine Dörfer. Nach ca. 10 km erreichen wir ŠKOFLJE. Hier gibt es einen Campingplatz mit einer steilen und relativ engen Abfahrt zu den Stellplätzen, die auf einer naturbelassenen Wiese liegen (nur wenige Stromanschlüsse). Laut Lesermitteilung trübte zuvor eine schmuddelige Sanitäranlage den Spaß, die aber jetzt einer neuen gepflegteren

Škocjanske jama: Unterirdische Schätze

gewichen ist. Das Camp befindet sich ca. 3,4 km von der Škocjanhöhle entfernt, auf deren Parkplatz nicht mehr übernachtet werden darf. Die Unterwelt mitsamt ihren Anlagen liegt in einem Naturschutzgebiet, daher die strenge Regelung.

> **(132) WOMO-Campingplatz-Tipp: Dujčeva domačija in Škoflije**
> **GPS:** N 45° 39' 17.6" E 14° 01' 30.3"   **Öffnungszeit:** 01.05.-31.10.
> **Ausstattung/Lage:** Kleines Geschäft nahebei, sonnig / Ortsrand.
> **Zufahrt:** Am Ortsende links, beschildert.

Kurz darauf laufen wir auf dem schön gelegenen und teilweise schattigen Parkplatz der Škocjanhöhle ein.

> **(133) WOMO-Wanderparkplatz: Škocjanske jama**
> **GPS:** N 45° 39' 45.8" E 13° 59' 20.2"   max. **WOMOs:** 5
> **Ausstattung/Lage:** Gaststätte, Kiosk, Toilette, Mülleimer / außerorts.
> **Zufahrt:** Den Schildern Škocjanske jama-Park folgen.

Führungen durch das Labyrinth der Unterwelt finden mehrmals täglich statt (Eintritt Erwachsene 16 EUR, Rentner 12 EUR, Kinder 7,50 EUR). Um es vorweg zu nehmen, diese Höhle ist das Beeindruckendste, was wir jemals auf diesem Sektor erlebt haben! Zunächst bedarf es eines Fußmarsches von etwa einer Viertelstunde von der Kasse bis zum Eingang in die Grotte. Über einen 130 m langen, künstlich gegrabenen Stollen dringen wir in die **Stillen Höhlen** vor. In mehreren, unterschiedlich großen Sälen entdecken wir schöne Tropfsteinformationen, u.a. auch eine **steinerne Orgel**, die bei Anklopfen der Orgelpfeifen recht melodische Töne hervorbringt. Bis hierher kann man den Ausflug ins Berginnere in die Kategorie „recht nett" einstufen, doch jetzt folgt der Clou! Wir nähern uns den **Rauschenden Höhlen**. Vor uns öffnet sich eine riesige, mehrere hundert Meter lange und stattlich breite Halle, deren Höhe gigantische 100 m misst. Tief unten, am Grunde dieses wilden Canyons, tost der **Fluss Reka** und stürzt sich zudem in zwei Kaskaden über den Fels. Gischt wirbelt auf und Wasserdunst wabert durch die Lüfte. Die an verschiedenen Punkten angebrachten Lampen vermögen nicht den Raum zu erhellen, sie schaf-

Der Canyon mit der Hankelbrücke

fen vielmehr eine geheimnisvolle und gespenstische Stimmung. Unser Weg führt uns oben am Fels entlang, die Aussicht auf den Canyon ist atemberaubend. Schließlich überqueren wir diese bizarre, tiefe Schlucht auf der **Hankelbrücke** - und das in etwa 50 m Höhe über der Talsohle! Es beschleicht uns so ein Gefühl, als hätte man Grottenolme im Magen. Wir stiefeln weiter durch das Reich der Finsternis und gelangen zu einem Saal, der einige Tausend **Fledermäuse** beherbergt. Die kleinen „Vampire" begrüßen uns mit einem vielstimmigen Gefiepe. Am Ende unseres Rundganges durch den Hades bestaunen wir einen **versteinerten Wasserfall** und wunderschöne **Sinterterrassen**. Am Grund eines Einsturztrichters treten wir schließlich wieder ins Sonnenlicht hinaus und lassen uns von einer Standseilbahn nach oben befördert.

Der Weg durch die Höhle ist sicher und stabile Geländer schützen vor dem Abgrund. Die Strecke beträgt knapp 2,5 km, wobei insgesamt 300 Stufen zu bewältigen sind. Festes Schuhwerk und ein bisschen Kondition sind nicht von Nachteil. Die Temperatur in der Grotte beträgt 13°C, örtlich kann es auch wärmer sein.

Nach dem Höhlenbesuch empfiehlt sich ein Spaziergang zu einem schönen Aussichtspunkt. Man blickt auf das Dörfchen ŠKOCJAN, dessen Kirchlein erhaben in die Welt schaut. Weit über 100 m tiefer, in der **Großen Doline,** bricht der **Fluss Reka** aus dunklem Bergesschlund.

WOMO-Wandertipp: Lehrpfad Škocjan

Gehzeit: 2 Stunden   **Schwierigkeit:** Leicht   **Höhenunterschied:** 50 m
Strecke: Der oben erwähnte Spaziergang lässt sich noch ausdehnen. Ein Rundweg (Lehrpfad), dessen Ausgangspunkt das **Infogebäude** ist, führt über MATAVUN, ŠKOCJAN, BETANJA und dem bereits erwähnten Aussichtspunkt wieder zur Kasse/Infostelle zurück.
Der Wanderweg ist landschaftlich sehr reizvoll und bietet zudem 25 teils recht interessante Anlaufpunkte, wie etwa zwei kleine **Museen**, einen **Brunnen**, Biotope usw. Das Leitsymbol des Pfades ist ein recht schelmisch dreinblickender Wassertropfen - nett gemacht! Begutachtet man die Sehenswürdigkeiten nicht ganz so intensiv wie das von einem guten Touristen erwartet wird, so lässt sich die veranschlagte Zeit deutlich reduzieren!

Weiter geht`s! Bis zur Hauptstraße (**409**) ist es etwa ein Kilometer. Biegt man nun rechts ab, so gelangt man nach 9 km in das Dörfchen SENOŽEČE. Am Ortsende wirbt das Gostišče „Stari Grad" mit einem Schild „WOMO free" um Gäste. Bis hierher sind es gerade mal 10 km von der **Škocjanske jama**. Das sollte nach der Höhlenbesichtigung noch zu schaffen sein! Der Parkplatz liegt zwar, nur durch eine Hecke getrennt, an der Straße und ist daher nicht ganz so ruhig. Im hinteren Bereich gibt´s einen schmalen Wiesenstreifen, an dessen Rand steht man recht passabel.

---

(134) WOMO-Stellplatz: Gostišče Stari Grad
GPS: N 45° 43' 23.5" E 14° 02' 49.6"   **max. WOMOs:** 6
Ausstattung/Lage: Gaststätte, Mülleimer, Spielplatz / Ortsrand.
Zufahrt: Am Ortsende rechts.

Natürlich sollte bzw. muss man bei Inanspruchnahme des Platzes auch in der Gaststätte essen.
Biegt man an oben genannter Kreuzung links ab, geht es in Richtung KOPER. Damit es nicht langweilig wird, führt unser Weg mal links, mal rechts an der Autobahn vorbei. Wir passieren die kleine Stadt KOZINA und halten weiter auf KOPER zu. Bald fällt die Straße in einigen Kurven und Kehren kräftig bergab. Ein Stück danach zweigt links eine Straße in Richtung BUZET ab. Jetzt wollen wir Sie zu einem lohnenden Abstecher animieren, der nur ca. 10 Kilometer Umweg bedeutet. In

Die Wehrkirche von Hrastovlje

der abgelegenen Ortschaft HRASTOVLJE wacht stolz ein **Kirchlein**, das wie eine Burg von Mauern umgeben ist, über die wenigen Häuser. Musste man sich noch vor einiger Zeit durch eng zusammenstehende Häuser zwängen, so kann man jetzt auf eine bequeme Umfahrung zurückgreifen.

---

(135) WOMO-Stellplatz: Hrastovlje

GPS: N 45° 30' 33.9" E 13° 54' 02.5" max. WOMOs: 3
Ausstattung/Lage: Gaststätte nahebei, Mülltonne / im Ort.
Zufahrt: Am Ortsende links, unterhalb der Kirche.

Die **Kirche der Heiligen Dreifaltigkeit** stammt aus dem 12. Jahrhundert. Ende des 16. Jahrhunderts wurde die wehrhafte Mauer errichtet, um das Gotteshaus vor türkischen Angriffen zu schützen. Um 1500 malte **Johannes von Kastav** den Innenraum vollständig mit wundervollen, ausdrucksstarken Fres-

Der Totentanz in der Dreifaltigkeitskirche

ken aus und schuf damit eine „**Bibel für Arme**", für Menschen, die weder schreiben noch lesen konnten. U.a. stellen die Bilder die Schöpfungsgeschichte, die Vertreibung aus dem Paradies, den Leidensweg Christi und vieles mehr dar. Äußerst eindrucksvoll zeigt sich der Totentanz, der sich über einige Meter erstreckt. An Hand einer Kassette bekommt man alles Wissenswerte näher gebracht. Ist die Kirche verschlossen - was leicht der Fall sein kann - erhält man den **Schlüssel** im **Haus Nr. 50**. Der Eintritt beträgt 2 EUR.

Wir steuern KOPER an, und schon zuvor erhaschen wir einige spärliche Blicke auf das Meer. Eine intensivere Begegnung mit dem kühlen Nass schieben wir noch ein bisschen auf, denn bei der Ausfahrt SMARJE nehmen wir Kurs in Großrichtung PULA. Die Straße beschreibt einen Bogen ins Binnenland, schwingt sich die Hügelketten hinauf und bietet einen fantastischen Blick übers Land. Danach senkt sie sich wieder ab, schrammt an einer kroatischen Grenzstation vorbei, wo wir uns in Richtung KOPER/PIRAN orientieren. Nachdem wir einige Wein- und Obstgärten passiert haben, berühren wir eine zweite kroatische Grenze. Kurz danach taucht ein Privatflughafen und eine ausgedehnte Salinenlandschaft auf. Das Meer hat uns wieder!

Die Orte SEČA, LUCIJA und PORTOROŽ sind praktisch zu einer Einheit verwachsen. Wir folgen den Hinweisen PORTOROŽ/MARINA und finden vor der Marina rechts einen riesigen geschotterten und sonnigen Parkplatz. „Gratis" verkündet ein Schild, und etliche WOMOs haben dieses Angebot angenommen (unter Umständen Höhenbalken in der Saison, eventuelle Alternative ca. 400 m in Richtung Centrum, links bei den Fabrikhallen am Meer).

(136) WOMO-Stellplatz: Portorož Marina
GPS: N 45° 30' 16.8" E 13° 36' 02.0"   **max. WOMOs:** 8
Ausstattung/Lage: Gaststätten und Geschäfte nahebei, Strand ca. 1 km / im Ort.
Zufahrt: Vor der Marina rechts.

Auf der anderen Seite der Marina grenzt der große und teure Campingplatz „Lucija" an. Das Gelände ist recht hübsch, doch in der Hauptsaison hoffnungslos überfüllt - was sich auch bei der Sauberkeit bemerkbar macht. Der Platz ist eigentlich nicht

Betonierte Strände in Portorož

empfehlenswert, doch leider der einzige am Ort. Übrigens - die schon an der Durchgangsstraße angekündigte VE-Station bezieht sich auf den Campingplatz.

> **(137) WOMO-Campingplatz-Tipp: „Avtokamp Lucija" in Portorož**
> **GPS:** N 45° 30' 07.5" E 13° 36' 02.9" **Öffnungszeit:** 25.04.-30.09.
> **Ausstattung/Lage:** Restaurant, Geschäft, betonierte Strandflächen und Sandstrand, teilweise Schatten / im Ort.
> **Zufahrt:** An der Durchgangsstraße beschildert.

Weder vom Stell- noch vom Campingplatz darf man sich allzu besinnliche Ruhe erhoffen. Eine Go-cart-Bahn und ein Rummel mit allerlei Fahrgeschäften ganz in der Nähe sorgen für „hörbare Genüsse". PORTOROŽ ist insgesamt kein leiser Ort. Die Stadt wurde für den Tourismus aus dem Boden gestampft. Sie verfügt über zahlreiche Restaurants, Discos, Nachtclubs und ein Casino. Mit einem Schuss Bosheit formuliert: PORTOROŽ ist der Ballermann Sloweniens. Einzig ein paar alte Villen, die am hübschen begrünten Hang stehen, erinnern an andere, vergangene Zeiten. Zu besichtigen gibt es ein **Seefahrtsmuseum** in der **Villa San Marco** und einen **Skulpturengarten** (Forma Viva) auf der **Halbinsel Seča** neben dem Campingplatz.

Die Wegstrecke von der **Škocjanske jama** bis PORTOROŽ beträgt inklusive aller Abstecher ca. 72 km.

Schon 5 km später begrüßt uns PIRAN. Es ist wohl der schönste Ort der slowenischen Riviera und strahlt intensiv mediterranes Flair aus. Leider ist der Ort mittlerweile komplett für Wohn-

Perle an der Adria: Piran

Dunkle Grotten und viel Meer

mobile gesperrt. Will man die Schönheiten des Städtchens bewundern, so muss man auf andere Verkehrsmittel zurückgreifen. Lapidare Auskunft in der Touristeninfo: „Gehen Sie auf irgendeinen Camping und nehmen dann den Bus!" Unverschämt, nicht wahr?

Der Hauptplatz, der **Tartinijev trg** ist nach einem Sohn des Ortes, dem **Komponisten Tartini,** benannt. Sein **Denkmal** steht auf dem mit Marmorplatten ausgelegten Platz. Seitlich davon erhebt sich das **Venezianische Palais**, ein stattliches rotes Gebäude, das im frühen 15. Jahrhundert ein begüterter

Auf der Promenade in Piran

Venezianer seiner Geliebten bauen ließ. Lästerhaften Zungen nahm er mit einer Inschrift den Wind aus den Segeln. „Lassa pur dir" liest man da, übersetzt heißt das soviel wie „lass sie nur tratschen".

Spaziert man bei besagtem Palais die Gasse bergan, gelangt man zur **Kirche Sv. Jurij**, deren **Campanile** hoch in den weißblauen Himmel aufragt. Die Aussicht über die vielen Hausdächer und weiter hinaus über die Meeresbucht ist herrlich. Neben dem Gotteshaus empfängt das **Pfarrmuseum** (mit Lapidarium) seine Besucher.

Dem beeindruckenden Campanile können allenfalls noch die **sieben Wehrtürme** der alten **Stadtmauer** Konkurrenz machen, von denen einige bestiegen werden dürfen.

Nimmt man den Hauptplatz erneut als Ausgangspunkt, so lässt es sich prächtig vorbei am malerischen **Hafen** bis zum Ende der Landzunge flanieren. Den „Außenposten" markiert das

Kirchlein Sv. Klement. Dazwischen liegen zahlreiche Cafés und Restaurants - hier gibt es Cappuccino (und mehr) mit Meerblick. Auf dem Rückweg spazieren wir nicht die Promenade entlang, sondern stürzen uns hinein in die winkligen Altstadtgassen, die uns schließlich wieder am **Tartinijev trg** ausspukken. Vor dem Platz, nahe am Hafen, entdecken wir das **Aquarium**, das uns zuvor entgangen ist. Für 4 EUR (von 09.00-22.00 Uhr) lassen sich hier verschiedene Meeresbewohner sowie -pflanzen bewundern, u.a. sogar ein Hai.

Als nächstes besuchen wir den Küstenort STRUNJAN. Bei den **Salinen** biegen wir links ab und erreichen kurz darauf einen großen Wiesenparkplatz, an den ein relativ langer und schöner Badestrand anschließt (leider Übernachtungsverbot). Nahebei befindet sich eine kleine **Therme**. Der kleine Kurort besitzt keinen richtigen gewachsenen Kern und daher auch keine Sehenswürdigkeiten. Er ist aber ein günstiger Ausgangspunkt für Spaziergänge nach PIRAN oder IZOLA. STRUNJAN bietet zwar einen Campingplatz, doch für Wohnmobile ist dieser ziemlich ungeeignet.

Salz - das Gold aus dem Meer

Seit vielen Jahrhunderten wird entlang der slowenischen Küste Salz gewonnen. War der Abbau früher ein wichtiger wirtschaftlicher Faktor, so hat ihm der Fremdenverkehr längst den Rang abgelaufen. Auch wenn nicht mehr so viel am Salz verdient ist, die Tradition wird aufrecht erhalten. Trotz effizienter neuer Techniken bedient man sich - zumindest teilweise - der althergebrachten Methoden, so wie schon vor rund 800 Jahren verfahren wurde. Dabei leitet man das Meerwasser über Kanäle, auch Salzstraßen genannt, landeinwärts in flache Becken. Ein Teil des Wassers wird an Hand von windkraftbetriebenen Pumpen ins Meer zurücktransportiert,

der Rest verdunstet in der Sonne. Normalerweise wäre nun eine schmutzige, nicht sonderlich gut riechende Salz-Schlammmasse übrig geblieben, hätte man die Becken nicht zuvor mit der sog. „petola" ausgeschlagen. Das ist eine mit Mikroorganismen angereicherte Gipsschicht, durch die sich Schlamm und Schmutz vom Salz trennen. Letztendlich wird das „Gold aus dem Meer" geerntet, nachgetrocknet und gereinigt sowie eventuell noch gemahlen, bevor es zur Vermarktung gelangt.

In früheren Zeiten verlud man das wertvolle Produkt in schwere Holzkähne - „maona" genannt - die dann die verschiedenen Bestimmungsorte entlang der Küste anliefen. Die Salzgewinnung war übrigens ein reines Saisongeschäft. Sie erstreckte sich über den Zeitraum von April bis September. Bei Einsetzen der Herbstregenfälle kam die Arbeit stets zum Erliegen.

Blick auf Izola

Wir peilen jetzt IZOLA nicht zu Fuß, sondern mit dem WOMO an. Biegt man links von der Hauptstraße ab, erhält man gleich nach der ersten Kurve einen feinen Blick auf das ehemalige Fischerstädtchen, das idyllisch auf einer Halbinsel liegt. Wir fahren den Berg hinab bis zum ersten Kreisverkehr. An der dritten Ausfahrt verlassen wir diesen und halten in gerader Linie auf einen großen Parkplatz zu. Von hier aus sind es nur ein paar Schritte ans Meer. Der kurze Fußweg vom unteren Platzteil führt an einer Bar vorbei an den Strand. Wer nicht baden möchte, kann freilich auch ins Städtchen flanieren und die wahrlich schöne Aussicht genießen.

(138) WOMO-Badeplatz: Izola 1
GPS: N 45° 31' 56.7" E 13° 38' 55.4"
max. WOMOs: 15
Ausstattung/Lage: Mülltonnen, Bar (mit Toilette) und Imbiss nahebei, zum Strand 50 m, Pizzeria ca. 200 m / Ortsrand.
Zufahrt: Von der Hauptstraße nach Izola abbiegen, den Berg hinunter fahren bis zum ersten Kreisverkehr, hier die dritte Ausfahrt nehmen und dann in gerader Linie ca. 300 m weiter fahren.

Der Platz ist sehr sonnig und kostet pro Tag und Wohnmobil 15 EUR bzw. 1,50 EUR/Std.
Fährt man vom gerade genannten Kreisverkehr 1,1 km weiter in Richtung Zentrum (centar) folgt ein weiterer Kreisel, hier nehmen wir die erste Ausfahrt - 300 m weiter gibt es linker

Hand ein großes, vorwiegend sonniges Parkareal mit einer VE-Station (Strom für vier Fahrzeuge, 24 Std. kosten 15 EUR). Die offiziellen Plätze liegen leider an der Straße. Verzichtet man auf den Stromanschluss, so finden sich im hinteren Teil auch einige Plätze mit etwas Schatten nahe am Meer.

(139) WOMO-Badeplatz: Izola 2
GPS: N 45° 32' 18.0" E 13° 39' 51.3" **max. WOMOs:** 12
Ausstattung/Lage: VE-Station, teilweise Strom, Beleuchtung, Restaurants und Geschäfte in der Nähe / im Ort.
Zufahrt: Vom Kreisverkehr im Zentrum die erste Ausfahrt nehmen, dann noch ca. 300 m bis zur Marina fahren, hier links.

Zur Hafenpromenade bzw. der Altstadt benötigt man nur wenige Minuten zu Fuß. Hier gibt es auch einen hübschen **Badestrand** (Kies und Beton) mit großer Liegewiese. Eisdiele, Spielplatz, Stranddusche, Bänke - alles, was man für einen faulen Tag so braucht, ist vorhanden.

Zentrumsnaher Badestrand in Izola

Oberhalb auf einer Kuppe und mitten in der Altstadt erhebt sich die **Kirche des Heiligen Maurus** (16.Jahrhundert) mit einem **freistehenden Turm**. An den Außenfassaden des Gotteshauses bröckelt es ein wenig, doch der Innenraum wurde bereits sorgfältig renoviert, Wand- und Deckengemälde erstrahlen im neuen Glanz. Nicht weit ist der Weg von hier zum **Palast Besenghi degli Uhgj**, der mit seinen kunstvollen Stuckarbeiten und den gusseisernen Gittern das vielleicht schönste Gebäude im Ort ist. Der schmucke Palazzo beherbergt heute eine Musikschule.

Izola: Vitamine für die Badegäste

In IZOLA gibt es zwei **Campingplätze**, den ca. 3 km westlich und hübsch gelegenen „**Belvedere**" und den „**Jadranska**" am Ortsende links in Richtung KOPER.

Noch eine Anmerkung: Die kostenfreien, also ohne Vignette zu befahrenden Straßen sind grottenschlecht ausgeschildert. Man kann sich des Eindrucks nicht erwehren, dass der Autofahrer auf die Schnellstraße bzw. Autobahn gelockt werden soll, um dann u.U. zur Kasse gebeten zu werden. Nach unserem Empfinden gestaltet sich der Abschnitt zwischen IZOLA und KOPER besonders schwierig. Um der Autobahn zu entkommen, fahren wir in Richtung GIUSTERNA. Die Straße steigt hier etwas an, zieht rechts über eine Brücke, unter der man daraufhin durchfährt und so wieder zur Küstenstraße gelangt. Aufpassen tut also not!

Ca. 30 km nach PORTOROŽ (inklusive der Abstecher) laufen wir in KOPER ein, nachdem wir ein Stück direkt am Ufer entlang gebummelt sind und den Blick auf die blaue Adria genossen haben.

Vor den Toren der Stadt erstreckt sich ein riesiges Parkareal, ein Teil davon diente uns als Stellplatz. Mittlerweile sind alle drei Parkplätze mit einem WOMO-Verbot belegt. Auch die etwas weiter von der Altstadt entfernten Parkplätze zieren allesamt Verbotsschilder. Selbst der riesige Stadionparkplatz ist passé! Nach unseren Erfahrungen ist kaum irgendwo eine legale Abstellmöglichkeit zu finden. Wohnmobilfahrer sind offensichtlich unerwünschte Gäste! Wir werden KOPER in Zukunft erst mal meiden! Schade - denn die Altstadt ist wirklich sehenswert. Nachfolgend geben wir ihnen eine Beschreibung: Möchte man einen Bummel ins Herz des hübschen Städtchens mit seinen verwinkelten Gässchen unternehmen, schlendert man am besten rechts am Markt vorbei. Über den **Stanicev trg** gelangt man anschließend in die **Cevljarska utca**. In dieser Straße gibt es zahlreiche Geschäfte, sie ist eine der Hauptadern des Ortes - zu Deutsch heißt sie Schuhmacher-Gasse. Sie mündet nach einem Torbogen in den Hauptplatz KOPERS, an den ein weiterer angrenzt.

Um diese zwei Plätze „scharen" sich praktisch (fast) alle Sehenswürdigkeiten. Der gerade genannte **Torbogen** gehört zum **Prätorenpalast** (13. Jahrhundert), den auf seiner Vorderseite zahlreiche Wappen, Büsten und Gedenktafeln zieren. Gegenüber steht die **Loggia**, die ein nettes Café beherbergt. Seitlich davon erhebt sich die **Kathedrale Sv. Narzij**, die dem Schutzheiligen der Stadt, dem Heiligen Nazarius, geweiht ist. Im Inneren befinden sich dessen Sarkophag und schöne gotische Reliefs. Vom **Kirchturm** aus erhält man einen weiten Blick über das gesamte Umland (geöffnet täglich von 09.00-21.00 Uhr, Eintritt pro Person 1,80 EUR).

In der Altstadt von Koper

In der Nähe, etwas östlicher gelegen, entdecken wir das **Regionalmuseum**, welches in erster Linie die Stadtgeschichte dokumentiert. Zu sehen gibt es u.a. Fotografien, Karten, Fresken, Skulpturen und vieles mehr. Die Öffnungszeiten variieren, montags ist aber auf jeden Fall geschlossen. Das älteste Haus am Platze ist der Fontik, ein **Getreidespeicher** aus dem Jahre 1390. Ähnlich wie beim Prätorenpalast prangen Wappen bedeutender Söhne der Stadt an der Außenfassade. Wir wenden uns nun dem letzten Ort der slowenischen Küste - ANKARAN - zu. Dazu müssen wir einen kleinen Ausflug ins Binnenland unternehmen, wobei wir die Obst- und Gemüsefelder streifen, aus denen die Region versorgt wird. Die Straße beschreibt einen Bogen und kehrt kurz vor ANKARAN an die Küste zurück. Sehenswertes bietet der Ort nicht, es ist nur eine Feriensiedlung mit der üblichen Infrastruktur. Es gibt aber recht passable Strände und einen gepflegten Campingplatz.

(140) WOMO-Campingplatz-Tipp: „Adria" in Ankaran

GPS: N 45° 34' 41.8" E 13° 44' 08.5"
Öffnungszeit: 25.04.-30.09.
Ausstattung/Lage: Geschäft, Restaurants, Kiesstrand und betonierte Flächen, großer Swimmingpool, Kinderschwimmbecken, verschiedene Sportmöglichkeiten, viel Schatten, Apotheke in der Nähe / im Ort.
Zufahrt: In Ankaran beschildert.

Ankaran: Blick auf den Hafen

Fährt man von ANKARAN weiter in Richtung **italienische Grenze**, so gelangt man zu einer kleinen Landzunge, die ins Meer hinaus ragt. Das Halbinselchen bietet ein wenig Schatten und eine ganze Reihe von Stellplätzen, die allesamt nur ein paar Meter vom Meer entfernt sind. Der Strand ist steinig und flach abfallend. 45 km stehen seit PORTOROŽ mehr auf unserem Tacho, als wir uns hier häuslich niederlassen. Leider zeigte sich der Platz manchmal vermüllt und die Toilette verschmutzt. Das liegt nicht zuletzt an den Benutzern...

(141) WOMO-Badeplatz: Dolce far niente

GPS: N 45° 35' 29.7" E 13° 43' 13.1"
max. WOMOs: 6
Ausstattung/Lage: Toilette, Müllcontainer / außerorts.
Zufahrt: 2,7 km nach dem Ortsende von Ankaran links, gemessen vom Ortschild am Ortsende.

Bedauerlicherweise hat auch das gute Fischrestaurant an der 300 m entfernten slowenisch/italienischen Grenze seine Pforten geschlossen. Das Gebäude verfällt zusehends! Allerdings ist dadurch aber auch der geteerte Parkplatz frei zugänglich - und das freut natürlich den WOMO-Fahrer.

(142) WOMO-Badeplatz: Grenze
GPS: N 45° 35' 38.6" E 13° 43' 24.8"
max. WOMOs: 4
Ausstattung/Lage: Kompass-Shop gegenüber, Mülleimer / außerorts.
Zufahrt: Dem Straßenverlauf bis kurz vor der slowenisch/italienischen Grenze folgen, dann nach der Tankstelle (z.Z. OMV) links einbiegen.

Noch ein Tipp: Haben Sie keine Lust auf das Verkehrsgewühl entlang der Küste? Dann nehmen Sie doch das Ausflugsboot! Der Katamaran „Big Red" läuft beispielsweise mehrmals täglich alle Küstenorte an, so können Sie von PORTOROŽ bis ANKARAN bequem Ihren Wunschort besuchen! Jede Kombination ist möglich. Einfacher Fahrtpreis: Von 5 bis 13 EUR. Wir rollen wieder zur Hauptstraße zurück und orientieren uns in Richtung POSTOJNA. Kurz nach CRNI KAL lohnt sich ein Abstecher zur **Grad Socerb**. Wir fahren nach SOCERB, ab hier geht es mit mäßiger Steigung bergauf, und bald ist die Burg erstürmt. Der Blick von hier ist - vor allem bei klarer Sicht - schlicht traumhaft und reicht von TRIEST und KOPER bis weit nach Istrien hinein. Bei der Burg erstreckt sich ein schöner Natur-Parkplatz, den auch ein **Fernwanderweg** streift. Ganz in der Nähe ist auch der Eingang zu einer Höhle.

Burg Socerb

(143) WOMO-Wanderparkplatz: Grad Socerb
GPS: N 45° 35' 21.1" E 13° 51' 41.4"   **WOMOs:** 8
Ausstattung/Lage: Gaststätte, Mülltonnen, schöne Aussicht / außerorts.
Zufahrt: Nach Socerb abbiegen, noch 4,2 km.

In flotter Fahrt düsen wir weiter über KOZINA auf DIVAČA zu. Kurz vor der Ortschaft zweigen wir links nach LIPICA ab. Das berühmte **Gestüt** liegt nahe der italienischen Grenze. Auf dem Weg dahin passieren wir LOKEV, das für sein **Militärmuseum** bekannt ist. Nicht weit davon entfernt, in VILENICA, befindet sich die sog. **Feenhöhle**.

Die Anfahrt erfolgt durch eine schöne Baumallee. Daneben breiten sich großflächige Koppeln aus, die von weißen Holzzäunen begrenzt werden. Kurz darauf erreichen wir einen großen, wenig schattigen Parkplatz, an dessen Rand sich Restaurant, Hotel und das Spielcasino befinden. Ein Golfplatz ist ebenfalls nahebei.

---

(144) WOMO-Picknickplatz: Lipica
GPS: N 45° 40' 07.3" E 13° 53' 03.4" max. **WOMOs:** 6
Ausstattung/Lage: Restaurant, Tische, Bänke, Wasser und Toilette / außerorts.
Zufahrt: Dem Hinweis nach Lipica folgen, direkt am Gestüt.

Durch einen kleinen Park gelangen wir zur Kasse bzw. Infostelle. Eine freie Besichtigung auf eigene Faust ist nicht möglich, doch man kann die Stallungen mit den insgesamt 280 „Silberschimmeln" im Rahmen einer **Führung** in Augenschein nehmen (täglich zur vollen Stunde zwischen 09.00 und 18.00 Uhr, Eintritt 10 EUR pro Person). Wir erfahren eine Menge über das Leben und die Arbeit dieser edlen Tiere, die ihre weiße Färbung erst mit ca. sechs Jahren bekommen - zuvor sind sie grau oder schwarz. Für Pferdeliebhaber mag dieser Rundgang mit den vielen Informationen über Pflege und Zucht sehr interessant sein, Nicht-Insidern werden die rhetorischen Ergüsse auch schon mal zu anstrengend.

Die berühmten Schimmel von Lipica

Möchten Sie einmal das Können, die Eleganz und die Anmut der Lipizzaner erleben, nehmen Sie an einer Vorführung der **Hohen Klassischen Reitschule** teil (Dienstag, Freitag und Sonntag, jeweils um 15.00 Uhr, Eintritt 15 EUR). Drei Euro weniger kostet es pro Cowboy (oder Cowgirl), sieht man beim Training zu (Mittwoch und Donnerstag jeweils um 12.00 Uhr). Romantiker bevorzugen vielleicht eine Fahrt mit der Kutsche durch das hübsche Umland mit den vielen Linden (Lipica heißt „kleine Linde"). Der Ausflug dauert etwa eine Stunde. Eilige Touristen können die Zeit auch halbieren.

Haben Sie Ambitionen, sich selbst auf den Rücken eines Schimmels zu schwingen? In den meisten edlen Gestüten ist das verpönt - hier aber möglich!

<u>Zu guter Letzt:</u> Das Umland weist reizvolle, wenig befahrene Straßen auf. Statt mit den Lipizzaner-Pferden die schöne Gegend zu erkunden, kann man natürlich auch einen Ausritt mit dem Drahtesel unternehmen.

Diese Tour endet wieder in POSTOJNA, dort, wo sie auch begonnen hat. Wir erreichen das Städtchen, indem wir über SEŽANA (botanischer Garten) und weiter über SENOŽEČE und RAZDRTO fahren. Die Wegstrecke LIPICA-POSTOJNA beträgt knapp 40 km. Brauchen sie ein Plätzchen für die Nacht, so empfiehlt sich entweder der Campingplatz Pivka Jama bzw. der Stellplatz bei der Höhle nahe dem Städtchen POSTOJNA (siehe Tour 9).

Der Karst

Das Kalksteinplateau, welches sich zwischen TRIEST, NOVA GORICA, den Höhlen von ŠKOCJAN und dem **Vipava-Tal** erstreckt, nennt man den **Karst**. Der Begriff ist vom slowenischen Wort „kras" abgeleitet. Erforscht wurde dieser Landstrich schon vor etwa 200 Jahren und dient seither als Namensgeber für alle geologisch vergleichbaren Gebiete auf der ganzen Welt.

Einst war diese Region von einem Meer bedeckt, in dem sich mächtige Kalksteinschichten ablagerten. Als das Meer später austrocknete, zeichneten sich Furchen, Gräben und Trichter ab, die sich mit der Zeit noch vertieften. Oberflächengestein wurde von der Sonne gebleicht, Erosion setzte ein und schließlich entstand dieser wilde Landstrich - so wie wir ihn heutzutage kennen.

Bachläufe, Flüsse und Seen können in das poröse Kalkgestein eindringen und häufig auch in Hohlräumen verschwinden. An anderer Stelle des Karstes treten sie dann wieder hervor. Oft wurden bei diesem Prozess ganze Höhlen ausgewaschen (z.B. die **Škocjanske jama**), die sich uns nun geheimnisvoll präsentieren.

Kommt es bisweilen zum Einsturz eines größeren unterirdischen Raumes, bildet sich an der Oberfläche eine Senke (polje), auf der sich mit der Zeit fruchtbarer Boden ansammelt. Einstürze kleineren Ausmaßes haben in der Regel die Entstehung eines Trichters zufolge - doline genannt. Der Begriff klein ist dabei relativ. Die sog. Große Doline bringt es immerhin auf einen Durchmesser von ca. einem Kilometer.

Tour 11 (110 km bzw. 260 km / 3 Tage bzw. 6 Tage)

Variante 1: Postojna - Planina - Idrija - Tolmin

Variante 2: Postojna - Ajdovščina - Nova Gorica - Kanal - Tolmin - Kobarid - Bovec - Soča - Trenta - Kranjska Gora - Wurzenpass

Freies Übernachten:	In Godovič, in Idrija, nahe dem Partisanenspital Franja und am Soča-See, in Stanjel, Kromberk, auf dem Sveti gora, in Smartno, in Kobarid und in Bovec.
Campingplätze:	„Kamp Lijak" in Ozeljan, „Korada" in Kanal, „Koren" bei Kobarid, „Klin" in Soča.
Besichtigen:	Die Höhle von Planina, den Antoniusstollen in Idrija, das Partisanenspital Franja nahe Cerkno, Dante-Höhle und Teufelsbrücke bei Tolmin, das Museum in Kobarid, die Festung Kluže, das Trenta-Haus sowie das Alpinum Juliana in Trenta und die Soldatenfriedhöfe im Soča-Tal.
Wandern:	Viele Möglichkeiten in dieser Tour.
Radfahren:	Auf zahlreichen Nebenstrecken, besonders in der Umgebung von Bovec.
Baden:	Bei I. Bela, im Soča-See und evtl. in der Soča.

Sie wollen uns auch auf dieser Tour begleiten? Dann bieten sich anfangs zwei Möglichkeiten, dies zu tun. Ganz gleich welche davon Sie sich herauspicken - bei der Ortschaft TOLMIN laufen die Alternativrouten wieder zusammen, und von da an geht es eingleisig weiter. Falls Ihnen die Entscheidung schwerfällt, schauen Sie sich doch beide Strecken an.

Variante 1:

Wir starten in POSTOJNA und peilen zunächst **Schloss Predjama** an. Nach einigen Kilometern biegen wir an einer Kreuzung rechts nach STUDENO/PLANINA ab. Dieser Streckenabschnitt ist landschaftlich sehr reizvoll. Auf etwas schmaler, aber guter Straße durchfahren wir ein hübsches bewaldetes Tal mit einigen Feldern und kleinen Weilern. Die Ortschaft STUDENO präsentiert sich besonders gefällig mit schmucken Häusern und üppiger Blumenpracht. Eine Reihe zum Trocknen aufgehängter Feinripp-Unterhosen von stattlicher Größe und deutlich nachlassender Elastizität flattert lustig im Wind. Nach

Eigene Scholle ist Goldes Wert

ca. 15 km erreichen wir PLANINA, dessen Schmuckstück eine geheimnisvolle Höhle ist. Kommt man von dieser Seite, fehlen die Hinweise zur **Planinska jama**. Wir tasten uns bis zur Hauptstraße vor, ein Schwenk nach rechts und gleich danach links - und schon ist die Grotte in greifbarer Nähe. Zufahrt und Parkplatz eignen sich nur für kleine WOMOs, Dickschiffe parken besser im Ort.

Im Rahmen einer einstündigen Führung lässt sich diese Höhle von PLANINA besuchen. Sie weist Räume von gewaltiger Größe auf, bizarre Tropfsteingebilde, kleine Seen und zwei rauschende Flüsse, die sich in der Finsternis vereinen. Geöffnet ist sie von April bis September, Führungen sind Samstag und Sonntag jeweils um 13.00, 15.00 und 17.00 Uhr - im Juli und August täglich, Eintritt 12 EUR.

Wer noch tiefer in den Hades eindringen möchte, kann - nach Vereinbarung - an einer ca. 5-6stündigen „Expedition" teilnehmen, die auch eine Bootsfahrt einschließt (30 EUR, maximal drei Personen).

Der weitere Streckenverlauf nach IDRIJA führt ca. 30 km durch eine ansprechende, bewaldete Hügellandschaft. Die Straße ist ausgesprochen gut, wegen der zahlreichen Kurven geht es trotzdem nicht allzu schnell voran. In GODOVIČ entdecken wir bei der Kirche einen kleinen Parkplatz, der auch für eine Übernachtung taugt.

---

(145) WOMO-Stellplatz: Godovič
GPS: N 45° 57' 27.4" E 14° 05' 37.4" **max. WOMOs:** 2
Ausstattung/Lage: Mülltonne, Brunnen an der Kirche, Gaststätte nahebei / Ortsrand.
Zufahrt: Am Ortsanfang nach der Kirche rechts.

Etwa 2 km vor IDRIJA zweigt links ein schmales Teersträßchen (mit Ausweichen) nach **l. Bela** ab. Der Abstecher führt 6 km lang durch ein romantisches Tal, an dessen Ende ein winziger, **giftgrüner See** zum Bade lädt. Er ist umgeben von einem großen Picknickareal mit Kiosk, Feuerstellen, Tischtennisplatten, Toilette und Brunnen. Übernachten ist verboten, doch zumindest in der Nebensaison sollte niemand Einwände erheben.

Nach gemütlicher Fahrt laufen wir schließlich in dem 7000-Seelen-Ort ID-RIJA ein, dessen Innenstadt in den vergangenen Jahren renoviert bzw. neu gestaltet wurde. Bekannt ist dieser vor allem durch kunstvoll **geklöppelte Spitzen** und das **Quecksilber-Bergwerk**. An der Stelle, wo sich heute die

Hängebrücke nahe I. Bela

Dreifaltigkeitskirche erhebt, entdeckte man im Jahre 1490 erstmals Quecksilber. Zehn Jahre später entstand die erste Mine und es folgte eine Zeit, in der IDRIJA 13% der geförderten Weltmenge stellte. Die Direktoren saßen seinerzeit in der wuchtigen **Burg Gwerkenegg**. Das stattliche Gemäuer thront auf einer Anhöhe über der Stadt. Es wurde um 1530 eigens für Verwaltungszwecke des Bergwerks erbaut. Heute beherbergt es das **Gemeindemuseum** (täglich von 09.00-18.00 Uhr geöffnet, Eintritt 2,50 EUR).

Burg Gwerkenegg in Idrija

Wir biegen in Richtung „Center" ab und wenden uns dem **Antoniusstollen** (braune Hinweisschilder „Antonijev Rov") zu. Oberhalb des Eingangsgebäudes finden wir einen praktischen, teils schattigen Parkplatz.

Mediterraner Duft und klare Bergesluft

(146) WOMO-Stellplatz: Idrija, Antoniusstollen

GPS: N 46° 00' 01.5" E 14° 01' 24.9" **max. WOMOs:** 6
Ausstattung/Lage: Geschäfte und Restaurants in der Nähe, Mülltonne / im Ort.
Zufahrt: Ca. 100 m oberhalb des Eingangsgebäudes.

Ausgestattet mit einem grünen Mäntelchen und einem Helm, führt uns jetzt eine freundliche junge Dame einen guten Kilo-

Im Quecksilberbergwerk von Idrija

meter (von insgesamt 700 km!) durch die weit verzweigten Stollen des Berges. Immer wieder wird durch Puppen die Arbeitsweise der Knappen - früher und heute - veranschaulicht. Die akustische Untermalung sorgt für einen lebensnahen Eindruck. Aus einem Schacht lacht uns lauthals der Grubenschrätel entgegen - ein schelmischer Bergbewohner, der den Bergleuten bei der Arbeit hilft, aber auch so manchen kleinen Streich spielt. Man sollte es sich also mit diesem Bürschchen nicht verscherzen!

Vom tiefsten Punkt der Grubenbesichtigung (ca. 100 m unter dem Eingangsbereich) schnaufen wir zwei lange schmale Treppen hinauf in die Kapelle der heiligen Dreieinigkeit. Hier baten die Knappen die Schutzheiligen Barbara und Achatius um eine heile Rückkehr. Allmählich kehren wir an den Ausgangspunkt unserer Exkursion zurück, an deren Ende eine Multivisionsschau steht. Man erfährt dabei Wissenswertes über den Bergbau, aber auch über die Stadt und deren Umgebung.

Das Vergnügen dauert knapp 1,5 Stunden und kostet 8 EUR pro Nase (Kinder 4,50 EUR). Führungen sind täglich um 10.00, 15.00 und 16.00 Uhr (Abweichungen möglich).

Quecksilber - Fluch und Segen

Quecksilber, auch Mercurium genannt, erfüllt viele Zwecke. Wahrscheinlich fällt dazu vielen sofort der Verwendungszweck „Thermometer" ein. Als der Abbau dieses Elements in Idrija begann, war dieser Temperaturmesser noch gar nicht erfunden. In erster Linie benötigte man früher Quecksilber für den Gold - und Silberabbau. Es lagert sich an vielen Metallen ab, und mit dessen Hilfe ließen sich die zuvor genannten Edelmetalle gut von Gesteins- und Erzstücken trennen. Spiegelbauer nutzten das Element zur Herstellung ihrer Produkte, in der Medizin galt es als Antiseptikum und sogar die Syphilis wurde damit bekämpft. Zur Herstellung ihrer Filzhüte bedienten sich auch die Hutmacherinnen des Quecksilbers. Früher war man sich der hochtoxischen Wirkung (Nervengift) nicht ausreichend bewusst. Das führte vor allem bei den Bergleuten und den Hutmacherinnen zu schweren Nervenschädigungen. Heutzutage findet Quecksilber in der Herstellung von Ätznatron und Chlor sowie bei Batterien Verwendung, aber auch nach wie vor in der Medizin.

Last but noch least: Die Alchimisten früherer Zeiten bezeichneten das Element wegen seiner Fließfähigkeit nach dem geflügelten römischen Götterboten Merkur und verehrten es als die „Mutter aller Metalle". Trotz aller Würdigung gelang es allerdings nie Quecksilber in Gold zu verwandeln - weder damals noch heute...

Kurvenreich geht es weiter in Richtung TOLMIN. Bei STRAŽA biegen wir rechts nach CERKNO (5 km) ab und orientieren uns hier an den braunen Hinweisen „**Franja**". Bald erreichen

Die Hütten im Partisanenspital

wir einen idyllisch gelegenen Parkplatz, der leider etwas Schieflage hat. Für das leibliche Wohl ist gesorgt, in der Imbissbar nebenan gibt es kleine Leckereien.

Mediterraner Duft und klare Bergesluft

(147) WOMO-Wanderparkplatz: Franja

GPS: N 46° 08' 50.4" E 14° 01' 39.5" **max. WOMOs:** 3
Ausstattung/Lage: Imbissbar mit Toilette, Spielplatz, Mülltonnen / außerorts.
Zufahrt: 4,2 km von Cerkno (den Hinweisen folgen).

Möchte man ein gutes Essen genießen, so kann man das kurz zuvor in der Gaststätte v. LOGU tun und nach Rücksprache mit dem Wirt auch übernachten.

Das Büro im Partisanenspital

(148) WOMO-Stellplatz: Gaststätte v. LOGU

GPS: N 46° 08' 42.4" E 14° 01' 34.1" **max. WOMOs:** 3
Ausstattung/Lage: Kinderspielplatz / außerorts.
Zufahrt: 3,2 km nach Cerkno (Ortsendeschild) rechts, noch kurz vor dem Abzweig nach Franja.

Der Grund dieses Abstechers ist ein Besuch des **Partisanenspitals Franja**, das sich hier in einer engen Schlucht unter hohen Felsen und dichtem Buschwerk verbirgt. Vor einigen Jahren wurde es durch ein Unwetter arg in Mitleidenschaft gezogen, doch fleißige Hände haben es wieder bestens renoviert. Das Lazarett diente im Zweiten Weltkrieg rein humanitären Zwecken, die Verwundeten wurden ohne Anschauen der Nationalität behandelt. Der zehnminütige Fußweg dahin führt durch eine Klamm, deren Begehung allein schon ein kleines Abenteuer darstellt. Ganz unvermutet taucht schließlich das Partisanenkrankenhaus auf. Wir staunen über einen Komplex von nicht weniger als dreizehn Holzbarakken - teilweise über den Bach gebaut und eingezwängt vom Felsgestein. In aller Schlichtheit finden wir Kranken- und Behandlungsräume, Röntgenzimmer, Bad, eine Werkstatt und ein E-Werk vor! Das pure Vergnügen war ein Aufenthalt als

Franja: Die Spitalsküche

Patient hier sicherlich nicht, doch wohl oft die letzte Rettung. Das Lazarett ist täglich von 09.00-18.00 Uhr zu besichtigen, Eintritt 4,50 EUR, Kinder 2,50 EUR.

Wir kehren nach STRAŽA und somit zur Durchgangsstraße zurück. Die Fahrbahn wird jetzt schmäler. Wir schlängeln uns durch ein romantisches Tal MOST NA SOČI/TOLMIN entgegen. Die **Idrijca** begleitet uns, plätschert aber nur träge in ihrem Bett dahin.

„Ausflugsdampfer" auf dem Soča-See

Rund 40 km nach IDRIJA stehen wir vor den Toren von MOST NA SOČI. Das beliebte Touristenstädtchen ist der Endpunkt für die Dampfzüge, die von BLED herüber schnaufen. Meist ist das Stahlross einmal pro Woche (donnerstags) unterwegs. Eine weitere Attraktion des Ortes stellt der **Soča-See** mit sei-

Mediterraner Duft und klare Bergesluft

ner märchenhaft blauen Farbe dar. Hier lässt es sich auf schönen Spazierwegen fein flanieren. Man kann auch mit dem **Raddampfer** einen Ausflug unternehmen, sich einen Kaffee gönnen und dabei fast ein bisschen Mississippi-Feeling empfinden. Ein hübsches Plätzchen direkt am See entdecken wir auch. Man fährt in Richtung NOVA GORICA und zweigt 300 m nach dem Ortsendeschild rechts nach MADREJCE ab. Jetzt folgt man dem Straßenverlauf weitere 300 m bis man zu einer Bootsanlegestelle kommt (teils Schatten durch hohe Bäume). Der gekieste Parkplatz ist schief, der ebenere Wiesenstreifen ist gleichfalls nutzbar - doch bei Nässe mit Vorsicht zu genießen. Bis vor einiger Zeit konnte ein zuvor am Ufer gelegener und schönerer Parkplatz genutzt werden, leider ist mittlerweile die Zufahrt gesperrt.

(149) WOMO-Badeplatz: Soča-See
GPS: N 46° 09' 36.5" E 13° 44' 33.4"
max. WOMOs: 3
Ausstattung/Lage: Bänke, Mülltonne nahebei, zum Zentrum nur wenige Gehminuten / außerorts.
Zufahrt: In Richtung Nova Gorica fahren, ca. 300 m nach dem Ortsendeschild von Most na Soči rechts nach Madrejce abbiegen, noch ca. 300 m.

Noch ein Tipp: Auf den Speisekarten der örtlichen Gastronomie werden häufig die berühmten Soča-Forellen angeboten. Die Burschen schmecken herrlich!

Ca. 10 km trennen uns noch von TOLMIN. Die gepflegte Kleinstadt bietet einen schönen Blumenschmuck und ein **Museum** (Goriški), das sich vorwiegend der **Heimatkunde** verschrieben hat. An der bis dato einzigen Ampel biegen wir rechts ab und folgen anschließend den braunen **Hinweisschildern** zur **Dante Jeva Jama** (Dante-Höhle). Vom Ortsschild am Ortsende sind es noch 1,5 km bis zur Bar Tolminska Korita. Das letzte Stück der Teerstraße ist schmal, es gibt aber Ausweichen. Nahe dem oben genannten Lokal befinden sich begrenzte Parkmöglichkeiten. Fahren Sie bitte keinesfalls weiter! Der Weg wird ab hier sehr schmal, mit überhängenden Felsen und einer niedrigen Tunneldurchfahrt!

Schlucht nahe Tolmin

Wo - zum Teufel - ist die Teufelsbrücke?

Wir stiefeln zu Fuß das Sträßlein entlang. Schon nach nur ca. 100 m führt rechts ein Waldweg (Korita Skakalce) in eine tief eingeschnittene Schlucht hinab, in deren Grund sich ein malerischer Bach um die Felsen schlängelt. Eine Hängebrücke quert das wilde Gewässer. Von dieser schwankenden Konstruktion aus fällt unser Blick in eine enge, romantische Klamm, die im hinteren Bereich von der eindrucksvollen und über 60 m hohen **Teufelsbrücke** (Hudice most) überspannt wird. Seitlich der Klamm verläuft ein Steig, auf dem man noch ein Stück weit in dieses Naturspektakel eindringen kann. Wir passieren dabei einen kurzen Tunnel (Taschenlampe von Vorteil) und einen felsigen Torbogen - kurz darauf ist Schluss!

Bleibt man auf der Teerstraße, so gelangt man bequem nach 300 m zur bereits erwähnten Teufelsbrücke und kann hier einen atemberaubenden Blick in die Tiefe wagen. Nur ein paar Ecken weiter erwartet uns ein dunkel gähnendes Loch - der Eingang zur **Dante-Höhle**. Der Zugang zur Unterwelt steht jedem offen. Es wird kein Eintritt erhoben und kein Kiosk verschandelt die Gegend. Will man allerdings Höhlenforscher spielen, braucht man zwingend eine Lampe, denn das Bergesinnere ist stockfinster. Festes Schuhwerk und nach längeren Regenfällen eine wasserdichte Jacke sind gleichfalls von Vorteil. Übrigens erhielt diese Höhle ihren Namen vom italienischen Dichterfürsten Dante, der sich hier die Inspirationen für seine „Göttliche Komödie" geholt haben soll.

Nahe TOLMIN mündet unsere Variante 1 in den Streckenverlauf von Variante 2. Die nahtlose Fortsetzung finden Sie auf Seite 237.

Variante 2:

Auch hier geht es in POSTOJNA los, und zwar in Großrichtung NOVA GORICA. Wir wählen die Landstraße, die uns zunächst schnell und geradlinig hinaus in die Landschaft trägt. Es folgt eine Gefällstrecke mit etlichen Kurven, und bald danach, ca. 25 km von POSTOJNA, sehen wir den Abzweig nach STANJEL. Die Straße führt durch eine gefällige hügelige Gegend, die sich dem Weinbau verschrieben hat. Darauf durchfahren wir ein grünes Tal und nach einigen weiteren Schwüngen entdecken wir bereits nach weiteren 12 km STANJEL rechter Hand oben am Berg. Wir tasten uns zu der mittelalterlichen, befestigten Ortschaft vor, die von einem eigenwillig ge-

Auf dem Weg nach Stanjel

formten Kirchturm überragt wird, dessen Spitze wie ein Termitenhügel in den Himmel aufwächst. Wir entdecken die Hinweise zum PKW-Parkplatz und stellen fest, dass dieser übernachtungstauglich ist.

(150) WOMO-Stellplatz: Stanjel 1
GPS: N 45° 49' 18.7" E 13° 50' 32.4" **max. WOMOs:** 3
Ausstattung/Lage: Bänke, Mülltonnen, Geschäft und Restaurant nahebei / im Ort.
Zufahrt: Den Hinweisen zum PKW-Parkplatz folgen.

Rund 150 m weiter finden wir einen zweiten großen, sonnigen Parkplatz bei der Gaststätte Pri Zorotu (z.Z. geschlossen).

(151) WOMO-Stellplatz: Gostilna Pri Zorotu/Stanjel 2
GPS: N 45° 49' 26.4" E 13° 50' 33.7" **max. WOMOs:** 6
Ausstattung/Lage: Toilette, Bar, Geschäft ca. 100 m / im Ort.
Zufahrt: Von der Durchgangsstraße links zur Gostilna Pri Zorotu abbiegen, dann noch knapp 100 m.

Stanjel - charmant und altehrwürdig

Nach kurzem Aufstieg, vorbei am Eingang eines Parks, durchschreiten wir das schlanke **Westtor**. Seitlich des Kirchplatzes entdecken wir den Zugang zum renovierten **Schloss**, in dessen Räumen eine ständige **Ausstellung** des bedeutenden **Künstlers Spacal** untergebracht ist (Grafiken, Bilder, Tapisserien). Die alten grauen und mit Efeuranken überwucherten Mauern der Befestigung schließen an und strahlen etwas Würdevolles aus.

Unser Spaziergang führt uns weiter durch enge Gassen, deren Häuschen reich mit Blumenschmuck verziert sind. Leider wird gerade überall kräftig renoviert und dadurch ist das Gesamtbild etwas getrübt. Wir schlendern vorbei an einem **steinernen Brunnen** und gelangen schließlich zu einem kantigen, **zinnenbewehrten Turm**. Linker Hand, unterhalb des Turmes, öffnet sich ein gepflegter **Park** mit **Steinskulpturen** und einem großen, geschwungenen **Swimmingpool**, der von einer **venezianischen Brücke** überspannt wird.

Venezianisches Flair in Stanjel

Mediterraner Duft und klare Bergesluft

Möchte man seinen Rundgang noch ein wenig ausdehnen, so kann man talwärts nach KOBDILJ spazieren, dabei die hübsche Gegend betrachten und evtl. den örtlichen **Soldatenfriedhof** besuchen.

Wir kehren zur Hauptstraße zurück und nehmen als nächstes das **Vipava**-Tal in Angriff. Bald begrüßt uns die Ortschaft VIPAVA, die dem weiten Tal ihren Namen gegeben hat. Das Städtchen empfängt uns mit einer langen **Baumallee** und einer **Burgruine** hoch oben auf dem Berg. Der kleine Ortskern zeigt sich nett gestaltet, der große Rest enttäuscht etwas. Empfehlenswert ist aber - nicht nur für Weinliebhaber - ein Besuch des **Schlosses Vipavski hram** mit seinem **100 Jahre alten Weinkeller**. Folgen Sie den Hinweisschildern mit der Weintraube!

Für eine Stippvisite zweigt man von der Durchgangsstraße zum Zentrum hin ab, den blauen Parkplatzhinweisen folgend. Es sind nur gut 200 m! Findet man hier kein freies Plätzchen, so fährt man auf die Hauptstraße zurück und weiter in Richtung NOVA GORICA. Gleich darauf liegt links der Straße ein größerer Parkplatz, von dem man in wenigen Minuten den Ortskern erreicht.

Ein kurzes Wegstück nach VIPAVA liegt rechter Hand auf einer Anhöhe das **Jagdschloss** des Grafen Lanthieri. Der Palazzo ist von schönen **Arkaden** umgeben. Sehenswert sind die

Das Jagdschloss der Grafen Lanthieri

barocken Wandmalereien im **Salon Pohištva**. Im hauseigenen noblen Restaurant lässt es sich vortrefflich speisen. Nach dem Mahl kann man ein wenig durch den kleinen Park flanieren und die weite Aussicht über das **Vipava**-Tal genießen.

Nur ein paar Straßenschwünge weiter staunen wir über eine markante und interessante Kirche im Ortsteil LOG des Ortes BUDANJE. Für Besucher steht ein großer, gut anfahrbarer Parkplatz zur Verfügung.

AJDOVŠČINA, der nächste markante Punkt an der Strecke, taucht auf. Die Stadt gilt als wirtschaftlicher Mittelpunkt der Region. Touristisch gesehen bietet sie herzlich wenig, sieht man von der gut erhaltenen **römischen Festungsmauer** mit ihren **runden Türmen** und einigen lauschigen Fleckchen einmal ab. Recht idyllisch zeigt sich auch ein Flüsschen, das über kleine Stufen durchs Städtchen hüpft. Parkplätze sind reichlich vorhanden. Vielleicht wollen Sie ja noch einen kleinen Einkauf tätigen.

Ca. 4 km nach AJDOVŠČINA zweigt links ein Sträßchen ab, das nach einem weiteren Kilometer nach VIPAVSKI KRIŽ führt. Dieser winzige, von einer Mauer eingefriedete Ort erhielt als erster der Region das Stadtrecht! Das romantische Städtchen beherbergt eine **Burgruine**, eine **gotische Kirche** und ein **Kapuzinerkloster** aus dem 17. Jahrhundert. Eine Stippvisite empfiehlt sich. Unterhalb der einzigen Gaststätte befindet sich ein Parkplatz - allerdings mit begrenzten Kapazitäten. Hier sprudelt auch ein Wasserhahn, der zwar einigermaßen gut anzufahren ist, u.U. aber zugeparkt sein kann.

Weiter geht´s durch das **Vipava-Tal**. Die Aussicht auf die grünen Hügel ist hübsch und so bummeln und brummeln wir gut gelaunt durch etliche kleinere Ortschaften. Schließlich erreichen wir ŠEMPAS, das im Ortteil OZELJAN einen neuen, kleinen, aber feinen Campingplatz bietet. Man bedient ein bisschen die Ökoschiene,

Kamp Lijak in Ozeljan

ohne jedoch zu übertreiben. Landschaftlich liegt der Platz schön, allerdings auch nahe an der Durchgangsstraße. Heilige Ruhe ist daher nicht unbedingt zu erwarten!

(152) WOMO-Campingplatz-Tipp: „Kamp Lijak" in Ozeljan
GPS: N 45° 56' 31.4" E 13° 43' 04.2"   **Öffnungszeit:** Ganzjährig
Ausstattung/Lage: Kleine Gaststätte, Grillplatz, Spielplatz, teilweise Schatten, Pizzeria ca. 1 km / außerorts.
Zufahrt: Durch Šempas fahren bis zum Ortsteil Ozeljan (ca. 1 km), ab hier gut beschildert.

Kamp Lijak: Schlafkämmerchen

Jetzt peilen wir NOVA GORICA an und nehmen dazu den Weg über KROMBERK. Die Ortschaft wartet mit einem eleganten **Schloss** auf, dessen Besuch sich lohnt. Das noble Bauwerk versteckt sich gleich am Ortsanfang oben am Hang mitten im Grünen. Es stammt aus dem 16.

Mediterraner Duft und klare Bergesluft

Das Schloss zu Kromberk

Jahrhundert und ist im Renaissance-Stil erbaut. Der **Schlossgarten** wirkt verspielt und gefällt mit lauschigen Ecken. Für Theateraufführungen wurde eigens eine stilvolle **Freilichtbühne** geschaffen. Das Innere des alten Gemäuers beherbergt ein **Museum** und ein exquisites Restaurant. Bei normalem Andrang herrscht ein ausreichendes Parkplatzangebot - etliche Plätze bieten Schatten.

(153) WOMO-Stellplatz: Grad Kromberk
GPS: N 45° 57' 44.5" E 13° 41' 04.9"   max. WOMOs: 6
Ausstattung/Lage: Beleuchtung, Dixitoilette, Mülltonnen / außerorts.
Zufahrt: In Kromberk beschildert (Hinweise Grad Kromberk).

Schloss Kromberk: Das Freilichttheater

Der Übergang von KROMBERK zu NOVA GORICA verläuft fließend. Mit 70.000 Einwohnern stellt sie die drittgrößte Stadt des Landes dar. Es ist eine junge Stadt mit allen Bausünden der Neuzeit. Manch einer lässt nichts Gutes an ihr, doch auch wenn kein Schönheitspreis winkt - es gibt viele Parkplätze, ansprechende Parkanlagen, und man scheint auf Sauberkeit zu achten. Sollte Ihr Urlaub bisher nur wenig Unkosten verursacht haben, so können Sie diesen Umstand flugs im Spielcasino ändern...

Sveti gora: Heiliger Berg mit himmlischer Aussicht

Wir durchfahren die Stadt in Großrichtung TOLMIN. Am Ortsende (Ortsteil Solkan) zweigt rechts eine Straße ab, die auf den **Heiligen Berg** (Sveti gora 682 m) führt, auf dessen Gipfel eine mächtige **Basilika** thront.

Die Wegstrecke hinauf zu diesem Gotteshaus beträgt nur 5,6 km. Für die letzten 2,5 km droht uns ein Schild mit 15-30% Steigung. Mit 76 PS zählt unser WOMO sicherlich nicht zu den ultimativen Kraftprotzen, doch problemlos schnurren wir die gutausgebaute Straße hinauf. Vielleicht sind die 30% doch etwas übertrieben? Oben angelangt, staunen wir über die üppigen (sonnigen) Parkflächen. Eng wird es hier wohl nur bei besonderen Kirchenfesten.

---

(154) WOMO-Wanderparkplatz: Sveti gora

GPS: N 46° 00' 01.8" E 13° 39' 14.4" **max. WOMOs:** 8
Ausstattung/Lage: Gaststätte / außerorts.
Zufahrt: Direkt unterhalb der Basilika.

Die Basilika auf dem Sveti gora

Wer hier nächtigt, muss sich mit dem Schall der Glocken arrangieren, denn dem Herrn zu Ehren wird hier auch nachts geläutet!
Bei klarem Wetter erhält man einen fantastischen Rundumblick, der kaum zu überbieten ist! Das Auge schweift über das grüne Hügelland bis hin zu den Hochalpen. An anderer Stelle erkennt man TRIEST, VENEDIG und die glitzernde Adria.
Die **Basilika** (16.Jahrhundert) wirkt düster und ist reich geschmückt. Besonders auffällig sind die acht großen, hölzernen Beichtstühle. Die Anzahl der Sünder scheint beträchtlich!
Wir rollen den heiligen Berg wieder hinab. An der Kreuzung im Tal können Sie entweder den direkten Weg (der **Soča** entlang) nach TOLMIN (ca. 35 km) einschlagen oder aber Sie begleiten uns auf einem kleinen Umweg (ca. 15 km mehr). Hierzu überqueren wir die **Soča** mittels einer mächtigen Brücke (Hinweis GORIŠKA BRDA), streifen ein Stück italienischen Boden und schwingen uns schließlich hinauf in eine liebliche Weinregion. Die sanften Hügelketten sind überzogen mit Rebstöcken, und so manche Kuppe ziert ein Dörfchen. Wir erreichen SMARTNO. Es ist nur ein kleines Nest, aber mit ursprünglichem Charakter. Eine **Befestigungsmauer** mit einem **Turm** aus dem 16. Jahrhundert schützt die wenigen Häuser, die von der **Kirche** überragt werden. Durch die Gassen weht italienisches Flair.

Smartno: Farbenfrohe Burggeister

(155) WOMO-Stellplatz: Smartno
GPS: N 46° 00' 18.4" E 13° 33' 18.4" max. WOMOs: 2
Ausstattung/Lage: Wasserstelle, Gaststätte, Mülltonnen / im Ort.
Zufahrt: Am Ortsanfang von der Durchgangsstraße rechts abbiegen, dann noch knapp 100 m (nur für kleinere WOMOs von 5-6 m).

4 km später begrüßt uns DOBROVO mit einem hübschen **Schloss** (gutes Restaurant, **Museum**), von hier aus erhält man einen schönen Blick über die Weinberge.
Wir fahren zurück nach SMARTNO, orientieren uns kurz danach in Richtung PLAVE, welches im **Soča**-Tal an der Hauptstrecke nach TOLMIN liegt.

Bald erreichen wir KANAL, einen lebhaften kleinen Ort, der ebenfalls sehr italienisch anmutet. Auf der „Hauptpiazza" pulsiert das Leben. In der Pizzeria Fontana am **Neptunbrunnen** lassen wir uns eine Pizza schmecken, die sich von der echten italienischen nur durch einen großzügigeren Belag unterscheidet! Am Ortsausgang entdecken wir einen Campingplatz, der rechts unterhalb der Straße liegt.

Im Zentrum von Kanal

(156) WOMO-Campingplatz-Tipp: „Korada" in Kanal
GPS: N 46° 05' 17.6" E 13° 37' 58.3" **Öffnungszeit:** 01.04.-30.09.
Ausstattung/Lage: Gaststätte, Geschäft und Zentrum 300 m, reichlich Schatten / Ortsrand.
Zufahrt: Am Ortsende gleich nach der Tankstelle rechts.

Die Lage nahe der **Soča** ist gefällig, allerdings beschränken sich die sanitären Einrichtungen auf das Notwendigste, auch der Pflegezustand gibt keinen Anlass zu Freudenschreien. Rund 15 km trennen uns jetzt noch von einer Straßenkreuzung nahe TOLMIN, an der sich die Routen der **Variante 1** und der **Variante 2** wieder **vereinigen**. Von nun an geht es eingleisig weiter in Richtung **Wurzenpass**. Zunächst bummeln wir entlang der **Soča** und genießen die reizvolle Landschaft. Kaum dass 15 km abgespult sind, erreichen wir KOBARID. Das hübsche, von Bergen umrahmte Städtchen weist nicht nur alpine, sondern auch mediterrane Züge auf. In den engen

Dolce far niente in Kobarid

Gassen stehen - adrett aufgereiht - zahlreiche Oleander, Palmen und andere subtropische Pflanzen. Wir finden hier Einkaufsmöglichkeiten und eine ordentliche Gastronomie vor. Nahe am Zentrum gibt es einen Parkplatz, umgeben von Häusern und Gärten, der leider mittlerweile mit einem Nachthalteverbot für WOMOs belegt wurde.
<u>Vorsicht:</u> Hoher Absatz bei der Einfahrt!

(157) WOMO-Stellplatz: Kobarid Zentrum
GPS: N 46° 14' 48.9" E 13° 34' 47.8"   **max. WOMOs:** 3
Ausstattung/Lage: Gaststätten und Geschäfte nahebei, sonnig / im Ort.
Zufahrt: In Richtung Zentrum abbiegen, den blauen PKW-Parkplatzhinweisen folgen (Einfahrt nahe der Kirche).

Bekannt ist der Ort vor allem wegen seines mit mehreren Preisen ausgezeichneten **Museums**, welches in drastischer und erschütternder Weise die **Schrecken des Ersten Weltkrieges** aufzeigt. Das unsägliche Leid der Soldaten ist durch viele Fotografien dokumentiert - die Soča-Front verlief nahe KOBARID. Ausgestellt sind unter anderem Waffen, Uniformen und Kriegsgerätschaften (geöffnet täglich von 09.00-18.00 Uhr, Eintritt 5 EUR pro Person).

Die Soča-Front
Es ist kaum vorstellbar, dass sich hier in dieser idyllischen Bergwelt eines der schlimmsten Dramen des Ersten Weltkrieges abgespielt hat, doch leider ist dies bittere Wahrheit. Am 24. Mai 1915 erklärte Italien Österreich-Ungarn den Krieg. Dazu wurden in großem Umfang Truppen in das strategisch wichtige Soča-Tal verlegt. Von hier aus versuchten die Italiener tief nach Österreich-Ungarn einzudringen. Unter General Luigi Cadorna unternahmen sie zahlreiche Offensiven. Die Erfolge waren gering, die erhofften Landgewinne blieben aus. Die Kämpfe im unwegigen Bergterrain gestalteten sich äußerst schwierig und waren von schweren Verlusten begleitet. Ein weit über zwei Jahre langer Zermürbungskrieg begann. Der Durchbruch erfolgte erst im Oktober 1917. Die kämpfenden Parteien waren geschwächt und demoralisiert. Diesen Umstand machte sich die österreichische Armee zunutze, mobilisierte Hunderttausende von Soldaten, schaffte Kriegsmaterial und Waffen heran. Am 24. Oktober 1917 erfolgte ein Überraschungsangriff. Diese zwölfte Offensive dauerte nur vier Tage. Die Österreicher besiegten mit Hilfe der bayerischen Division Edelweiß die Italiener. Man

spricht dabei auch vom ersten europäischen Blitzkrieg. Kriegsberichterstatter zeichneten ein Bild des Grauens. „Abertausende lagen tot oder verwundet auf dem Boden. Überall erblickte man abgetrennte Gliedmaßen, Köpfe und zuckende Leiber. Die Erde war durchtränkt von Blut und Blut tropfte von den Felsen".

Das wahnsinnige Gemetzel an der Soča-Front (auch Isonzo-Front genannt), kostete über eine Million Menschen das Leben. Ernest Hemingway beschreibt in seinem Buch „In einem anderen Land" sehr anschaulich die Kriegsgeschehnisse. Als der Dichter auf einem Schlachtfeld nahe Gorica einen Krankenwagen steuerte, erlitt er dabei diverse Verletzungen. Der Mann wusste, wovon er schrieb...

In etwa zehn Minuten erreicht man vom Museum aus ein **Ossuarium** (Charnel-Haus), das auf einer Anhöhe liegt. In dem

Das Ossuarium in Kobarid

gewaltigen Bau ruhen die Gebeine von über 7000 Gefallenen. Die Gedenkstätte kann auch mit dem WOMO über eine Teerstraße angefahren werden.

In KOBARID gibt es zwei Campingplätze. Besonders das Camp Koren halten wir für empfehlenswert (zum Teil neue Sanitäranlagen). Die Zufahrt zu diesem Platz führt über die imposante steinerne **Napoleonbrücke**.

(158) WOMO-Campingplatz-Tipp: „Koren" bei Kobarid
GPS: N 46° 15' 02.8" E 13° 35' 12.3" **Öffnungszeit:** Ganzjährig
Ausstattung/Lage: Imbiss, Geschäfte/Restaurants im Zentrum (600 m) / außerorts.
Zufahrt: An der Durchgangsstraße gut beschildert.

Und falls Sie Ihre Mitfahrer einmal ausquartieren möchten - im Camp gibt es auch gemütliche Holzchalets...

Oberhalb vom Campingplatz beginnt der Weg zum **Kozjak Slap** (Wasserfall). Er führt zunächst über sonnige Wiesen, im weiteren Verlauf durch schattige Wälder und bietet hier schöne Ausblicke auf die **Soča**, die sich uns im milchig-türkisblauen Kleid präsentiert. Bald schwenkt der Weg etwas ab und folgt dem Flüsschen **Kozjak**. Das Tal wird enger und zeigt sich wildromantisch. Immer näher rücken die Felsen zusammen. Jetzt stapfen wir über Holzstege und kleine Steinbrücken. Schließlich erreichen wir den **Wasserfall**, der weiß gischtend in einer Höhle herabstürzt und sich unten in einem **winzigen See** fängt - ein Anblick von

wirklich seltener Schönheit! Auf dem Rückweg besichtigen wir eine **Italienische Verteidigungsstellung**. Zu sehen sind Reste von Schützengräben, Unterstände und dunkle Gänge, die in den Fels gehauen sind (Taschenlampe!). Der kleine Umweg ist mit einem roten Pfeil gekennzeichnet.
Der Wanderweg verläuft weitgehend eben, selbst bei gemütlicher Gangart benötigt man max. 1,5 Stunden.

Wir wenden uns BOVEC zu. Die Straße zeigt sich zwar kurvenreich, erlaubt aber dennoch eine flotte Fahrt. Bisweilen offenbaren sich schöne Blicke auf das türkisfarbene Band der **Soca**, die sich ihren Weg am Talgrund sucht. Kurz nach einem großen Werk (TKK) entdecken wir rechts einen gut anfahrbaren Brunnen. Nach ca. 15 km erreichen wir die **Boka Brücke** (Most Boka). Davor befindet sich rechts ein Parkplatz. Von hier aus kann man zum **Boka-Wasserfall** wandern (1,5 Stunden hin und zurück). Der Slap Boka bildet einen breiten „Wasservorhang", der sich über 100 m in die Tiefe stürzt. Für fußfaule Touristen interessant zu wissen: der eindrucksvolle Wasserfall lässt sich auch vom Parkplatz aus recht gut beobachten!

Soča: Paradies für Wassersportler

Rund 5 km später begrüßt uns das Städtchen BOVEC (483 m), das linker Hand neben der Straße liegt. Gleich am Ortsanfang links liegt die Station der **Kabinenbahn**, die hinauf auf den 2300 m hohen Hausberg von BOVEC führte. Aus Kostengründen wurde allerdings der Betrieb eingestellt. Die Bergstation lässt sich nurmehr zu Fuß erreichen. Von hier aus kann man weitere schöne Wanderungen unternehmen, bei klarem Wetter schweift der Blick bis hin zur Adria. An der Talstation erstreckt sich ein ausladendes sonniges Parkareal (12 Std./4 EUR, 24 Std./7 EUR, 36 Std./9 EUR).

(159) WOMO-Wanderparkplatz: Bovec
GPS: N 46° 19' 57.1" E 13° 32' 19.9" **max. WOMOs:** 10
Ausstattung/Lage: VE-Station, Strom, teilweise Beleuchtung, Mülltonnen, Gaststätte / Ortsrand.
Zufahrt: Am Ortsanfang von der Umgehungsstraße links abbiegen, nach gut 100 m (gegenüber einer Tankstelle) wieder links abzweigen, noch 200 m.

Im Ortszentrum gibt es einen weiteren Parkplatz, der als Ausgangspunkt für einen Bummel ideal ist. Möchte man sich sportlich aktivieren, so ist man in BOVEC goldrichtig. Kanu- und Kajakfahren, Canyoning, Paragliding, Tennis, Reiten, Radfahren, Wandern und vieles mehr ist möglich. Wenden Sie sich bitte an die örtlichen Reisebüros!

WOMO-Wandertipp: Umgebung von Bovec
Gehzeit: 3 Std.   **Schwierigkeit:** Leicht   **Höhenunterschied:** 200 m
Strecke: Vom Ortszentrum in BOVEC geht man an der **Pfarrkirche des Hl. Ulrich** vorbei bis zur **Feriensiedlung Kaninska vas** und biegt nach rechts ab (Richtung Rombon). Über grasige Abhänge erreicht man einen Schotterweg, der an einem Wassertrog vorbeiführt. Weiter geht es hinunter zum Weiler ZAVRZELNO und bis zur Landstraße BOVEC/PLUŽNA. Hier orientiert man sich rechts und biegt noch vor dem Dorf PLUŽNA nach links ab. Über hügeliges Gelände, durch einen Tobel und schließlich weiter durch eine Ebene, führt der Weg nach DABRA. Nun überquert man die Bahnlinie und folgt den Markierungen nach BOVEC.
Diesen Wandertipp, sowie zehn weitere, finden Sie in einem Prospekt, welches im **Fremdenverkehrsamt** aufliegt. Ein Faltblatt mit **Mountainbike-Tourenvorschlägen** ist ebenso erhältlich!

Ein Stück des Weges nach BOVEC hat man wieder einmal an einer Kreuzung die Qual der Wahl (Soldatenfriedhof nahebei). Wer links abbiegt, kommt über den **Predil-Pass** zur slowenisch-italienischen Grenze. Etwa 15 km sind es bis dahin, die Steigung beträgt 12%. Bereits nach kurzer Weg-

Mediterraner Duft und klare Bergesluft

Auf dem Weg zum Predel-Pass: Festung Kluže

strecke erreichen wir die **Festung Kluže**. Das Fort aus dem Ersten Weltkrieg liegt direkt an einer 61 m tiefen Schlucht, in deren tiefem Grund der Wildbach rauscht. Für 2,50 EUR kann man täglich der Festung zwischen 10.00 und 19.00 Uhr einen Besuch abstatten (**heimatgeschichtliches Museum** und interessante **Bildergalerie**).

WOMO-Wandertipp: Fort Hermann

Gehzeit: Ca. 1 Stunde **Schwierigkeit:** Leicht/mittel **Höhenunterschied:** 130 m
Strecke: Gegenüber der **Festung Kluže** beginnt der mit einem **gelben Kreis** markierte Weg und führt alsbald durch einen Tunnel (Taschenlampe empfehlenswert). Weiter geht`s durch schattigen Laubwald mit mäßiger Steigung. Es folgt ein kurzer steiler Abschnitt durch lockere Steine und Geröll, danach wird es wieder gemütlicher. Bald ist das **Fort Hermann** erreicht, und man kann dessen Geheimnisse erforschen. Gleicher Weg zurück.

Auf guter Straße touren wir weiter und laufen bald in dem idyllischen Bergdorf LOG POD MANGARTOM ein. Oberhalb des örtlichen Friedhofes liegt ein **Soldatenfriedhof** mit einem **Denkmal** zweier Soldaten, deren Blick an die Soča-Front gerichtet ist. Allmählich schwingen wir uns zum **Predel-Pass** auf. Kurz vor der Passhöhe rechts entdecken wir eine weitere trutzige **Festung** mit einem schläfrig wirkenden **Bronze-Löwen** davor (schlechte Parkmöglichkeit). An der Grenzstation drehen wir um und rollen wieder bergabwärts.

Wir wählen jetzt die Strecke durch das **Trenta-Tal**. Dieser Abschnitt gehört mit Sicherheit zum Interessantesten und Eindrucksvollsten, was der Alpenraum zu bieten hat und liegt im **Triglav-Nationalpark**. Die Fahrt verläuft vielfach entlang der

Soča, die immer wieder von abenteuerlichen **Hängebrücken** überspannt wird. Mal zieht der Fluss ruhig in seinem Bett dahin, mal zwängt er sich stürmisch durch enge Felsspalten und kämpft energisch gegen kolossale Steinbrocken an. An anderer Stelle hüpft er fröhlich über Stufen von verschiedener Höhe und bildet gischtende Kaskaden. Beleuchtet die Sonne mit ihren Strahlen das Spektakel, so offenbaren sich die faszinierendsten Blautöne. Darüber erheben sich majestätische Berge, bestanden von ausgedehnten Wäldern. Jenseits der Baumgrenze bildet der blanke Fels einen stimmungsvollen Kontrast zum weißblauen Him-

Die herrliche Bergwelt des Trenta-Tals

Am Campingplatz Klin

Mediterraner Duft und klare Bergesluft

mel. Bald taucht die Ortschaft SOČA (480 m) auf. Die Häuser des netten Dörfchens verteilen sich weit in der Landschaft. Sehenswert ist die **St.-Josef-Kirche** mit ihren schönen **Engel-Fresken**. Hinter dem Gotteshaus erstreckt sich ein **Soldatenfriedhof**, eine letzte Ruhestätte für im 1. Weltkrieg gefallene Soldaten. Markant ist das wuchtige, in den Hang eingelassene **Steinkreuz**. Etwas abseits von der Hauptstraße nimmt das Kamp Klin seine Gäste auf. Der Platz wirkt recht gediegen und bietet eine herrliche Aussicht.

---

(160) WOMO-Campingplatz-Tipp: „Klin" in Soča
GPS: N 46° 19' 48.2" E 13° 38' 37.2"   **Öffnungszeit:** 01.03.-31.10.
Ausstattung/Lage: Bar, Gaststätte, teilweise Schatten / außerorts.
Zufahrt: Von der Hauptstraße rechts abbiegen, noch 800 m, beschildert.

Gut 8 km talaufwärts laufen wir in TRENTA/NA LOGU (662 m) ein. Der Ort präsentiert sich vor einer wunderbaren Bergkulis-

Trenta: Wer hatte hier „Schichtdienst"?

se und zeigt sich ähnlich „zersiedelt" wie SOČA. An der Stelle, an der eine Art Ortskern festzustellen ist, entdecken wir das **Trenta-Haus**. Das Gebäude wirkt modern, enthält ein Info-Büro und beherbergt das umfangreiche **Trenta-Museum**. Hier bekommt man auf drei Stockwerken einen tiefgehenden Eindruck über die Kultur des Tales und des Nationalparks vermittelt (u.a. Rekonstruktion einer Schafalm und einer Schwarzküche, Multivision-Schau, Infos über Flora und Fauna). Geöffnet ist das Museum von 10.00-18.00 Uhr, Eintritt 3 EUR.

Nach TRENTA kündigen große Schilder einen **botanischen Garten** an, das **Alpinum Juliana**. In dem 1926 gegründeten Gelände lassen sich praktisch alle Alpenpflanzen und die des Karstes bewundern. In der Nähe des Gartens kann man auch eindrucksvolle Wanderungen unternehmen.

> **WOMO-Wandertipp: Trenta-Tal**
>
> **Mlinarica-Schlucht:** Nach dem **Alpinum Juliana** biegt rechts am Bach Mlinarica ein beschilderter Fußweg ab, der zu einer engen Schlucht führt, an deren Ende sich ein Wasserfall über die Felsen stürzt. Die Gehzeit beträgt - hin und zurück - ca. eine halbe Stunde.
>
> **Soča-Quelle:** Nach der ersten Straßenkurve hinter dem **Alpinum** biegt links ein Weg zur **Soča-Quelle** ab, die unterhalb einer steilen Felswand entspringt, um sich danach in einem 15 m hohen Wasserfall in die Tiefe zu ergießen. Gehzeit - hin und zurück - ca. 45 Minuten.

Allmählich steigt nun die Straße an und windet sich in unzähligen Kurven und Kehren den Berg hinan. Der Mann (oder die Dame) am Volant darf sich zwar redlich mühen, doch fürchten muss man sich nicht. Die Straße ist relativ breit und Überhänge, die dem Alkoven gefährlich werden könnten, gibt es keine. Ein Schild kündet von 14% Steigung - das ist wohl zu schaffen! Nach der Kehre 48 (die Nummerierung beginnt bei 50 und zählt rückwärts, wenn man von dieser Seite kommt) steht an einem **Aussichtspunkt** die **Büste von Dr. Julius Kugy**, einem Schriftsteller und Bergsteiger und genießt den weiten Blick über das Tal. Wir arbeiten uns weiter - Kurve um Kurve -

Die erhabenen Julischen Alpen

Stelldichein auf der Vršič-Passhöhe

der **Vršič-Passhöhe** entgegen, die auf einem zugigen Bergsattel in stattlichen 1620 m liegt. Hier erwarten uns Berghütte, Kiosk sowie ein gebührenpflichtiger Parkplatz (7 EUR, Übernachten untersagt).

Von nun an geht`s bergab! Auf dieser Seite präsentieren sich die Serpentinen etwas enger und der Belag wird deutlich buckliger. Zahlreiche Radfahrer strampeln uns mit hochroten Köpfen entgegen und bereiten uns mit ihren heftigen Schwenkbewegungen nicht nur die reine Freude. Doch die grandiose Aussicht in die wilde Bergwelt der **Julischen Alpen** macht sämtliche Unbill wieder wett. Auf 1226 m Seehöhe empfängt uns die Koča Na Gozda, eine Berggaststätte mit guter heimischer Küche und einem teils schattigen Parkplatz. Da dieses Gasthaus noch im **Triglav-Nationalpark** liegt, darf hier auch nicht übernachtet werden. Der nächste offizielle Stellplatz befindet sich im nur wenige Kilometer entfernten KRANJSKA GORA.

---

(161) WOMO-Stellplatz: Koča Na Gozda

GPS: N 46° 26' 25.3" E 13° 45' 44.2"   max. WOMOs: 5
Ausstattung/Lage: Gaststätte, Mülleimer / außerorts.
Zufahrt: Nach der Wirtschaft links.

Wir schrauben uns weiter abwärts und entdecken bald (ca. 5,3 km) nach der Passhöhe rechts im Wald die **Russische Kapelle** (Ruska Kapelica). Parken ist kurz zuvor linker Hand möglich. In jüngster Vergangenheit wurde damit begonnen, die Parkflächen zu vergrößern.

Das kleine schlichte Gotteshaus wurde zum Gedenken an 100 russische Kriegsgefangene erbaut, die 1916 beim Bau dieser Straße von einer Schneelawine in den Tod gerissen wurden. Unterhalb der Kapelle, an der Straße, plätschert ein Brünnlein, das von einem Bach gespeist wird. Das Wasser scheint von guter Qualität zu sein.

Nur noch ein kurzes Wegstück trennt uns jetzt von KRANJSKA GORA und **Goldhorn**, das über seinen See wacht (siehe Tour 1). Bereits 18,5 km nach der **Vršič-Passhöhe** erreichen wir die slowenisch-österreichische Grenze am **Wurzenpass**. Der Kreis hat sich geschlossen.

Vršič-Pass: Die Russische Kapelle

Liebe WOMO-Freunde, wir danken Ihnen, dass Sie uns begleitet haben und hoffen, es hat Ihnen genauso viel Spaß gemacht wie uns.

Goldhorn verabschiedet sich...

Mediterraner Duft und klare Bergesluft

Tipps von A - Z

Ausrüstung

Boot, Surfbrett

Mit einem Boot über einen See zu gleiten oder sich von den Wogen des Meeres etwas durchschaukeln zu lassen, kann viel Spaß machen. Vom Wasser aus betrachtet, erscheint das Land zudem in einer anderen Perspektive. Slowenien verfügt über einen - wenn auch nicht sehr langen - Küstenabschnitt am Meer, etliche schöne Seen sowie zahme und wilde Flüsse, auf denen man sich als Freizeitkapitän betätigen kann. Es lohnt sich also, Kanu, Kajak oder ein Schlauchboot mit auf die Reise zu nehmen. Die  größte Marina des Landes finden Sie in PORTOROŽ (Tel.: 066/471 100, Fax 066/471 510).

Natürlich lässt es sich am Meer auch vortrefflich surfen. Zumeist sorgt ein kräftiger Wind für den notwendigen Schub, der allerdings Spitzen erreichen kann, die sogar standfesten Profis gefährlich werden können. Vorsicht ist also angebracht (siehe Bora)!

Falls es die Kapazität Ihres WOMOS nicht zulässt oder Sie den Transport genannter sperriger Sportartikel scheuen, besteht die Möglichkeit, diese bei zahlreichen Verleihern anzumieten.

Fahrrad

Die Möglichkeiten, den Drahtesel zu nutzen, sind mannigfaltig. Es gibt etliche ausgewiesene Radwege, und stetig werden es mehr. Auf wenig befahrenen Landstraßen lassen sich schöne Touren unternehmen, die für jedermann machbar sind. In den gebirgigen Regionen finden die Mountainbiker das gewünschte Betätigungsfeld, um ihre sportlichen Ambitionen zu pflegen. Markierte Trails sind allerdings (noch) selten.

Manch Reisender schwingt sich auch gerne auf sein Zweirad und sondiert damit das Umfeld, beispielsweise nach Ankunft an einem neuen Übernachtungsplatz, oder er nutzt es für den kleinen Einkauf und natürlich zum Brötchen holen.

Ideal ist das Fahrrad für den abendlichen Restaurantbesuch. Das WOMO bleibt stehen, und man darf sich ruhigen Gewissens auch ein zweites Gläschen Wein schmecken lassen.

In vielen größeren Orten kann man sich ein Bike bei diversen Geschäften, Touristenbüros und Hotels leihen, ebenso vermieten auch einige Campingplätze das „Objekt der Begierde". Allerdings müssen bisweilen bei der Qualität Abstriche gemacht werden.

Angelausrüstung

Keinen Angelschein benötigen Petri-Jünger, die am Meer vom Ufer aus ihr Glück versuchen. Erlaubt ist ein maximaler Fang von 5 kg täglich. Möchte man jedoch weiter draußen fischen, muss man im Besitz einer Genehmigung sein, die von der jeweils zuständigen Gemeinde ausgestellt wird und freilich kostenpflichtig ist.

Für das Angeln in Flüssen und Seen braucht man eine Tageskarte (erhältlich in Touristenbüros sowie manchen Hotels und Campingplätzen), die u.U. recht teuer sein kann. Nicht selten sind die Köder vorgeschrieben und die Fangmengen begrenzt.

Weitere Infos erteilt das Fischerei-Institut (Zavod za Ribištvo) in LJUBLJANA unter Tel.: 061/126 2019, Fax 061/125 5185

Tauch-, Schnorchelausrüstung
Die Meeresküste bietet vielerorts ordentliche Bedingungen für Taucher. Will man nicht nur mit dem Schnorchel, sondern auch mit Pressluftflaschen die Unterwelt erforschen, bedarf es einer Genehmigung, die vom jeweiligen Hafen- bzw. Gemeindeamt, der Polizei oder auch dem Touristenbüro ausgestellt wird.

Mit Ausnahme des Geländes der Fischzuchtanlage im **Bohinj-See** darf auch in allen geeigneten Flüssen und Seen des Landes getaucht werden.

Weitere Infos erhalten Sie vom Tauchklub:
Slovenska potopljaška zveza
Celovška 25
Tel.: 061/1339 308

Auskünfte erteilt auch:
Klub Dufa
Hrvatini 220 a
6280 ANKARAN

Auskunftsstellen

Möchten Sie sich noch zu Hause über Ihr Urlaubsziel informieren? Dann wenden Sie sich an die Vertretungen der Fremdenverkehrsbüros:

Slowenisches Fremdenverkehrsamt
Maximiliansplatz 12 a
80 333 München
Tel.: + 49 - (0)89 - 29 16 12 02
Fax: + 49 - (0)89- 29 16 12 73
E-mail: slowenien.info@slovenia.info

Slowenisches Tourismusbüro
Opernring 1/R/4/447
A - 1010 Wien
Tel.: + 43 - (0)1 - 71 54 01 0
Fax: + 43 - (0)1 - 71 38 17 7
E-mail: slowenien.info@slovenia.info

Slowenisches Verkehrsbüro
Lerchenstraße 16
CH - 8027 Zürich
Tel.: + 41 - 43 - 34 43 23 2
Fax: + 41 43 - 34 43 23 3
E-mail: slowenien@uniquetravel.ch

Infos direkt aus Ihrem Urlaubsland erhalten Sie von:

Slowenische Tourismuszentrale
Dimičeva ulica 13
SL - 1000 Ljubljana
Tel.: + 386 - 1 - 589 85 50
Fax: + 386 - 1 - 589 85 60
E-mail: info@slovenia.info

Sollten Sie die Hilfe der Diplomatischen Vertretungen suchen, wenden Sie sich bitte an:

Deutsche Botschaft
Prešernova 27
1 000 Ljubljana
Tel.: + 386 - 14 79 03 00
Fax: + 386 - 14 25 08 99
E-mail: info@laibach.diplo.de

Österreichische Botschaft
Prešernova cesta 23
1 000 Ljubljana
Tel.: + 386 - 14 79 07 00
Fax: + 386 - 12 52 17 17
E-mail: laibach-ob@bmeia.gv.at

Schweizer Botschaft
Trg republike 3 / VI
1 000 Ljubljana
Tel.: + 386 - 12 00 86 40
Fax: + 386 - 12 00 86 69
E-mail: lju.vertretung@eda.admin.ch

Slowenische Botschaften in Deutschland und Österreich finden Sie in:

Hausvogteiplatz 3-4
10117 Berlin
Tel.: + 49 - (0)30 - 20 61 45 0
E-mail: vbn@gov.si

Lindwurmstraße 14
80 045 München
Tel.: + 49 - (0)89 - 54 39 81 9
E-mail: kmu@gov.si

Nibelungengasse 13/III
A - 1010 Wien
Tel.: + 43 - (0)1 - 58 61 30 9
E-mail: vdu@gov.si

Ärztliche Hilfe

Der Standard des Gesundheitswesens in Slowenien entspricht dem europäischen Niveau. Bürger verschiedener EU-Länder, die Mitglied in einer gesetzlichen Krankenkasse sind, haben Anspruch auf kostenlose medizinische Hilfe bzw. Behandlung. Diese Regelung gilt auch für Deutsche und Österreicher. Vorzulegen ist allerdings die Europäische Versichertenkarte der heimatlichen Krankenkasse. Unter Umständen muss diese bei der dortigen Krankenkasse vorgewiesen werden, wo man eine sogenannte „Bescheinigung über die Inanspruchnahme von Sachleistungen in Gesundheitseinrichtungen" erhält.
Kann man keine entsprechende Bescheinigung vorweisen, müssen ärztliche Behandlungen und Medikamente bar bezahlt werden. Gegen Vorlage einer Rechnung bekommen Sie aber zu Hause die Unkosten von Ihrer Krankenkasse ersetzt, wenn auch nicht immer in voller Höhe.
Jede größere Stadt verfügt über ein Krankenhaus (Bolnišnica oder Bolnica) oder zumindest über eine Krankenstation (Zdravstveni). Viele Ärzte sprechen Deutsch und Englisch. Während der Saison werden in vielen Touristenzentren zusätzliche Krankenstationen eingerichtet.
Dringend zu empfehlen ist der Abschluss einer Auslandskrankenversiche-

rung, eine Investition von nur wenigen Euros, die aber im Falle eines Falles Gold wert sein kann. Wenden Sie sich an Ihre Versicherung oder einen Automobilklub.

Bestens abgesichert ist man in ganz schlimmen Fällen mit einem Auslandsschutzbrief. Sie, Ihre Familie und auch das WOMO werden kostenlos nach Hause transportiert. Den Schutzbrief bekommen Sie beim ADAC oder auch bei Ihrer Assekuranz.

Der **Rettungsdienst** heißt auf slowenisch **Reševalci** und ist unter den **Nummer 112** telefonisch zu erreichen.

Autounfall, Panne

Sollten Sie in einen Unfall verwickelt werden (Bagatellschäden ausgenommen), so ist es unerlässlich, die **Polizei** (**Policija, Tel.: 113**) zu rufen, von der man sich ein **Protokoll** (Potvrda) anfertigen lassen sollte. Weist das Fahrzeug gravierende Schäden auf und es fehlt bei der Weiter- oder Ausreise besagtes Protokoll, gibt es massiv Ärger. Auch nach den Grenzöffnungen muss mit Kontrollen u.a. auch durch „Fliegende Kolonnen" gerechnet werden. Verständigen Sie ebenso Ihre Versicherungsgesellschaft! Vergessen Sie nicht, mehrere Fotos aus verschiedenen Perspektiven vom Unfallort zu machen.

Zwei prophylaktische Maßnahmen erscheinen uns als unbedingt erforderlich: Der Abschluss einer Vollkasko - sowie einer Rechtsschutzversicherung. Zeitlich befristete Abschlüsse sind möglich.

Bestimmt nicht so schlimm wie ein Unfall, aber dennoch äußerst ärgerlich kann eine Panne sein. Der slowenische Automobilklub, bzw. dessen **Straßenwacht** ist rund um die Uhr landesweit unter der **Telefonnummer 1987** zu erreichen. Für ADAC-Mitglieder ist Pannenhilfe vor Ort bzw. das Abschleppen zur nächstgelegenen Werkstatt nicht mit Kosten verbunden.

Der Hauptsitz des Klubs AMZS-Slowenische Automobilvereinigung ist in:

Dunajska 128
SI - 1000 Ljubljana
Tel.: + 386 15 30 53 60
Fax: + 386 15 68 53 17

Die deutschsprachige **ADAC-Auslandsnotrufstelle** in Kroatien ist ebenfalls für Slowenien zuständig (**Tel.: 00 385/1528 116**, ganzjährig).

Um Pannen soweit als möglich auszuschließen, sollte vor einer Urlaubsreise eine Durchsicht bzw. ein Kundendienst am WOMO durchgeführt werden. Besonderes Augenmerk dabei verdienen die Bremsen, die in den bergigen Regionen stark beansprucht werden.

Die Mitnahme einiger Ersatzteile kann beruhigend und sehr hilfreich sein. Technisch versierte Leute wissen, was ins Gepäck gehört. Technische Laien lassen sich am besten in einer Fachwerkstatt beraten und ein entsprechendes Ersatzteilpaket schnüren - nach Möglichkeit mit Rückgaberecht bei Nichtgebrauch.

Noch ein Tipp: Es mag nicht sonderlich professionell anmuten, doch in so manchem Fall haben sich schon Bindedraht und Isolierband als „Erste Hilfe" bewährt.

Bora

Dieser kalte Wind (Sturm wäre die bessere Definition) tritt vor allem im Bereich der Nordadria auf und kann äußerst heftig sein. Die Bora bricht meist plötzlich über das Gebirge auf die Küste herein und kann eine Intensität erreichen, die Wohnmobilen, Wohnwagen und leichteren LKWs zum Verhängnis werden kann. Es soll schon vorgekommen sein, dass solche

Fahrzeuge umgeworfen bzw. von der Straße geweht wurden. Deshalb ergeht der Rat: bei Einsetzen starken Windes den nächsten Parkplatz anzulaufen und sein Mobil hier abzustellen. Dabei ist es natürlich sinnvoll, dem Wind die geringste Angriffsfläche (Front-Heckseite) zu bieten - das Fahrzeug muss also entsprechend ausgerichtet werden! Im Bedarfsfall werden auch ganze Straßenstriche gesperrt!

In Bedrängnis bringen kann die Bora freilich auch diverse Wasserfahrzeuge. So schnell wie möglich sollte man das schützende Ufer anpeilen und hier Boot o.ä. gut verstauen. Eine besondere Heimtücke dieses Windes ist der Umstand, ablandig zu blasen, d.h. potentielle „Opfer" werden auf das offene Meer hinausgedrückt!

Campingplätze

Campingfreunde können in Slowenien auf rund 50 Plätze zurückgreifen. Von wenigen Ausnahmen abgesehen, weisen diese einen guten Standard auf und werden ordentlich gepflegt. Die Anzahl der Campingplätze wäre durchaus als ausreichend zu betrachten, nur die Verteilung ist etwas unglücklich. Gibt es beispielsweise im Soča-Tal deren reichlich, so fehlen sie in manchen Bereichen ganz (zwischen DRAVOGRAD und MARIBOR sowie im mittleren Süden des Landes). Tragisch ist das nicht, denn schließlich gibt es genügend Stellplätze. Wer den Campingplatz bevorzugt, kann auch die „Durststrecken" in relativ kurzer Zeit überwinden und das nächste Camp anlaufen.

Fast überall wird zur Kostenberechnung nur der Personenpreis erhoben, das Wohnmobil geht inklusive. Je nach Lage und Güte des Platzes müssen ca. 7 bis 12 EUR pro Person veranschlagt werden. Weniger oder mehr wird man kaum bezahlen. Eine Ausnahme dabei sind Campingplätze, die einem Thermalbad angeschlossen sind. Da kann der Preis pro Nase auf ca. 12 bis 20 EUR steigen, doch beinhaltet er dann den Eintritt in die Therme. Stellt man eine Einzelberechnung (Bad- und Campinggebühren extra) an, merkt man schnell, dass diese Angebote als recht günstig zu werten sind.

Stromgebühren werden stets separat erhoben und sind keineswegs ein Schnäppchen. Zwischen mindestens 2 und 4,50 EUR pro Tag werden hierfür verlangt. Wenn wir auf dem Campingplatz sind, verzichten wir auf den Stromanschluss und betreiben den Kühlschrank ausschließlich mit Gas - das ist deutlich günstiger und erspart auch die „Strippenzieherei".

Ein Gratisheft mit dem Titel „Campingplätze in Slowenien" verschickt das Fremdenverkehrsamt. Darin sind rund fünfzig Plätze aufgelistet, teilweise mit Bild und recht umfangreicher Beschreibung. Angegeben sind auch Öffnungszeiten und Preise - gänzlich darauf verlassen sollte man sich allerdings nicht.

Die Adresse:
Slowenisches Fremdenverkehrsamt
Maximiliansplatz 12 a
D - 80 333 München   089/2916 1202

Diebstahl

Slowenien gilt als sicheres Land - das ist erstmal schön zu wissen! Schwere Verbrechen sind vergleichsweise selten. Laut Statistik gehen 90 Prozent aller Straftaten auf das Konto von Diebstählen. Niemand ist gänzlich gefeit vor dem Zugriff böser Buben - weder hier noch anderswo. Man muss also überlegen, wie man den Dieben ins Handwerk pfuschen und ihnen das Leben so schwer wie nur irgend möglich machen kann. Zweifelsohne funktioniert das auch, wenn man gewisse Vorsichtsmaßnahmen trifft und einige Dinge beherzigt.

Gelegenheit macht Diebe. Dieser Spruch hat sich leider schon oft bewahrheitet. Schließen Sie die Fenster und sperren Sie die Türen ab. Immer! Selbst wenn sie „nur" schnell in der Tankstelle bezahlen oder mal kurz ein Brot in der Bäckerei holen ist das äußerst ratsam. Einem geübten Dieb reicht diese Zeit locker für den schnellen Griff ins Fahrzeug. Für eine längere Abwesenheit vom WOMO steuern Sie am besten einen bewachten Parkplatz an und schalten Ihre Alarmanlage scharf. Diese Anlage sollte mit einer separaten, lauten Hupe ausgestattet sein. Profis zwicken zuerst das Kabel des Original-Signalhorns durch, deswegen sollte die zweite Hupe unbedingt versteckt platziert werden. Eine Alarmanlage ist kein Allheilmittel, leistet aber gute Dienste. Vielleicht sind Sie noch in der Nähe, um das akustische Signal zu hören, oder andere Leute werden darauf aufmerksam - zumindest der Parkplatzwächter (falls er nicht schon wegrationalisiert wurde) sollte es vernehmen. Stecken Sie ihm ein kleines Trinkgeld zu - das kann enorm die Sinne schärfen.

Der WOMO-Knackerschreck (siehe Bestellseite am Buchende) verhindert zuverlässig das Öffnen der Fahrerhaustüren. Das Gerät ist von außen deutlich durch die Scheiben sichtbar und kann schon dadurch potentiellen Einbrechern die Sinnlosigkeit ihres Unterfangens suggerieren.

Begehrt bei Ganoven sind natürlich die Autoradios. Ist Ihr Gerät mit einer „Quick-out-Halterung" versehen, kann es mit einem Handgriff ausgebaut und mit zum Stadtbummel genommen werden. Diese praktische Vorrichtung erfüllt aber nur ihren Zweck, wenn Sie Ihr Radio wirklich bei sich führen und nicht etwa unter dem Kopfkissen deponieren. Bei neueren Wohnmobilen sind Autoradio, CD-Player bzw. auch Navi meist ohnehin im Armaturenbrett integriert. Die Gefahr eines Diebstahles ist da gering. Das Autoradio im Schacht ist aber auf Grund des hohen Durchschnittsalters (ca. 12,5 Jahre) von WOMOs noch längst nicht ausgestorben. Ratsam ist es auch, das mobile Navi von der Windschutzscheibe zu nehmen.

Denken Sie daran, dass potentielle Diebe Sie beobachten. Verlassen Sie Ihr Fahrzeug ohne Radio, Handtasche und Fotoapparat, müssen diese Dinge zwangsläufig im Wagen sein, und das fördert freilich den Ehrgeiz der Bösewichte. Tragen Sie alle Wertsachen dicht am Körper (Bauchtasche, Brustbeutel und Handtaschen auf der straßenabgewandten Seite). Zugegeben - das alles kann recht lästig sein, aber bestohlen zu werden ist weitaus schlimmer.

Wer sich mit der Schlepperei partout nicht anfreunden will, der baue sich einen soliden Tresor in die Sitzkonsole oder an anderer geeigneter Stelle ins Fahrzeug. Größere Wertgegenstände verschwinden in einer festgeschraubten Blechkiste (mit Schloss) im Staufach.

<u>Und noch ein paar Tipps:</u>
Lassen Sie Ihren teuren Schmuck daheim, die Rolex tauschen Sie für die Zeit Ihres Urlaubs gegen ein Billigmodell.
Verstecken Sie weder Geld noch Papiere im Wohnmobil. Die vermeintlich so genialen Verstecke, z.B. zwischen dem Geschirr, im Kühlschrank, hinter dem Duschvorhang usw., sind auch den bösen Buben bekannt. Wir wissen von einem Fall, da hatten sich die Leute fünf tolle Möglichkeiten ausgedacht, um Geld, Pässe und Kreditkarten „unauffindbar" zu verstauen. Nach nur einer viertel Stunde Abwesenheit kehrten sie zurück und standen vor dem Nichts. Die Diebe haben in dieser kurzen Zeit restlos alles gefunden und mitgehen lassen (passiert ist diese wenig erquickliche Geschichte nicht in Slowenien, sondern in Italien).
Seien Sie an Autobahn-Raststätten bzw. Parkplätzen besonders vorsichtig. Lassen Sie sich nicht in Gespräche verwickeln, es können Ablenkungsmanöver sein, währenddessen ein zweiter Mann die Zeit nutzt und „zuschlägt"!
<u>Last but not least:</u> Sollte Sie das Schicksal doch einmal ereilt haben, wer-

den Sie froh sein um die Fotokopien, die Sie von allen wichtigen Papieren gemacht und natürlich getrennt aufbewahrt haben noch „eleganter" ist es seine Dokumente zu fotografieren, um dann die Bilder auf einen Stick zu ziehen. Dieses Teil lässt sich bei (fast) jeder Gelegenheit am Körper tragen.

Einreiseformalitäten

Auf Grund der Flüchtlingsproblematik wurden die Grenzkontrollen wieder eingeführt. Große Übergänge stehen dabei jetzt erneut unter sehr häufiger Überwachung, kleinere deutlich weniger. Ob und wie lange dies so bleibt, ist im Moment nicht zu sagen. Es bleibt zu hoffen, dass möglichst bald wieder der Normalstatus zurückkehrt - also freie Fahrt! Slowenien gehört bereits seit 2004 zur EU.
Sollte nach Drucklegung die „Reisefreiheit" wieder eingeführt werden, müssen Sie natürlich stets einen gültigen **Ausweis** oder **Reisepass** bei sich tragen. Sporadische Kontrollen gab es auch schon zuvor, daran wird sich wohl nichts ändern. Wir kennen zwei Fälle, in denen die Reisenden blauäugig ohne Papiere unterwegs waren und dann so richtig Ärger bekommen haben...
Bitte beachten Sie, dass seit 26.06.2012 jedes **Kind** ein **eigenes Reisedokument** mit biometrischem Foto benötigt. Einträge im Pass der Eltern gelten nicht mehr. Ausgestellt wird der sogenannte Kinderreisepass von der jeweiligen Kommune, dazu muss die Geburtsurkunde vorgelegt werden. Die Kosten belaufen sich auf 13 EUR.
Von Vorteil ist es, sowohl Pass als auch Ausweis mit auf die Reise zu nehmen. Auf manchen Campingplätzen wird für die Dauer des Aufenthaltes ein entsprechendes Dokument einbehalten. In diesem Fall fühlt man sich deutlich wohler, wenn man ein zweites in der Tasche weiß.
Notwendig sind des weiteren der **Fahrzeugschein** und der nationale **Führerschein**. Nicht mehr zwingend vorgeschrieben ist die internationale **Grüne Versicherungskarte** - deren Mitnahme sei Ihnen aber trotzdem dringend ans Herz gelegt!
Ratsam ist ebenso der Abschluss einer **Vollkasko-Versicherung** für Ihr WOMO. Sollten Sie keine haben - die Versicherungsgesellschaften bieten entsprechende „befristete Produkte" an.
Die Nationalitätskennzeichen - also die **D-Aufkleber** (bzw. A oder CH) - müssen auch weiterhin das Fahrzeug schmücken. Das in den neueren deutschen Kennzeichen vermerkte „D" ist allein nicht ausreichend. Bei Fehlen des entsprechenden Aufklebers werden Sie u.U. gebeten, die slowenische Staatskasse etwas zu bereichern.

<u>Zu guter Letzt:</u> Natürlich brauchen Sie weder ein Visum, noch gibt es einen Pflichtumtausch. (Bisweilen geistern diesbezüglich immer noch hartnäckige Gerüchte herum, die auf alten, längst vergangenen sozialistischen Zeiten gründen.)

Fauna

Slowenien ist ein waldreiches Land und bietet daher einen idealen Lebensraum für Wildtiere. Dementsprechend facettenreich gestaltet sich die Palette dessen, was da kreucht und fleucht. Groß sind die Bestände an Damhirschen, Rehen, Wildschweinen und Hasen. In Gebirgsgegenden trifft man auf Gemsen und Mufflons. Unwegiges Gelände nutzen Luchse, Dachse und sogar Wölfe für ihre Streifzüge. In den dichten Wäldern nördlich der kroatischen Grenze „wohnen" etliche Braunbären. Zu Gesicht wird man die scheuen Petze allerdings kaum bekommen. Zahlreich vorhanden, wenngleich meist unsichtbar, sind die Baum- und Steinmarder. Leider dokumentieren diese niedlichen Gesellen ihre Existenz bisweilen durch zerbissene

Kabel oder zerrupftes Dämmmaterial an Fahrzeugen. Wir hoffen, dass Ihr WOMO verschont bleibt.

Ornithologen haben insgesamt 344 Vogelarten katalogisiert. Neben allerlei Zugvögeln bevölkern auch Habichte, Sperber sowie Steinkäuze und Uhus die Lüfte. Mit etwas Glück kann man in gebirgigen Regionen Adler kreisen sehen. Freilich gibt es Wasservögel aller Art, aber auch Fasane, Reb- und Birkhühner.

Vielerorts sonnen sich Eidechsen auf Steinen, die, wenn sie sich gestört fühlen, blitzschnell in irgendwelchen Mauerritzen verschwinden. Vor Schlangen muss man sich kaum fürchten, trotz der Bezeichnungen Leopard-, Katzen- oder Zornnatter erweisen sich diese Kriechtiere als genauso harmlos wie Blindschleichen und Ringelnattern. Giftige Schlangen, wie etwa Kreuzottern oder Hornvipern gelten als ausgestorben - so sagt man wenigstens! Andere behaupten allerdings, nicht alle dieser Reptilien hätten von ihrem Tod bereits Kenntnis erlangt...

Aber ernsthaft: Giftschlangen stellen keine allzu große Bedrohung dar. Sie greifen nur an, wenn sie sich gereizt oder in Gefahr sehen.

Im Meer tummeln sich Seezunge, Seebarsch, Tintenfisch, Sardine, Makrele und Steinbutt - um die wichtigsten Vertreter der Unterwasserwelt zu nennen. Flüsse beherbergen Welse, Hechte und Flussbarsche. Vor allem aber wird man häufig auf die marmorierte Soča-Forelle treffen, die als Spezialität gilt. Häufigster Bewohner von Seen ist der Karpfen.

Zuletzt sei noch der „proteus anguinus" aufgeführt. Hinter dieser Bezeichnung verbirgt sich ein eigenartiger Grottenolm, der in den Höhlenseen des Karstes lebt.

Feiertage

1. und 2. Januar	Neujahrsfeiertage
8. Februar	Prešeren-Tag, slowenischer Kulturfeiertag
variabel	Ostersonntag und Ostermontag
27. April	Tag des Aufstandes gegen die Okkupation
1. und 2.Mai	Ferien zum Tag der Arbeit
variabel	Pfingstsonntag
25. Juni	Nationalfeiertag
15. August	Maria Himmelfahrt
31. Oktober	Reformationstag
1. November	Allerheiligen
25. Dezember	Weihnachten
26. Dezember	Unabhängigkeitstag

Am 11. November ist Martinstag. Obwohl dieser keinen offiziellen Feiertag darstellt, gilt er als wichtiger Termin. Von da an darf Traubenmost als Wein deklariert und als solcher verkauft werden.

Flora

Verglichen mit anderen zentraleuropäischen Ländern besitzt Slowenien einen hohen Waldbestand - mehr als die Hälfte des Landes dient als grüne Lunge. Knapp 20 Prozent davon sind Fichtenwälder, den großen Rest teilen sich Weiß- und Rotbuchen, Eichen, Kastanien und andere Laubbäume. Die Küstenregion erfuhr einst einen heftigen Raubbau, doch auch hier haben bereits wieder Seestrandföhren, Aleppokiefern, Steineichen und verschiedene hartlaubige Gewächse Fuß gefasst. Das Mittelmeerklima lässt Zitrusgewächse, Oliven-, Feigen- und Granatapfelbäume prächtig gedeihen, ebenso wie Oleander- und Bougainvilleabüsche. Vielerorts wippen auch die elegant geschwungenen Blätter hoher Palmen im Wind, und Agaven recken ihre oft meterhohen Blüten in den Himmel. Dies bedeutet allerdings für die Pflanzen auch den Eingang in den botanischen Himmel, denn nach

der Blüte sterben sie ab. Nicht selten ist das Vorkommen von Feigenkakteen. Längere sommerliche Hitze- und Trockenperioden scheinen spurlos an ihnen vorüberzugehen.
Teile der Küste und des Hinterlandes sind von Macchia überzogen. Dies ist ein kaum zu durchdringendes Gestrüpp aus verschiedenen Sträuchern. Am schönsten zeigt sie sich im Frühjahr zur Zeit der Hauptblüte. Zum bunten Meer der Farben gesellen sich herbe und bittersüße Düfte, und dann avanciert die Macchia zum Fest der Sinne. Wer ihr zu nahe kommt, wird allerdings einen weiteren Sinn erleben können. Neben Gesträuch mit zarten oder ledrigen Blättern gibt es auch Büsche mit Dornen bzw. Stacheln. Ungebetene Eindringlinge werden dies schnell zu spüren bekommen.

In den Alpenregionen gedeihen zahlreiche Bergpflanzen. Besonders hervorzuheben sind dabei der stengellose blaue Enzian, der Julische Mohn, die Carniola-Lilie und eine rote Campanula, die Zois-Glockenblume. Vor allem im Triglav-Nationalpark wächst die sog. Triglav-Rose. Sie gilt schon fast als Wahrzeichen des Parks. Die Bezeichnung ist allerdings irreführend, denn um eine Rose handelt es sich hier nicht. Vielmehr ist diese rosafarbige Staude den Potentilla-Gewächsen (Fingerkraut) zuzuordnen.

Filmen/Fotografieren

Natürlich möchte man seine Urlaubserinnerungen in Bild (und Ton?) festhalten. Vielleicht besitzen Sie eine (gute) Digitalkamera mit einer Speicherkarte für mehrere hundert Bilder (ich denke da an ca. 4-8 GB Speicherplatz), dann sind Sie auf der sicheren Seite!?
Bitte bedenken Sie, dass auch Speicherkarten nicht ewig leben bzw. einen plötzlichen „Tod" sterben können. Vorsichtige Menschen sorgen deshalb für eine regelmäßige Zwischenspeicherung auf dem Laptop (was waren das für schöne Zeiten, als man maximal 36 Bilder auf einem Film einbüßen musste).
Der Akku Ihrer Digitalkamera muss regelmäßig geladen werden! Beruhigend ist ein Zweitakku und natürlich ein Ladegerät, idealerweise mit wohnmobilverträglichem 12-V-Betrieb. Es gibt Ladegeräte (z.B. der Digicharger Vario Pro von Anssmann), mit dem man fast alle Akkus an 100-240 V Wechsel- und 12 V Gleichstrom laden kann.
Dies gilt auch für die Akkus Ihrer Videokamera (Ihres Camcorders), es sei denn, der Akku kann direkt in der Kamera über einen USB-Anschluss geladen werden. Dafür brauchen Sie lediglich ein USB-KFZ-Ladegerät für weniger als 5 EUR.
Fotografieren Sie in Morgen- oder frühen Abendstunden. Mittags geschossene Bilder können milchig werden. <u>Und noch eins:</u> In den dunklen Gebäuden und Kirchen benötigen Blitz und Belichtungssteuerung viel Energie. Denken Sie daran!
<u>Noch ein Tipp:</u> In Ljubljana finden Sie etliche gut sortierte Fotogeschäfte. Hier erhält man am ehesten evtl. fehlendes Zubehör und Ersatzteile sowie Batterien, die nicht schon „bestens abgelagert" sind. Uns wurde auch berichtet, dass Reparaturen schnell und preisgünstig ausgeführt werden.

Freies Übernachten

In unserem Buch haben wir eine Vielzahl an Übernachtungsmöglichkeiten aufgeführt und den Weg zu diesen genau beschrieben. Wir haben für Sie Plätze in Stadtnähe, die ideal für Besichtigungen sind, ebenso wie ruhige Schlafplätze außerhalb gefunden. Wir zeigen Ihnen Nächtigungsgelegenheiten bei Gaststätten oder Hotels. Natürlich gebietet es der Anstand, will man letztgenannte Örtlichkeiten in Anspruch nehmen, eine Erlaubnis einzuholen. Selbstverständlich sollte hier auch zumindest eine Mahlzeit eingenommen werden. Wir lotsen Sie auf Badeplätze, von denen aus Sie ein erfrischendes Bad nehmen können. Unser Bestreben war es, deren möglichst viele zu finden.

Sie können all diese Plätze anfahren - natürlich müssen Sie es nicht. Für den Fall, dass Sie sich selbst auf die Suche machen, dürfen wir Ihnen vielleicht ein wenig Hilfestellung leisten. Fündig wird man meist auch bei Sportplätzen, an Aussichtspunkten, bei Kapellen oder Kirchen, wenn diese etwas außerhalb liegen, und - sofern man da keine Vorbehalte hat - bei Friedhöfen. An allen genannten Orten steht in der Regel auch ein Parkplatz zur Verfügung.

Eine nicht zu verachtende Möglichkeit ist folgende: Sprechen Sie bei Privatleuten vor, die einen zweckdienlichen Hof ihr Eigen nennen. Bringen Sie Ihr Anliegen vor, also dass Sie hier übernachten wollen, und sichern Sie Ihren potentiellen Gastgebern zu, keine weiteren Umstände zu machen. Vielleicht ernten Sie zunächst Erstaunen, anschließend aber meist freundliches Wohlwollen. Die Menschen sind oft froh für ein bisschen Abwechslung. Wir sind bei solchen Aktionen schon zum Essen eingeladen worden, und

Typische slowenische Versorgungssäule

zum Frühstück fanden wir Eier oder ein Glas selbst produzierten Honig vor der WOMO-Tür. Natürlich haben wir uns entsprechend revanchiert.

Auf diese Art und Weise lernt man Land und vor allem Leute besser kennen, und bisweilen entstehen daraus sogar dauerhafte freundschaftliche Beziehungen. Mit etwas Glück trifft man sogar auf deutschsprachige Leute, was freilich vieles erleichtert. Ansonsten radebrechen Sie mit Hilfe unseres Kapitels „Verständigung" - das kann auch recht interessant sein. Bei der Wahl seiner „Opfer" sollte man natürlich etwas Fingerspitzengefühl walten lassen, und ländliche Gebiete eignen sich naturgemäß besser für diesen Zweck als urbane.

Machen Sie sich zum Grundsatz, Ihre Übernachtungsplätze rechtzeitig zu suchen. Das soll heißen: Nicht erst, wenn Sie vor Müdigkeit schon halbtot sind und nicht im Dunkeln! Bestimmt kennen Sie das auch - es gibt Tage, da funktioniert einfach nichts. Kreuzen Sie nicht lange hin und her, Sie ärgern damit nur sich und Ihre Lieben. Fahren Sie in diesem Fall am besten einen Campingplatz an.

Im Jahr 2016 kam ein neues Stellplatzheft heraus - das sog. „Stop Rest Experience" (www.camperstop.si). Darin werden rund 90 Plätze vorgestellt, die aber zum Teil erst in den kommenden Jahren fertig gestellt sein werden.

Auf jeden Fall ist aber Bewegung zu sehen - das war nicht immer so! Allerdings hat uns das Slowenische Fremdenverkehrsbüro - trotz Anfrage - keines dieser Exemplare geschickt. In einer Touristeninfo im Lande (Metlika) wurde uns aber weitergeholfen.

Laut Aussage des ADAC und einiger Reiseführer ist das „Freie Campen" offiziell untersagt. An dieser Stelle sei vermerkt, dass man aber in aller Regel nicht von einem Platz vertrieben oder gar mit Strafe belegt wird. Im Gegenteil - bisweilen erfolgte nach Vorsprache in einem Touristenbüro oder einer Gaststätte sogar eine Einladung, hier zu nächtigen, und uns wurde ein entsprechendes Fleckchen angeboten. Man fühlt sich inzwischen als Wohnmobiltourist willkommen.

Die einzige uns bekannte **Ausnahme** stellt der **Triglav-Nationalpark** dar. Zwei Leser berichteten uns, zwar höflich, aber bestimmt eines Platzes verwiesen worden zu sein, in einem weiteren sogar unter Androhung von Strafe (50 EUR pro Person). Da dieser Park als Naturschutzgebiet ausgewiesen ist, sind Übernachtungen (auch mit Zelt) laut Gesetz untersagt. Drückte man bisher schon mal ein Auge zu, so scheint dies neuerdings nicht mehr der Fall zu sein. Nutzen Sie daher unsere Platzempfehlungen in diesem Park nur für Besichtigungen, Pausen oder vielleicht auch ein Schläfchen - aber nur tagsüber! Die entsprechenden Plätze sind in den Tourentexten weiß belassen.

Der Wohnmobil-Tourismus in Slowenien ist bis jetzt noch nicht sonderlich ausgeprägt. WOMOs werden bis dato nicht wie anderenorts als Störfaktor betrachtet und man fühlt sich als willkommener Gast. Bitte tragen Sie durch Ihr rücksichtsvolles Verhalten dazu bei, dieses positive Image zu erhalten.

Gas

Über den Daumen gepeilt, benötigt eine vierköpfige WOMO-Besatzung pro Woche rund 2,5 bis 3 kg Gas, wobei der Kühlschrank den Löwenanteil „verzehrt". Wir gehen davon aus, dass die meisten Wohnmobile mit zwei Flaschen a 11 kg oder sogar einem Gastank höherer Kapazität bestückt sind. Sorgt man zu Hause bereits für eine frische (zudem meist günstigere) Füllung der Behältnisse, so wird man im Urlaub wohl kaum in die Bredouille kommen. Lässt es die Ladekapazität zu, kann man evtl. auch eine Reserveflasche mitreisen lassen.

Trifft wirklich einmal der Fall ein, dass der Herd kalt bleibt und der Kühlschrank warm wird - also akuter Gasmangel die Urlaubslaune trübt - besteht die Möglichkeit, Gasflaschen nachfüllen zu lassen. Falls der Anschluss nicht passt (was durchaus passieren kann), freut man sich über das Adapter-Set, welches man bereits vorher im heimischen Camping-Fachhandel besorgt hat. Der ADAC nennt folgende Füllstationen: Plinarna Ljubljana, Plinarna Maribor, Internia Ljubljana, in Kozina und OMV Istrabenz DOO in Koper. Auskünfte erteilen auch größere Campingplätze.

Hält man sich in Grenznähe zu Österreich auf, lohnt sich u.U. ein Abstecher dahin, denn hier arbeitet man mit dem gleichen System wie in Deutschland. Einem einfachen und problemlosen Flaschentausch steht also nichts im Wege - Verständigungsprobleme sollte es in der Regel auch keine geben!

Geld

Im Jahr 2007 wurde die alte slowenische Währung, der Tolar, durch den Euro abgelöst. Für den Reisenden ist somit vieles einfacher geworden.

In Memoriam: Slowenischer Tolar

Zumindest in touristisch erschlossenen Regionen wird man keine Probleme damit haben, sich Bares mittels EC-Karte aus dem Automaten zu holen. Zunehmende Akzeptanz erfahren auch die verschiedenen Kreditkarten wie z.B. American Express oder Visa. Mit etwas Bargeld in der Tasche ist man aber stets auf der sicheren Seite.

Geschichte

Bereits in vorgeschichtlicher Zeit fand eine Besiedlung des Landstriches statt. Knochen-, Schädel- und Werkzeugfunde, die zwischen 50.000 und 100.000 Jahre alt sind, belegen diesen Umstand. Eine Übersicht der jüngeren Geschichte finden Sie nachfolgend.

2000 bis 800 vor Christus
Südlich des Gebietes des heutigen Ljubljana lassen sich die sog. Sumpfbewohner nieder und betreiben Ackerbau und Viehzucht sowie etwas Handel.

400 vor Christus
Keltenstämme aus Deutschland, Frankreich und Tschechien wandern ein, vermischen sich mit der Bevölkerung und gründen den ersten Staat - das Königreich Noricum.

200 vor Christus
Römer dringen in die Küstengebiete vor, gründen die Kolonie Aquileia zum Schutz ihres Imperiums. Danach Aufteilung des Landes in Provinzen und Bau diverser Siedlungen, aus denen u.a. die heutigen Städte Ljubljana, Celje und Ptuj hervorgehen. Paläste, Bäder, Schulen, Tempel, Befestigungsanlagen und andere bedeutende Bauwerke entstehen.

500 nach Christus
Unter der Führung von Attila fallen die Hunnen über Slowenien nach Italien ein. Aquileia ergibt sich. Die Herrschaft der Hunnen ist nur von kurzer Dauer und wird bald von den germanischen Ostgoten übernommen, denen wiederum die Langobarden folgen.

600 nach Christus
Zuzug der Vorfahren jetziger Slowenen. Sie kommen aus dem Karpatischen Becken und sind zumeist slawischer Natur.

700 - 900 nach Christus
Gründung des Herzogtums Karatanien nach Zusammenschluss von Alpenslawen und Franken. Karatanien wird zum ersten slawischen Staat mit einer Ausdehnung von der Sava bis nach Leipzig, zudem umfasste er das südliche Österreich sowie Böhmen und Mähren. In der zweiten Hälfte des 9. Jahrhunderts gründete Prinz Kocelj ein unabhängiges slowenisches Königreich. Im Jahre 898 fallen die Magyaren ein und machen sich die Region untertan. Gut 50 Jahre später werden sie von slowenischen und germanischen Truppen besiegt.

1100 - 1300 nach Christus
Im frühen 11. Jahrhundert entstehen die Provinzen Krain, Kärnten, Steiermark, Gorica und Weißkrain, die bis 1918 ohne gravierende Veränderungen Bestand haben.
Aus dieser Zeitepoche stammen die meisten bedeutenden Burgen und Klöster Sloweniens.

1400 nach Christus
Die österreichisch-deutsche Habsburger Monarchie ergreift die Macht. Das

strenge Regime, das kein nationales Bewusstsein der ansässigen Bevölkerung duldet, besteht bis nach dem Ersten Weltkrieg.

1600 - 1700 nach Christus
Auf ihrem Weg nach Wien ziehen die Türken durch Slowenien. In deren Kielwasser fallen auch Uskoken, Genueser und Seeräuber im Lande ein, um zu rauben und zu plündern.

1800 nach Christus
Napoleon siegt 1809 über die Österreicher. Er trennt das Habsburger Reich von der Adria-Küste ab, dazu teilt er das Land in die Illyrischen Provinzen ein. Ljubljana wird Hauptstadt.
Im Jahre 1814 wird die österreichische Regierung wieder eingesetzt. Fürst Clemens von Metternich bestimmt die Geschicke.

1918 nach Christus
Nach der Auflösung von Österreich-Ungarn wird Slowenien Teil des Königreichs der Serben, Kroaten und Slawen (SHS). 1929 wird daraus das Königreich Jugoslawien.

1945 nach Christus
Im Zweiten Weltkrieg besetzen italienische und deutsche Truppen Slowenien, das hat den kommunistischen Aufstand unter Tito zur Folge.
Am 29.11.1945 wird die Föderative Volksrepublik Jugoslawien ausgerufen.

1990 nach Christus
Slowenien wird zur ersten jugoslawischen Republik, in der freie Wahlen abgehalten werden. Am 15. Januar 1991 erfolgt die offizielle Anerkennung des Landes durch die EU.

2004 nach Christus
Beitritt Sloweniens zur Europäischen Union.

Gottscheer Deutsche

Im Südosten des Landes, im Waldgebiet um Kočevje, lebte seit dem 14. Jht. die liebliche Volksgruppe der Gottscheer Deutschen. 1942 mussten diese Menschen ihre Heimat verlassen. Die entvölkerten und zerstörten Siedlungen hat sich die Natur wieder einverleibt. Auch in anderen Landesteilen lebten Deutsche. So galt z.B. Celje bis zum Beginn des 20. Jh. als südlichste deutsche Stadt - noch südlicher als Bozen gelegen.

Haustiere

Für Hunde, Katzen und Frettchen ist eine gültige Tollwutimpfung vorgeschrieben. Diese muss mindestens 30 Tage und längstens zwölf Monate vor dem Grenzübertritt durchgeführt worden sein. Die Impfung wird in einem Heimtierpass (blau mit dem europäischen Sternenbanner) bescheinigt, der zudem Angaben sowohl zum Besitzer als auch zum Tier enthält.
Für Hunde wird eine Staupeimpfung empfohlen, sie ist aber keine Pflicht. Ihr Tierarzt wird Sie gerne beraten!
Bitte beachten Sie, dass in öffentlichen Verkehrsmitteln keine Haustiere transportiert werden!

Kartenmaterial

Der Nutzen einer Straßenkarte wird manchmal unterschätzt. Die Genauigkeit lässt sich leider erst an Ort und Stelle testen, doch schon beim Kauf kann man auf gute Lesbarkeit, klare Gliederung und deutliche Kontraste achten. Da diese Empfindungen subjektiver Art sind, sollte man sich die Karte vorher anschauen und nicht einfach auf Grund eines bekannten Markennamens blind zuschlagen. Achten Sie auch auf das Erscheinungsdatum. Exemplare, die schon zehnmal die Inventur bereichert haben, sind nicht wirklich die ultimative Hilfe!

Folgende Karten halten wir für empfehlenswert:

ADAC Länderkarte Slowenien, 1:200.000, vom ADAC Verlag,
ISBN-13: 978 38 26 41 06 04;
9,99 EUR

Slowenien-Autoatlas, 1:250.000 mit 95 Seiten, von Freytag und Berndt,
ISBN-13: 978 37 07 90 47 34;
9,99 EUR

Länderkarte Slowenien, Istrien, 1:300.000, von Marco Polo,
ISBN-Nr.: 978 38 29 73 84 46;
11,99 EUR

Für die grobe Planung empfehlen wir Ihnen die „Touristische Karte von Slowenien" im Maßstab 1:500.000. Die Gratis-Karte ist übersichtlich gestaltet und enthält Ausflugsvorschläge, ebenso sind viele Sehenswürdigkeiten eingezeichnet (erhältlich beim Fremdenverkehrsamt).

Klima

Obwohl das Land relativ klein ist, weist es dennoch drei verschiedene Klimazonen auf. An der Küste und ihrem Hinterland herrscht Mittelmeerklima. Die Winter sind daher relativ mild.
Von etwa Ende März bis Mitte Mai wird es frühlingshaft warm, doch mit einigen Regenfällen muss stets gerechnet werden. Der Sommer bringt viel Hitze, die sich aber durch die meistens wehende, leichte Seebrise gut ertragen lässt. Abkühlung durch Regen gibt es eher selten. Das Wetter im Herbst zeigt sich oft noch freundlich und warm, aber auch auf kräftige Güsse sollte man sich einstellen.
Vor allem in den Alpenregionen im Nordwesten findet man alpines Klima vor. Die Winter sind grimmig kalt und schneereich, die Sommertemperaturen gemäßigt. Selbst in den günstigsten Reisemonaten (Juli, August, September) überraschen bisweilen Wetterwechsel, auf die man unbedingt eingestellt sein sollte.
In Mittel- und Ostslowenien herrscht gemäßigtes Kontinentalklima. Dabei ist anzumerken, dass die vergangenen Jahre auffallend heiße Sommer aufwiesen. Die Regenhäufigkeit und -intensität variiert je nach Region. Länger anhaltenden Dauerregen, wie wir ihn aus unseren Breiten kennen, gibt es eher selten. Ab und zu pustet ein kräftiger Nord- bzw. Nordostwind, der unangenehm kühl sein kann.
An der Adria treibt manchmal ein gefährlicher Wind sein Unwesen - die Bora. Wir haben ihr eine eigene Rubrik gewidmet (siehe unter Bora)!

Küche, Restaurants

Der Slowene isst gerne und viel. In der Regel besteht eine Hauptmahlzeit aus mindestens drei Gängen. Einheimische ignorieren dabei gerne die Speisekarte und lassen sich lieber vom Ober oder dem Wirt beraten bzw. Empfehlungen geben.
Die Küche erweist sich als sehr vielseitig, die Nähe der Nachbarländer macht sich bemerkbar. Je nach Region spiegelt sie die Einflüsse Österreichs, Italiens, Ungarns und des Balkans wider. Eine klare Abgrenzung gibt es nicht, die „Kompositionen" haben sich vermischt.
Als Vorspeise ist der slowenische Schinken (pržut) sehr beliebt, dem allgemein beste Qualität nachgesagt wird. Gleichermaßen schätzt man Suppe,

die man in mehr als hundert verschiedenen Variationen zubereitet. Bisweilen gibt es auch Teigwaren, die mit einer würzigen Fleisch- oder Pilzfüllung gereicht werden.

Das Hauptgericht ist zumeist eine Fleischspeise. Rind, Schwein, Lamm und Pute sind fast immer im Angebot, je nach Jahreszeit vorwiegend im Herbst erhält man auch Fasan, Reh, Hirsch, Wildschwein und u.U. sogar Bärenfleisch. Trifft die Wahl auf Fisch, so wird man im Binnenland vorrangig mit leckeren (Lachs)forellen, aber auch mit Hecht und Karpfen verwöhnt. An der Küste hat man die Qual der Wahl - praktisch die gesamte Palette der Seefische steht dem Genießer zur Verfügung.

Neben den gewohnten Beilagen (Kartoffeln, Reis, Nudeln) werden ebenso njoki serviert - die Schreibweise gnocchi aus dem Italienischen erscheint wohl vertrauter. Gleichsam italienischen Ursprungs ist die Polenta, die in Ostslowenien anstelle von Maismehl mit Buchweizenmehl zubereitet wird und so etwas kräftiger schmeckt. Steinpilze und Pfifferlinge verfeinern viele Gerichte. Gemüse allerdings wird man manchmal vermissen, es ist als Beilage weniger üblich. Unbeliebt ist es dennoch nicht, es findet nur anderweitige Verwendung - und zwar in den verschiedensten dicken Eintöpfen!

<u>Einige typische slowenische Gerichte als lukullischer Anreiz:</u>

Ljubljanski zrezek	Schnitzel gefüllt mit rohem Schinken und Käse
Svinjski file z gobami	Schweinsfilet mit Pilzsoße
Ramstek s sirom in orehiš	Rumpsteak mit Käse und Walnüssen
Jota	Eintopf mit Sauerkraut, Bohnen und Kartoffeln
Ješprenj	Gersteneintopf mit Raucherfleisch

Vielleicht haben Sie schon das „deutsche Nationalgericht" - Pizza - vermisst? Freilich gibt es sie und meist sogar aus dem Holzofen! Pizzerien sind allerdings sehr spezifiziert, oft werden keinerlei andere Speisen angeboten.

Noch ein Wort an die Vegetarier. Das Land stellt nicht unbedingt die Verheißung dar, doch immerhin hat man die Wahl zwischen einigen Nudel- und Reisgerichten. Empfehlenswert ist ebenso Pilz- oder Paprikagulasch (fleischlos und mit Teigwaren). Für Naschkatzen und Schleckermäuler ist das Betätigungsfeld weitaus größer! Nachspeisen gibt es in allerlei Variationen, und die meisten haben gewisse Gemeinsamkeiten - sie schmecken herrlich und sind so richtig fett- und kalorienreich!

Bei diesen feinen Sachen dürfte Ihnen glatt das Wasser im Munde zusammenlaufen:

Potica - gerollter Hefeteig mit Quark (Topfen) gefüllt. Die weiteren Zutaten variieren (Nüsse, Rosinen, Mohn, Honig usw.) - liebste Nachspeise der Slowenen.

štrudel oder štruklji - Apfelstrudel mit Quark und hundert weitere Varianten.

palačinke - Palatschinken oder Pfannkuchen. Füllung mit Marmelade, Zucker und Zimt, Zitrone, Nutella und vielem mehr.

kremšnite - Cremeschnitte, Blätterteig mit Vanillepudding oder Creme gefüllt, in der Vollendung auch mit Schokolade überzogen!

<u>Kleine Orientierungshilfe in der kulinarischen Landschaft:</u>

gostilna oder gostišče	gutbürgerliche Gaststätte
restarvracija	(gehobenes) Restaurant
ribja restavracija	Fischrestaurant
kavarna, kavana	einfaches Café
slasčičarna	Café, Konditorei, Eisdiele

Für den kleinen Hunger zwischendurch bieten sich zahlreiche Imbissstände an. Der „Nationalsnack" der Slowenen nennt sich burek (Teigpastete mit

Fleisch) und ist ebenso günstig wie sättigend, aber Geschmackssache.
Preisgestaltung: Die einfachen Gaststätten sind als recht preiswert anzusehen, gehobenere Restaurants liegen fast auf dem Niveau Deutschlands oder Österreichs. Getränke zur Mahlzeit und der Kaffee danach sind im allgemeinen günstiger als in unseren Breiten.

Kühlschrank

Die ELEKTROLUX-Kühlschränke mit den Anschlüssen für 220V/12V/Gas, die in den meisten Wohnmobilen eingebaut sind, haben eine robuste Natur ohne bewegliche Verschleißteile. Trotzdem sind sie bisweilen ein Sorgenkind für den Camper, denn ohne Kühlung kommt ein WOMO-Haushalt kaum noch aus.
Tipps: Schon bei geringer Schräglage des Fahrzeugs sinkt die Kühlleistung stark. **Abhilfe:** Mit Wasserwaage oder voll gefülltem Wasserglas waagerechten Stand des WOMOs kontrollieren, durch Aufbocken, Eingraben eines Rades oder Platzwechsel verbessern.
Seit einiger Zeit gibt es Geräte, die auch bei stärkerer Neigung des WOMOs gut kühlen. Achten Sie darauf beim Neukauf.
Während der Fahrt, vor allem aber beim Tanken, ist der Betrieb mit Gas gefährlich, außerdem geht das Flämmchen oft im Fahrtwind aus. Schaltet man auf 12 V und vergisst nach Ankunft das Ab- bzw. Umstellen, so ist eine vollgeladene 50-A-Batterie nach ca. 5 Stunden leer und oft auch kaputt. Ein separates Kühlschrankrelais (meist bereits eingebaut, sonst im Campinghandel) hilft das zu verhindern.
Ist die Kühlleistung bei Gasbetrieb nicht zufriedenstellend, sind folgende Punkte zu überprüfen:
Liegen die Zu- und Abluftgitter möglichst nach Norden, also nicht im Sonnenschein?
Ist der Kühlschrank nicht zu vollgestopft?
Ist überhaupt ein Abluftkanal montiert?
Liegt überall, vor allem an der Unterseite der Tür, das Dichtgummi an?
Ist das Flämmchen überhaupt noch an (von außen kann man das Zischen hören, im Inneren des Kühlschranks ist meist ein Guckloch, wenn er keine elektronische Nachzündung besitzt!)?
Ist die Kühlleistung bei Gasbetrieb nicht zufriedenstellend, kann man 1-2 Gebläselüfter an der Kühlschrankrückseite installieren (lassen), die idealerweise mit einem kleinen Solarpaneel betrieben werden sollten.
Steigt man auf einen Kompressor-Kühlschrank (vielleicht auch in Verbindung mit einer Solaranlage) um, wird man kaum noch Kühlprobleme haben.
Öffnen Sie Ihren Kühlschrank nur gezielt und schließen Sie ihn schnellstmöglich wieder. Lange Grübeleien vor sperrangelweit geöffneter Tür (was wollte ich denn eigentlich?), führen zu einer drastischen Erhöhung der Innenraumtemperatur! Besonders bei hohen Außentemperaturen muss das Gerät anschließend kräftig „ackern", bis die Differenz wieder kompensiert ist. Das wirkt sich natürlich auch auf den Energieverbrauch aus.

Lebensmittel, Getränke

Die Geschäfte Sloweniens sind gut sortiert, die Qualität der Ware lässt sich als „anständig" bezeichnen und das Preisniveau gleicht etwa dem unseren. Vor der Reise einen Rundumschlag im heimischen Supermarkt zu starten, kann man sich getrost schenken. Das spart Arbeit und schafft Platzkapazitäten im WOMO, die sich anderweitig nutzen lassen. Um aber stets autark zu sein, haben wir gerne eine gewisse Grundausstattung an Dosen, Teigwaren, Reis, Gewürzen usw. an Bord, ebenso wie eine Palette entsprechender Frühstücksutensilien. Manchmal passt ein Einkauf nicht ins Ta-

gesprogramm oder man hat einfach keine Lust dazu - diese Freiheiten sollte man sich im Urlaub schon nehmen!
Geschäfte, in denen man die verschiedenen Artikel des täglichen Bedarfs erwerben kann, sind reichlich vorhanden. Selbst in kleinen Ortschaften bekommt man meist zumindest das Nötigste. Bisweilen bedarf es aber gewisser kleiner Dinge, die zum Gelingen eines schönen Ferientages beitragen. Das mag das Verwöhnaroma einer Kaffeesorte, die Marmelade einer bevorzugten Firma oder auch eine bestimmte Nuss-Nougat-Creme sein. Jetzt kann es passieren, dass sich die Auswahl an südamerikanischen Bohnen, Brotaufstrichen und Ähnlichem zwar umfangreich zeigt, aber just das gewünschte Produkt fehlt. Und plötzlich ist man schon etwas verdrießlich gestimmt! Sollten Sie auch solche „Grillen" pflegen, dann beugen Sie schlechter Laune vor und überlegen schon zu Hause, auf welche Sachen Sie nicht verzichten möchten. Vergessen Sie dann aber nicht, diese auch zu besorgen und mitzunehmen.
Die Landwirtschaft spielt eine bedeutende Rolle. Daher ist es kaum verwunderlich, ein breites Angebot an Obst und Gemüse vorzufinden, das zudem - durch die kurzen Wege - frisch und knackig ist. Wem die landeseigenen Erzeugnisse nicht genügen, der kann natürlich auch auf diverse ausländische Produkte zurückgreifen.

Fleisch- und Wurstwaren werden gern gegessen, dementsprechend groß ist das Angebot. Der Slowene liebt es deftig, vieles schmeckt würziger, kräftiger und ist wohl auch fettreicher als bei uns. Fett als Geschmacksträger ist nicht so verpönt wie in unseren Breiten, im Gegenzug finden Light-Produkte weniger Akzeptanz. Über Brot scheint innerhalb der „WOMO-Familie" oft diskutiert zu werden. Während die einen frisches rösches Weißbrot schätzen, stehen andere mehr auf Grau- oder Vollkornbrot. Im Lande gibt es in der Regel beides, so dass man wohl (fast) allen Ansprüchen gerecht wird. Je nach Region gibt es aber deutliche Geschmacksunterschiede.
Die Auswahl an Getränken ist umfangreich. Praktisch alle namhaften und bei uns bekannten Produkte sind - zumindest in größeren Geschäften - überall erhältlich. Bei uns gehen trotzdem immer ein paar Bierdosen mit auf die Reise sowie etliche Safttüten. Der Saft kann beliebig mit Wasser verlängert werden, dadurch ist er weniger süß und zudem ein vorzüglicher Durstlöscher.
Gern wird empfohlen, das Leitungswasser mit Micropur zu entkeimen. Wir haben bislang darauf verzichtet und wurden dennoch von Montezumas Rache oder anderen Unpässlichkeiten verschont. Eine praktische Sache, besonders bei Wanderungen, ist Zitronentee - oder Limopulver. Das Getränk wird erst dann angerührt, wenn man vom Durst übermannt wird. Das spart Gewicht ein, das man sonst tragen müsste. Das Limopulver ist leicht selbst herzustellen. Man nehme ein Kilo Zucker, ein halbes Kilo Traubenzucker und je nach Gusto 4-8 Esslöffel Zitronensäure (Drogerie) - vermischen - fertig!

Literatur

Ein wichtiges „Instrument" für den wohnmobilen Urlaub haben Sie ja bereits vor sich liegen. Umfassende Informationen auf allen Gebieten kann es natürlich nicht bieten. Die Palette der Interessen ist umfangreich und jeder Mensch reitet ein anderes Steckenpferd. Nachstehend haben wir Ihnen einige Bücher aufgelistet, in die es sich lohnt hineinzuschauen:

Slowenien. Merian: Die Lust am Reisen, Jahreszeiten Verlag, 122 Seiten
ISBN-13: 978 37 74 27 00 22
7,50 EUR

Slowenien. Marco Polo Reiseführer, Verlag Mairdumont,
von Friedrich Köthe/Daniela Schetar, 148 Seiten
ISBN-13: 978 38 29 72 89 73
12,99 EUR

Slowenien. DuMont direkt. Verlag Dumont Reiseverlag,
von Dieter Schulze, 120 Seiten
ISBN-13: 978 37 70 19 63 19
9,99 EUR

Slowenien. Baedeker Reiseführer, Verlag Baedeker Reiseführer,
von Dieter Schulze, 357 Seiten
ISBN-13: 978 38 29 71 82 95
19,99 EUR

Medikamente

Auf Reisen kann es schon passieren, dass man sich mit dem einen oder anderen Wehwehchen, u.U. sogar mit größeren Widrigkeiten auseinandersetzen muss. Was gehört also in die Bordapotheke? Diese Frage ist nicht so leicht zu beantworten. Manch einer schnürt sich ein dickes medizinisches Allround-Paket, um auf der sicheren Seite zu sein. Hat man Pech, ärgert dann irgendein Zipperlein, für das man kein probates Mittel eingepackt hat. Allzuviel mitzuschleppen macht also keinen Sinn. Jetzt ist es gut zu wissen, dass slowenische Apotheken (**Lekarna**) ordentlich sortiert und in der Regel von 07.00-19.00 Uhr geöffnet sind. Steht man einmal vor verschlossenen Türen, so ist die nächste geöffnete Apotheke angeschrieben, und man wird im Notfall schnell an das gewünschte Arzneimittel kommen. Ausgelegte Gebühren für ärztlich verschriebene Medikamente ersetzen in der Regel - gegen Vorlage der Quittung - die Krankenkassen.
Ein gewisser Grundstock an Medikamenten sollte aber trotzdem immer an Bord sein. Dazu gehören unserer Meinung nach neben einem komplett gefüllten Erste-Hilfe-Koffer auch zwei (besser vier) elastische Binden bei Prellungen und Stauchungen. Mobilat- oder Voltarensalbe lindert schnell und zuverlässig die Schmerzen.
Ein Mittel gegen die fast klassische Reisekrankheit Durchfall darf nicht fehlen. Neben Kohletabletten helfen hier auch Salzstangen und Cola. Bei schlimmen Fällen leistet Immodium gute Dienste. Sprechen Sie mit Ihrem Arzt darüber.
Nehmen Sie etwas mit gegen Insektenstiche, z.B. Soventol, das lindert auch den Sonnenbrand. Ganz wichtig sind auch Schmerzmittel, Kopfweh oder Zahnschmerzen können schwer zu schaffen machen.
Das Wund-Desinfektionsmittel Merfen-Orange eignet sich gut für kleinere Schürfwunden. Es brennt nicht, und wegen des spektakulären Aussehens ist es bei Kindern sehr beliebt.
Vergessen Sie vor allem nicht Ihre persönlichen Medikamente. Da diese sehr individuell sein können, ist vermutlich nicht immer eine problemlose Versorgung gewährleistet.

Mitbringsel

Möchten Sie Verwandte und Freunde mit einem Souvenir aus Ihrem Urlaubsland beglücken? Neben dem üblichen Kitsch, der auch seine Liebhaber findet, gibt es etliche originale und landestypische Dinge! Beliebt sind

Gegenstände aus Messing und Holz, filigraner Silberschmuck, Töpferwaren und vieles mehr. Am besten kauft man immer in Herstellernähe. Beispielsweise bietet sich Prekmurje für schwarze Töpferwaren, Kropa für Schmiedeeisernes und Rogaška Slatina für Kristallglas an. Pfeifenliebhaber kommen in Bohinj auf ihre Kosten - hier gibt es geschnitzte Pfeifen, die mit einer Silberkappe versehen sind. Sollten Sie sich für Klöppelspitzen interessieren, so sei Ihnen das Städtchen Idrija ans Herz gelegt.

Die Slowenen frönen einer Leidenschaft - der Imkerei. Entsprechend lecker präsentiert sich der Honig, den es in vielen Geschmacksrichtungen gibt. Ein beliebtes Mitbringsel stellen die Bienenkorb-Stirnbrettchen dar, die mit den verschiedensten Motiven bemalt werden. Nicht unerwähnt sollen auch die zahlreichen Bienenwachsprodukte bleiben.

Freude bereiten kann man Daheimgebliebenen bestimmt mit einem guten Wein oder Schnaps, Kaufgelegenheiten gibt es genügend. Bringen Sie dann vielleicht noch einen luftgetrockneten Schinken (lange haltbar) mit, so wird sich Ihr „Pluspunkte-Konto" reichlich füllen...

Nacktbaden

Im ehemaligen Gesamt-Jugoslawien war Nacktbaden weit verbreitet. So ist es kaum verwunderlich, dass man auch jetzt in Slowenien die Freikörperkultur pflegt.

Es gibt ausgewiesene Nacktbadestrände am Meer und an einigen Seen, doch auch anderenorts sind Nackedeis keine Seltenheit. Einen besonderen Leckerbissen finden FKK-Fans in Banovci. Ein Teil des ortsansässigen Thermalbades ist für Nackedeis ausgewiesen. Lassen Sie bitte trotz aller Freizügigkeit Fingerspitzengefühl walten. Nicht überall ist hüllenloses Baden oder Sonnen auch angebracht.

Cremen Sie Körperteile, die ansonsten nie oder selten die Sonne sehen, sorgfältig ein. Verwenden Sie dazu ein Mittel mit einem hohen Schutzfaktor! Einen Sonnenbrand fängt man sich schneller, als es einem lieb ist. Das abendliche Bierchen im Sitzen zu trinken ist auch viel gemütlicher...

Notrute

Polizei (Policija)	Tel.: 113
Feuerwehr (Gasilci)	Tel.: 112
Rettungsdienst (Reševalci)	Tel.: 112
Erste Hilfe (Prva Pomoč)	Tel.: 112
AMZS (Slowenische Automobilvereinigung)	Tel.: 1987
ADAC-Auslandsnotruf	Tel.: 0049/89 222 222

<u>Zur Erinnerung:</u> Landesvorwahl nach Deutschland ist **0049**. Bei der Ortsvorwahl die 0 weglassen.

Öffnungszeiten

Geschäfte

Die Modalitäten sind ähnlich den unseren, gesetzliche Reglementierungen gibt es aber nicht. Große und mittlere Geschäfte öffnen von 07.00 oder 08.00 Uhr bis 20.00 Uhr, in der Hauptsaison bei entsprechender Nachfrage auch ein oder zwei Stunden länger. Samstags werden die Kunden bis 13.00 Uhr bedient. Kleinere Geschäfte halten ihre Türen meist zu den gleichen Zeiten geöffnet, gönnen sich aber gern eine (längere) Mittagspause. Vieles ist durch das Gesetz von Angebot und Nachfrage geregelt.

Banken

Die Bankschalter sind von Montag bis Freitag von 08.00-17.00 Uhr oder gar bis 18.00 Uhr geöffnet. Je nach Institut werden diese Zeiten durch eine Mittagspause von ein bis zwei Stunden unterbrochen. Samstags können

Sie die Dienste der Bankbeamten von 08.00-12.00 Uhr beanspruchen.
Post
Auf Hauptpostämtern erfüllt man Ihnen Ihre Wünsche von 07.00-20.00 Uhr (Montag bis Freitag), am Samstag von 07.00-13.00 Uhr und bisweilen auch sonntags von 09.00-11.00 Uhr. Zweigstellen schließen ein bis zwei Stunden früher und sind sonntags grundsätzlich nicht geöffnet.
Museen und Sehenswürdigkeiten
Definitive Angaben bei einem solch komplexen Thema zu machen, ist kaum möglich. In der Regel haben aber viele Einrichtungen täglich von 10.00-18.00 Uhr geöffnet, montags ist meist geschlossen. In der Vor- und Nachsaison gewährt man Besuchern gelegentlich nur an den Wochenenden Einlass, bzw. sind die Öffnungszeiten (stark) eingeschränkt.
Wechselstuben
Auch hier kann keine einheitliche Aussage gemacht werden. Die Dienststunden richten sich oft nach der Nachfrage. Angeschlagene Öffnungszeiten werden nach unseren Erfahrungen nicht unbedingt als verbindlich angesehen.

Österreich-Maut

Für Wohnmobile über 3,5 t zulässige Gesamtmasse gilt leider die übliche Vignetten-Regelung nicht mehr. Vielmehr wird eine streckenabhängige Gebühr von ärgerlichen 16,5 Cent pro Kilometer fällig. 3-Achser zahlen 22,6 Cent. Schwacher Trost: Anhänger sind inklusive.
Die Abrechnung erfolgt über die sog. "Go-Box", die nochmal 5 EUR kostet. Diese arbeitet elektronisch über Mautbrücken und muss angeblich schon vor dem Grenzübertritt im Fahrzeug parat liegen - freilich nur auf mautpflichtigen Strecken.
"Altmautstrecken" wie z.B. die Brennerautobahn von Innsbruck-Süd bis zur italienischen Grenze, Gleinalm- und Bosrucktunnel kosten noch einmal extra Gebühren.
Leider trifft das für die Hauptroute nach Slowenien (Tauern-, Katschberg- und Karawankentunnel) auch zu. Alternativ bleibt die Route über die Landstraße. Oft ist diese landschaftlich reizvoller, aber zeitaufwendiger.

Post

Postämter sind mit einem leuchtend gelben Horn gekennzeichnet. Hier lassen sich Telefonkarten erstehen und man kann Geld wechseln. Freilich gibt es auch Briefmarken - diese werden aber ebenso an den Tabak-Trafiken (Kiosken) angeboten, wo man meist schneller zum Zug kommt.
Postsendungen nach Deutschland, Österreich und die Schweiz sind in der Regel nur wenige Tage unterwegs.

Preise

Von den Ex-Jugoslawien-Staaten war Slowenien schon immer das am westlichsten orientierte Land. Ein Umstand, der sich auch in den Preisen niederschlägt. Man darf also nicht mit absoluten Billigangeboten rechnen, doch preiswert - im Sinne des Wortes - kann man hier schon leben.
Für rund 30-40 EUR lässt es sich gut zu zweit im Restaurant speisen, wobei in diesem Betrag jeweils ein Getränk und evtl. auch ein Kaffee oder ein Schnäpschen enthalten sein kann.
Für eine Übernachtung auf dem Campingplatz (inklusive Wohnmobil) zahlen zwei Personen zwischen 15 und 35 EUR. Ausschläge nach unten oder oben sind eher selten.
Eintrittsgebühren in Museen und ähnlichen Einrichtungen fallen vergleichsweise moderat aus, die Benutzung der zahlreichen Thermalbäder kann sogar als ausgesprochen günstig angesehen werden.

Bei Lebensmitteln bzw. Artikeln des täglichen Bedarfs ist die Preisstruktur unterschiedlich, eine einheitliche Aussage lässt sich nicht machen.

Straßenverhältnisse, Straßenverkehr

Die Straßen in Slowenien sind im Allgemeinen klar gekennzeichnet. Autobahnen und die meisten Hauptverbindungen befinden sich in einem ordentlichen Zustand. Von den Straßen zweiter Ordnung und noch kleineren Nebenstraßen lässt sich das leider nicht behaupten. In den vergangenen Jahren hat deren Zustand gelitten, notwendige Arbeiten wurden im Gegenzug nicht immer ergriffen. Neben- und vor allem Gebirgsstraßen können zudem auch recht schmal sein. Von den rund 15.000 Kilometern des Straßennetzes sind nur etwa 300 km Autobahn, und diese sind, wie auch Schnellstraßen, mautpflichtig! Dabei gibt es einiges zu beachten. War zuvor die Maut für alle Fahrzeuge streckenabhängig zu bezahlen, so gilt dies jetzt nur noch für Fahrzeuge über 3,5 t zulässiges Gesamtgewicht (je nach Größe Kategorie 3 oder 4). Für Wohnmobile bis 3,5 t zulässiges Gesamtgewicht benötigt man die Vignette der Kategorie 2 A - ganz gleich ob man mit oder ohne Anhänger unterwegs ist. Diese kostet für sieben Tage mindestens 15 EUR, in den meisten Fällen aber 30 EUR. Der Preis für eine Monatsvignette beträgt 30 EUR bzw. 60 EUR. Das Papperl muss auf der Frontscheibe oben oder unten links aufgeklebt werden - nicht auf der rechten Seite oder gar auf der Seitenscheibe!
Es gilt folgende Regelung: Fahrzeuge bis 3,5 t zulässiges Gesamtgewicht und bis zu einer Höhe von 1,3 m, gemessen am Mittelpunkt der Vorderachse, benötigten die Vignette 2 A. Wurden die 1,3 m überschritten, brauchte man die Vignette 2 B - was wohl die meisten WOMOs betraf und die kostet doppelt soviel. Fragen Sie bitte beim Kauf sicherheitshalber noch einmal nach. Wer weiß, ob nicht wieder Änderungen vorgenommen wurden...
Wichtig: Die Vignettenpflicht gilt auch für das Autobahnstück von TRIEST nach KOPER sowie für die Strecke von SPIELFELD nach MARIBOR. Angeblich wird sogar im großen Kreisel in MARIBOR kontrolliert, obwohl dieser nach unserem Ermessen nicht zur Autobahn gehört!
Die Fahrt durch den **Karawankentunnel** kostet 7,20 EUR. Dafür kann man ohne Vignette bis zur jeweils ersten Ausfahrt fahren, also bis HRUSICA bzw. bis ROSENBACH auf der Gegenseite.
Wird man ohne gültige Vignette erwischt, wird`s teuer. Bei Sofortzahlung kann es mit 150 EUR abgehen, ansonsten sind zwischen 300 und 800 EUR fällig - das ist Ermessenssache! Erhältlich sind die „Pickerl" bei vielen Tankstellen im Grenzbereich, bei den sog. „Kompassshops", beim OAMTC oder auch direkt an der Grenze und (leider nur selten) beim ADAC.
Während eines **Überholvorganges** muss der **linke Blinker** betätigt werden, und zwar so lange, bis dieses Manöver abgeschlossen ist! Kolonnenspringen ist verboten!
Haltende **Schulbusse** bzw. haltende Busse, die mit Kindern besetzt sind, dürfen **nicht überholt werden**!
Beim **Rückwärtsfahren** muss die **Warnblinkanlage** betätigt werden!
Jedes Fahrzeug muss einen Satz **Reserve-Glühlampen** mit sich führen!
Beim **Abschleppen** muss an der Frontseite des schleppenden Fahrzeugs ein **Warndreieck** angebracht sein - ebenso wie auf der Heckseite des abgeschleppten Fahrzeuges!
Inner- und außerorts muss stets mit **Abblendlicht** gefahren werden!

Folgende Tempolimits (in km/h) sind vorgegeben:

Ortschaften	Landstraßen	Schnellstraßen	Autobahn
50	90	100	100
mit Anhänger			
50	80	80	80

Wohnmobile über 3,5 Tonnen zulässigen Gesamtgewichts dürfen eine Höchstgeschwindigkeit von 80 km/h nicht überschreiten.
Die erlaubte **Alkohol-Höchstgrenze** im Blut ist **0,5 Promille**. Kontrollen (bei Ausländern) sind relativ häufig. Belassen Sie es bitte also bei einem Wein oder Bier zum Essen!
Gelegentlich gibt es Fahrzeug- bzw. Personalkontrollen, meist eine Sache von wenigen Minuten und problemlos. Sollten Sie dabei aber nicht angeschnallt sein, dauert es etwas länger und erleichtert auch Ihre Urlaubskasse um einige Euro!
Das Tankstellennetz ist gut ausgebaut, großartiges Planen ist nicht vonnöten. Meist haben die Tankstellen von 07.00-20.00 Uhr geöffnet, an Autobahnen und Ausfallstraßen größerer Städte sogar rund um die Uhr. Fahren Sie trotzdem nicht bis zum letzten Tropfen und gönnen Sie sich das beruhigende Gefühl eines gefüllten Reservekanisters. Zur Zeit sind Diesel und Benzin in Slowenien günstiger als in unseren Breiten zu haben. Freilich kann das morgen schon Schnee von gestern sein.
In vielen Stadt- bzw. Gemeindezentren werden Parkgebühren erhoben. Den entsprechenden Berechtigungsschein gibt es beim Parkwächter, an Kiosken und Trafiken, teilweise auch am Automaten. Vor allem bei Ausländern wird bei fehlendem Schein kein Knöllchen (das sowieso kaum einer zahlen würde) erteilt, sondern rigoros abgeschleppt. Ziehen Sie eine kleine der größeren Investition vor!
Für Fragen, die Auto und Verkehr betreffen, steht Ihnen auch der AMZS (Slowenischer Automobilklub) zur Verfügung:

AMZS
Dunajska 128
Si-1000 Ljubljana
Tel.: + 386 15 30 53 60
Fax + 386 15 68 53 17
E-mail: info.center@amzs.si
Internet: www.amzs.si

Tabak

Tabakwaren und Zigaretten sind in Slowenien (noch?) günstiger zu erhalten. Die Auswahl an gängigen europäischen Marken ist relativ groß - vor allem in den ehemaligen Duty-free-shops an den Grenzstationen. Filterlose Zigaretten sind allerdings nicht im Handel, da vom Gesetzgeber untersagt.

Telefonieren

Die bequemste Möglichkeit, mit seinen Lieben daheim Kontakt aufzunehmen, stellt das Handy dar. Mittlerweile ist das Funknetz fast flächendeckend und die berüchtigten Löcher eher selten.

Die Landesvorwahlen von Slowenien sind:
nach Deutschland 0049
nach Österreich 0043
in die Schweiz 0041

Zur Beachtung:
Die Landesvorwahl von Deutschland, Österreich und der Schweiz für Slowenien ist die 00 386.
Noch ein Tipp:
Von der Rezeption etlicher Campingplätze kann ebenso (nach Hause) telefoniert werden. Fragen Sie unbedingt vor Ihrem Telefonat nach dem Preis der Einheit und einer eventuellen Grundgebühr, um einer anschließenden (bösen) Überraschung vorzubeugen.

Thermalbäder

In Slowenien gibt es 15 staatlich anerkannte Heilbäder. Die meisten davon liegen in den östlichen Landesteilen. Der Standard ist im Allgemeinen gut bis sehr gut. Viele der Bäder sind frisch renoviert oder von Haus aus in einwandfreiem Zustand. Oft findet man in unmittelbarer Nähe einen Campingplatz, in dessen Übernachtungspauschale der Eintritt in die Therme enthalten ist. Die slowenischen Preise sind verglichen mit den unseren als günstig einzustufen.

Bisweilen sind den Thermalbädern auch sog. Spaßbäder angeschlossen. Diese bieten mit Riesenrutschen, Wellenbädern, Strudeln und vielen anderen Einrichtungen vor allem Kurzweil für den Nachwuchs.

Das Slowenische Fremdenverkehrsamt, Maximiliansplatz 12a in 80 333 München, verschickt gratis die Broschüre „Heilbäder und Kurorte Sloweniens". Darin werden die Thermen recht ausführlich vorgestellt und man erfährt auch welches Heilwasser für welches Zipperlein helfen soll. Sollten Ihnen noch detailliertere Informationen notwendig erscheinen, so wenden Sie sich bitte an folgende Adresse:

Verband Slowenischer Heilbäder
Teharska cesta 40
SI-3000 Celje
Tel.: + 386 (0) 35 44 21 11
Fax: + 386 63/442 019
E-mail: ssnz@ssnz.si

Toilette

Nicht fremde Toiletten benutzen zu müssen, sondern den eigenen „Thron" an Bord zu haben, ist Goldes wert. Allerdings füllt sich die WC-Kassette in steter Regelmäßigkeit, und spätestens dann stellt sich die Frage, wie man den Inhalt wieder los wird.

Bedauerlicherweise sind jene Wohnmobilisten, die sich auf bequeme Art und Weise Ihrer Fäkalien entledigen, indem sie sie beispielsweise an irgendeinem Parkplatzrand in die Büsche kippen, noch immer nicht ausgestorben. Die mit einem unschuldigen Augenaufschlag gebrachte Begründung, es sei keine Chemie drin und daher die pure Natur, stellt nicht wirklich ein schlagendes Argument dar. Schädlich dürfte das zwar kaum sein, aber nachfolgenden Personen wahrhaftig nicht zur Begeisterung gereichen. Oder vergnügt Sie es etwa, auf dem gerade angesteuerten Platz zwischen glitschigen Haufen umherwandeln zu müssen?

Auf vielen Stellplätzen, die in unseren Touren erwähnt sind, findet man auch Toiletteneinrichtungen. Erweisen sich diese als nicht gerade „benutzerfreundlich", so reicht es aber allemal zur Leerung der Bordtoilette.

Nutzen Sie für Ihre „Geschäfte" auch die Möglichkeiten in Restaurants, Strandbädern, Museen usw. Die Sanitäranlagen solcher Einrichtungen sind meist besser in Schuss als die allgemeinen öffentlichen Toiletten. Jede Hinterlassenschaft, die man woanders platzieren kann, schont die Kapazität Ihrer Bordtoilette.

Falls Sie wirklich nicht auf Chemie verzichten wollen, dosieren Sie richtig. Kippt man von vornherein soviel Sanitärflüssigkeit in den Behälter, wie es dessen gesamtem Fassungsvermögen entspricht, und entleert dann eine halbvolle Toilette, ist die Hälfte des Mittels unverbraucht. Das schadet der Umwelt und Ihrem Geldbeutel. Wenn Sie zunächst nur etwas Sanitärflüssigkeit zusetzen und bei Bedarf gezielt weitere hinzufügen, so lässt sich das vermeiden.

Noch ein paar Tipps:
Lästige Gerüche lassen sich gut mit Schmierseife bekämpfen. Zwei Esslöffel je Liter Wasser genügen. Auch das Orangenschalenkonzentrat „Oranex" - erhältlich im Bio-Laden - bringt gute Ergebnisse. Zur Not tut es auch ein Schuss Essig bzw. Essigessenz.

Gut und günstig als Geruchsabzug ist ebenso ein „Schornstein". Man bohrt im Toilettenunterteil ein Loch, schließt einen gewinkelten Schlauchstutzen (evtl. mit Absperrhahn) und einen Schlauch, der durch den Fahrzeugboden führt, an, und schon nimmt der Fahrtwind die Düfte mit. Die Wirkung des Schornsteins wird noch effektiver, wenn Sie durch einen Ventilator unterstützt wird. Hierbei kann Ihnen die Fa. SOG-Dahmann Tel.: 026 05 952 762 (www.sog-dahmann.de) weiterhelfen.

Einige Übernachtungsplätze in Slowenien bieten bereits Ver- bzw. Entsorgungssäulen. Wir erachten deren Funktion als recht praktisch, teilweise ist die Benutzung erstaunlicherweise (noch?) gratis.

Triglav-Nationalpark

Der **Triglav-Nationalpark** umfasst annähernd den größten Teil der **Julischen Alpen** in Slowenien. Seine Ausdehnung beträgt 848 Quadratkilometer und er liegt im Bereich dreier Gemeinden: JESENICE, RADOVLJICA

und TOLMIN. Zur Zeit ist er der einzige offizielle Nationalpark Sloweniens. Die Namensgebung rührt vom höchsten Gipfel, dem Triglav, mit seinen 2864 m her. Die Idee, dieses herrliche Naturparadies zu schützen und als „Triglavski Narodni Park" zu deklarieren, geht auf das Jahr 1908 zurück. Eine erste Umsetzung folgte 16 Jahre später, bald wurden die Schutzmaßnahmen erweitert, die heutige Form datiert auf das Jahr 1981 zurück.

Der Tourist genießt eine ursprüngliche Landschaft mit Bergseen, Flüssen, Schluchten und Wasserfällen, ausgedehnten Wäldern und majestätischen Gipfeln. Die Tier- und Pflanzenwelt zeigt sich intakt, vielfältig teilweise sogar einzigartig. Damit das auch so bleibt, müssen die Besucher eine

ganze Reihe von Verhaltensregeln befolgen. Merkblätter bzw. an diversen Stellen aufgestellte Tafeln vermitteln die Einzelheiten. Über die Einhaltung der Gebote wacht eine Arbeitsgemeinschaft, deren Parkwächter zu Ausweiskontrollen und Erhebung von Geldstrafen berechtigt sind. Freilich steht das freundliche Personal Erholungssuchenden in aller Regel mit Rat und Tat zur Seite. Auskünfte und Tipps erhalten Sie auch direkt von der Parkverwaltung:

Triglav National Park
Ljubljanska cesta 27
SI-4260 Bled
Tel.: + 386 45 78 02 00
Fax: + 386 45 78 02 01
E-mail: triglavski-narodni-park@tnp.gov.si,
Internet: www.sigov.si/tnp

Der Park stellt ein Dorado für Wanderer dar. Dabei kann man sich auf leichte Spaziergänge beschränken, aber auch die Spur des **Slowenischen Bergwanderweges Nr. 1** oder gar die des **Europäischen Fernwanderweges E 7** aufnehmen. Bergsteiger und Kletterer können einen (oder mehrere) der zahlreichen Berggipfel erklimmen. Die verschiedenen Routen und Wanderwege sind ordentlich markiert. Die Karte „Triglavski Narodni Park" des slowenischen Alpenvereins ist als Orientierungshilfe sehr empfehlenswert, ebenso wie die Wanderkarte „Julische Alpen" von Freytag und Berndt (Maßstab je 1:50.000).
Die Parkplätze im Nationalpark sind während der Saison gebührenpflichtig, die erhobenen Gebühren halten sich aber in Grenzen.
Übernachten ist generell strikt verboten!

Trinkgeld

In Cafés und Restaurants wird meist kein Bedienungszuschlag berechnet, daher sind Trinkgelder angebracht.
Taxifahrer bekommen üblicherweise kein Trinkgeld. Hilfsbereitschaft und freundliches Entgegenkommen sollten aber schon durch einen Aufschlag honoriert werden.
Ist ein Parkplatz bewacht und Sie geben dem Parkplatzwächter ein kleines Trinkgeld, so wird er gern Ihr WOMO ein bisschen im Auge behalten. Freilich sollten Sie dies gleich bei der Ankunft tun - das schärft das Auge!
Kennen Sie so Situationen, wo rein gar nichts geht und man der Verzweiflung nahe ist? Versuchen Sie es mal mit einer (nicht allzu) milden Gabe - das könnte die Lösung Ihres Problems sein.

Verständigung

Schon in sozialistischen Zeiten orientierte sich das slowenische Volk - so weit dies machbar war - eher nach dem Westen. Die Nachbarschaft zu Österreich und Italien bekräftigte wohl diese Gesinnung und führte auch dazu, dass regional manches zwei - oder mehrsprachig abgehandelt wird. Es gibt zahlreiche Menschen, die zumindest teilweise unserer Sprache mächtig sind. Auch mit Englisch kommt man in der Regel weiter. Reichen die verbalen Fähigkeiten nicht aus, ergänzt man diese gerne mit der Sprache der Gestik. Natürlich sollte auch jeder Tourist sich einige Wörter und Redewendungen verinnerlichen. Denken Sie dabei bitte nicht nur an den eigenen Nutzen, denn es zeugt auch von Respekt und Höflichkeit, sich in einem Gastland in der Landessprache verständigen zu wollen. Werfen Sie Hemmungen über Bord - nicht das Können ist es - der Wille ist ausschlaggebend, und gerade das wird der Slowene anerkennen. Nachstehend haben wir Ihnen einige Begriffe aufgelistet, mit denen sich so manche Situation vielleicht besser meistern lässt.
Im Slowenischen wird vieles so ausgesprochen, wie es geschrieben wird. Die markantesten Abweichungen lesen Sie nachfolgend.

c .... wird gesprochen wie unser .... z
č .... wird gesprochen wie unser .... tsch
e .... wird gesprochen wie unser .... ä
š .... wird gesprochen wie unser .... sch

s	wird gesprochen wie unser	stimmloses s
v	wird gesprochen wie unser	w
z	wird gesprochen wie unser	stimmhaftes s
ž	wird gesprochen wie unser	dsch

Allgemeines:

Guten Morgen	dobro jutro
Guten Tag	dober dan
Guten Abend	dober večer
Gute Nacht	lahko noč
Auf Wiedersehen	na svidenj
Tschüss	adio
Danke, bitte	hvala, prosim
Gern geschehen	prosim ni za kaj
Entschuldigung	oprostite, pardon
Ich verstehe nicht	ne razumen
Ich spreche nicht	ne govorim
Ich möchte gern	rad bi najel
Bitte schreiben Sie es auf	prosim, zapišite si
Links, rechts, geradeaus	levo, desno, naravnost
Ja, nein	da, ne
Können Sie mir helfen?	ali mi lako pomagate?
Geöffnet, geschlossen	odprto, zaprto

Essen, Trinken:

Kaffee, Tee	kava, čaj
Wasser, Mineralwasser	voda, mineralna voda
Brot, Butter, Käse	kruh, maslo, sir
Rindfleisch, Schweinefleisch	govedina, svinjina
Hühnchen	piščanec
Fisch	riba
Obst, Gemüse	sadje, zelenjava
Kartoffeln, Reis, Nudeln	krumpir, riza, rezanci
Wein, Bier, Schnaps	vino, pivo, rakija
Die Speisekarte, bitte	jedni list, prosim
Die Rechnung, bitte	račun, prosim

Praktische Auskünfte, Hilfe, Unfall:

Wo finde ich eine Bank?	kje je tukaj prosim ena banka?
Wo finde ich eine Apotheke?	kje je tukaj prosim eno lekarno?
Wo ist eine Toilette?	kje je javno stranišče?
Wie weit ist das?	kako daleč je?
Rufen Sie schnell einen Krankenwagen	pokličite hitro prosim rešilni arto
Rufen Sie bitte schnell die Polizei	pokličite hitro prosim policijo
Achtung, Vorsicht	pozor
Hilfe	na pomoč
Ich habe Schmerzen	imam tukaj bolčine
Ich habe Fieber	imam vročino
Können Sie mir einen guten Arzt empfehlen?	ali mi prosim lahko priporočate dobrega zdravnika?

Wohnmobil:

Wo ist bitte die nächste Tankstelle?	kje je prosim bližnja benzinska črpalka?

Ich habe eine Panne .... jaz imam okvaro na avtomobilu
Werkstatt .... avtomehanična delavnica
Dürfen wir hier im Wohnmobil übernachten? ....
.... mozemo il ordje sa kampku cian prenociti?

Wasserversorgung

Für den Wohnmobilisten stellt Wasser ein wichtiges Gut dar. Die Suche nach diesem Lebenselixier kann Ihnen wertvolle Urlaubszeit rauben und ausgesprochen lästig sein. Daher haben wir in unseren Tourenbeschreibungen sowie auch in den dazugehörenden Karten Brunnen bzw. Wasserstellen vermerkt. Auf diese Weise wissen Sie, wo das begehrte Nass zu finden ist und können sich darauf einstellen. Eine Wasserknappheit, die in anderen Mittelmeerländern (vor allem im Hochsommer) schon mal eintreten kann, ist in Slowenien kaum zu befürchten. Bedingt durch den geologischen Aufbau des Landes sprudelt das feuchte Element stets munter. Ein sensibler Umgang damit sollte trotzdem selbstverständlich sein!

Um Wasser zu bunkern, empfiehlt es sich, einen Schlauch von etwa 5-8 m Länge mitzuführen. Nicht jeder Hahn ist direkt anzufahren, und nicht immer passen die üblichen Anschlüsse. Behelfen kann man sich ganz gut mit einer Konstruktion von Reinhard Schulz, dem sog. WOMO-Zapfschlauch. Auf der einen Seite stülpt man ein Stück Fahrradschlauch handelsüblicher Größe über, dessen anderes Ende sich um jeden Hahn schmiegt. An der anderen Schlauchseite befestigt man einen Karabinerhaken, den man in eine Öse am Einfüllstutzen hängt. Das erspart das lästige Halten! Mehr zu diesem Thema lesen Sie im **„Allgemeinen Wohnmobil Handbuch"**, im **Band 5** der WOMO-Reihe.

Wer den Eigenbau scheut, wird im Gartencenter fündig. Die Fa. Gardena bietet einen Adapter für fast alle Wasserhähne an. Ergänzend bekommt man dazu einen raumsparenden Faltschlauch.

Einfach und effektiv ist die Methode mit der Plastik-Gießkanne. 10 Liter Inhalt sollten es schon sein und nach Gebrauch ist sie in einer Tüte oder Ähnlichem bestens vor Verschmutzung geschützt. Der Vorteil gegenüber einem normalen Wasserkanister ist: man braucht keinen Trichter, und die Klamotten bleiben wohl eher trocken!

Neben dem üblichen Wasservorrat im Tank verwenden wir einen Plastikkanister für den direkten Verbrauch, z.B. zum Mischen mit Saft oder Sirup. So ist das Wasser stets frisch, und ein nicht zu unterschätzender Vorteil ist die bequeme Reinigung im Freien.

H_2O, welches in Slowenien aus dem offiziellen Leitungssystem plätschert, ist als Trinkwasser deklariert. Die Qualität ist ausgesprochen gut, was nicht zuletzt dem großen Waldreichtum des Landes angerechnet werden kann. Bei neutralen Tests sicherte sich Slowenien einen Spitzenplatz innerhalb Europas. Wir haben das Wasser bisher immer unbehandelt getrunken und auch nicht abgekocht, zumal es dadurch geschmacklich stark verliert. Probleme irgendwelcher Art haben wir uns damit noch nie eingehandelt. Will man ganz sicher gehen, so kann man auch auf keimtötende Mittel wie Certisil combina oder Micropur zurückgreifen. Nebenwirkungen oder Geschmacksbeeinträchtigungen sind nicht zu befürchten. Schon wenige Minuten nach Beigabe genannter Mittel ist das Wasser entkeimt und trinkfertig, eine weitere Nachverkeimung wird damit für viele Wochen wirksam unterbunden.

Wein

Der Wein hatte von jeher in diesem Landstrich eine große Bedeutung. Schon die Römer kelterten seinerzeit hier und weiter im Süden (dem jetzigen Kroatien) ihre Weine. Slowenien besitzt 14 größere Weinbaugebiete, die in drei Hauptregionen angesiedelt sind. In den sozialistischen Zeiten wurde die Qualität stark vernachlässigt, wichtig war es nur, die größtmögliche Menge

zu erzielen. Kenner werden froh darüber sein, dass man sich nun wieder der alten Werte besinnt. Ein amtliches Qualitätssiegel, wie in vielen Ländern üblich, vermisst man allerdings. Hilfreich sind die Bezeichnungen **vrhunsko vino** (Premiumwein) in Verbindung mit einem goldenen Etikett sowie **vostno vino** (Qualitätswein) mit einem silbernen Etikett und schließlich **namizno vino** (Tafelwein) mit einem bronzefarbenen Aufkleber. Hat man ein solches Fläschchen vor sich stehen, so ist man jedenfalls auf der guten Seite!
Ausgeschenkt bzw. verrechnet wird der Wein häufig in Stufen von je 0,1 Liter. Die bei uns gewohnte Bemessung in Achtel oder Viertel ist hingegen kaum üblich.
Aus dem Weinbaugebiet an der Drau (Drava) stammen Weißweine wie z.B. der Rheinriesling (renski rizling), der Grauburgunder (sivi pinot) und der Traminer (tramince). Aus den Rebgärten der Sava-Region, in der Rot- und Weißweine produziert werden, kommt ein leichter Roter - der Cviček. METLIKA ist die Heimat des samtigen Črnina. Im milden Klima der Küste reifen die Trauben für den berühmten Rotwein Teran und für den Malvazija, einen trockenen Weißen, der wunderbar mit Fisch harmoniert.
Insgesamt 20 Routen führen durch die Weinbaugebiete. Freilich kann man diese Straßen mit dem WOMO erforschen, nimmt man dazu jedoch das Fahrrad, so kann man unterwegs auch der einen oder anderen Weinprobe frönen. Die Slovenian Wine Map, erhältlich (zumindest) in slowenischen Buchhandlungen, hilft Ihnen den rechten Weg zu finden.
Falls Sie mehr zum Thema Wein erfahren wollen, dann wenden Sie sich bitte an die:

Slowenische Weinakademie
Grajska Ulica
2 2250 Ptuj
Tel.: + 386 62 77 91 98,
Fax: + 386 06 27 79 00 9
Internet: sva-veitas@svaveritas.si

Zoll

Seit dem 1. Mai 2004 ist Slowenien Mitglied der Europäischen Union. Innerhalb der EU-Länder dürfen abgabenfrei ein- bzw. ausgeführt werden:

10 Liter .... Spirituosen

20 Liter .... sogenannte Zwischenerzeugnisse (Likörwein, Wermutwein, Mixgetränke usw.)

90 Liter .... Wein (anteilig höchstens 60 Liter Schaumwein)

110 Liter .... Bier

10 kg .... Kaffee

800 .... Zigaretten

200 .... Zigarren

1 kg .... Rauchtabak

Desweiteren dürfen Sie die Grenze mit vollem Tank und Reservesprit bis maximal 20 Liter passieren. Im Reservekanister muss sich zwingend der vom Fahrzeug benötigte Sprit befinden - also Diesel zu Diesel bzw. Benzin zu Benzin! Erlaubt ist aber nur <u>ein</u> Behältnis, also nicht z.B. vier Kanister a fünf Liter!

Zweitbatterie

Die Zweitbatterie ist im WOMO so wichtig wie die Starterbatterie. Schließlich wollen Sie ja auch einmal ein paar Tage an einem wunderbaren Plätzchen stehenbleiben, abends lesen, morgens die Wasserpumpe in Anspruch nehmen und mittags mittels Gebläse ein bisschen Frischluft in den Wohnraum bringen.

<u>Diverse Tipps:</u>
Die Ansprüche, die an Starter- und Zweitbatterie gestellt werden, sind unterschiedlich. Die Starterbatterie muss kurzzeitig einen hohen Strom für den Anlasser verkraften können und wird gleich darauf wieder aufgeladen. Die Bordbatterie soll vor allem über einen langen Zeitraum die Versorgung der Verbraucher im Wohnbereich sicherstellen, auch wenn sie dabei nicht ständig nachgeladen wird. Mittlerweile sind die Batteriehersteller dieser Forderung nachgekommen und haben spezielle Freizeitbatterien entwickelt. Sie unterscheiden sich rein äußerlich von den Starterbatterien dadurch, dass der sogenannte Kälteprüfstrom (z.B. 395 A, nicht zu verwechseln mit der Kapazität in Ah), auf dem Etikett nicht angegeben ist. Meist stehen auch noch irgendwo die Bezeichnungen „Freizeit", „Sport" oder „Solar".
Mehrere Firmen bieten auch Batterien an, die mit einer Gel-Technologie arbeiten. Die Vorteile bestehen darin, dass keine Flüssigkeit in den Akkus vorhanden ist. Sie sind gasungsarm und können zur Not auch auf dem Kopf stehend betrieben werden. Sogar tiefentladene Batterien können Sie wieder aufladen. Ein deutliches Plus bedeutet auch die längere Haltbarkeit.
Sie haben jedoch auch einen entscheidenden Nachteil: Schauen Sie sich mal die Preise an!
Wenn Sie sich für herkömmliche Akkus entscheiden, können Sie getrost auf das nächste Sonderangebot im Baumarkt warten. Kaufen Sie den preiswertesten Akku, der mindestens 60 Ah Kapazität hat. Schlimmstenfalls wiederholen Sie das in zwei Jahren. Wahrscheinlich kommen Sie mit dieser Methode billiger über die Runden.
Ihre Zweitbatterie erfüllt ihren Zweck nicht, wenn Sie kein Trennrelais zwischen beide Akkus geschaltet haben.

Zum Schluss:
In eigener Sache-oder der Sache aller!?

Urlaub mit dem Wohnmobil ist etwas ganz besonderes. Man kann die Freiheit genießen, ist ungebunden, dennoch immer zu Hause, lebt mitten in der Natur - wo man für sein Verhalten völlig selbst verantwortlich ist!

Seit über 30 Jahren geben wir Ihnen mit unseren Reiseführern eine Anleitung für diese Art Urlaub mit auf den Weg. Außer den umfangreich recherchierten Touren haben wir viele Tipps allgemeiner Art zusammengestellt, unter ihnen auch solche, die einen WOMO-Urlauber eigentlich selbstverständlich sein sollten. Weil wir als Wohnmobiler die Natur in ihrer ganzen Schönheit und Vielfalt hautnah erleben dürfen, haben wir auch besondere Pflichten ihr gegenüber, die wir nicht auf andere abwälzen können.

Jährlich erhalten wir viele Zuschriften, Grüße von Lesern, die mit unseren Reiseführern einen schönen Urlaub verbracht haben und sich herzlich bei uns bedanken. Wir erhalten Hinweise über Veränderungen an den beschriebenen Touren, die von uns bei der Aktualisierung der Reiseführer Berücksichtigung finden.

Aber: Wir erhalten auch Zuschriften über das Verhalten von Wohnmobilurlaubern, die sich egoistisch, rücksichts- und verantwortungslos der Natur und ihren Mitmenschen - nachfolgenden Urlaubern und Einheimischen - gegenüber verhalten.

In diesen Briefen geht es um die Themen Müllbeseitigung, Abwasser- und Toilettenentsorgung. Es soll immer noch Wohnmobilurlauber geben, die ihre Campingtoilette nicht benutzen, dafür lieber den nächsten Busch mit Häufchen und Toilettenpapier „schmücken", die den Abwassertank nicht als Tank benutzen, sondern das Abwasser unter das WOMO laufen lassen, die ihren Müll neben dem Wohnmobil liegenlassen und davondüsen, alles frei nach dem Motto: „Nach mir die Sintflut!"

Liebe Leser!

Wir möchten Sie im Namen der gesamten WOMO-Familie bitten:
Helfen Sie aktiv mit, diese Schweinereien zu unterbinden!
Jeder Wohnmobilurlauber trägt eine große Verantwortung, und sein Verhalten muss dieser Verantwortung gerecht werden. Bestimmt hat mancher, dem Sie auf Ihrer Tour begegnen und der sich unwürdig verhält, das gleiche Büchlein in der Hand wie Sie. Er weiß zumindest jetzt, worum es geht. Sprechen Sie ihn an und weisen Sie ihn auf sein Fehlverhalten hin.

Der nächste freut sich, wenn er den Stellplatz sauber vorfindet, denn auch er hat sich seinen Urlaub verdient!

Vor allem aber: Wir erhöhen damit die Chance, dass uns unsere über alles geliebte Wohnmobil-Freiheit noch lange erhalten bleibt. Helfen Sie mit, den Ruf der Sippe zu retten! Verhindern Sie, dass einzelne ihn noch weiter in den Schmutz ziehen!

Wir danken Ihnen im Namen aller WOMO-Freunde

Ihr WOMO-Verlag

Packliste

Brieftasche/Handtasche/Geheimfach
Pässe, Personal-, Kinderausweis (gültig!)
Führerscheine, Vollmacht
Grüne Karte (gültig!)
KFZ-Schein
Impfbücher/Impfpass Haustier
Fotokopien aller dieser Papiere
Bargeld/Brustbeutel
Devisen/Reiseschecks
Euroscheckkarte
Kreditkarte (z.B. Visa)
Auslandskrankenscheine
Zusatzversicherungen/Schutzbrief
Vignette

Wohnmobilhaushalt
Wecker
Einkaufstasche groß
Kaffee-, Teekanne
Filtertüten/Filter
Geschirr/Gläser
Brotzeitbrettchen/Bestecke
Brotmesser/Kartoffelschäler
Schöpflöffel/Schneebesen
Töpfe/Dampftopf
Pfannen/Sieb
Topflappen
Butterdose/Plastikdöschen mit Deckel
Flaschentrage
Thermoskanne
Eierbehälter
Küchenpapier/Alufolie
Nähzeug/Schere
Klebstoff/Klebeband
Wäscheleine/Klammern
Waschpulver
Plastikschüssel
Abtreter
Schuhputzzeug
Kabeltrommel
Verbindungskabel CEE-Schuko
Stecker (Ausland)
Doppelstecker
Gasflaschen (voll?)
Handfeger/Kehrschaufel
Putzlappen
Klappspaten
Hammer/Nägel/Axt
Zündhölzer/Feuerzeug
Gasanzünder
Taschenlampen
Kerzen
Petroleumlampe/Petroleum
Ersatzbirnen 12 V/230 V
Ersatzsicherungen für jedes Gerät
Ersatzwasserpumpe
5 m passender Wasserschlauch
Feuerlöscher
Insektenspray/Insektenlampe
Moskitogaze für Fenster und Tür
Toilette/Klopapier
Toilettenchemikalien (oder Schmierseife)
Dosen-, Flaschenöffner, Korkenzieher
Spülmittel/Bürste
Scheuerpulver
Geschirrtücher
Leim/5 m Schnur
5 m Schwachstromkabel zweiadrig
Wasserschlauch mit Passstück
für verschiedene Wasserhähne
Trichter
Wasserentkeimungsmittel
Müllbeutel

Reiseapotheke
Mittel gegen Seekrankheit
Soventol (lindert Insektenstiche usw.)
Husten-, Schnupfenmittel
Fieberzäpfchen
Kohletabletten
Mittel gegen Durchfall
Mittel gegen Verstopfung
Mittel gegen Kopfschmerzen
Nasen-, Ohrentropfen
Halsschmerztabletten
Wundsalbe/Brandsalbe
Wunddesinfektionsmittel (Merfen-Orange)
Sprühpflaster
Elastikbinden
Salbe gegen Prellungen
Fieberthermometer
Pinzette
Autoverbandskasten o.k.?
Persönliche Medikamente

Auto
Allgemeines Wohnmobil-Handbuch
Bedienungsanleitungen
Bordbuch/Wörterbücher
Reiseführer/Campingführer
Straßenkarten/Autoatlas
Auffahrkeile/Stützböcke
Wasserwaage
D-Schild
Kundendienst gemacht?
Ersatzteilset von der Werkstatt?
Pannenausrüstung komplett?
Reservekanister voll?
1-2 Liter Reserveöl
Reserverad Luftdruck o.k.?
Abschleppstange, ausprobiert?
Passender Wagenheber ausprobiert?
Luftpumpe
Warndreieck, Warnweste
Arbeitshandschuhe
Werkzeugkoffer komplett?
Kundendienst-Stellenverzeichnis neu?

Kleidung
Unterwäsche
Socken/Strümpfe
Hemden/Blusen
Schuhe/Sandalen
Hausschuhe
T-Shirts/Shorts
Hosen/Jeans
Kleider/Röcke
Pullover/Jacken/Stola
Anoraks/Windjacken
Sonnenhüte/Kopftücher
Nachthemden/Schlafanzüge
Bikinis/Badehosen
Wanderstiefel
Sonnenbrille/Ersatzbrille

_____

_____

Campingartikel
Stühle/Tisch/Liegestühle
Liegematten/Hängematten
Markise/Sonnenschirme
Sonnensegel/Stangen/Häringe/Leinen
Grill/Grillzange/Holzkohle
WOMO-Pfannenknecht

_____

_____

Unterhaltung
Handy/Autoladekabel
KW-Radio
Schreibzeug/Adressbuch
Handarbeitszeug
Kinderspielzeug
Malutensilien
Bücher/Spiele
Kassettenrekorder/Kassetten
CD-Player/CDs
Taucherbrillen
Wasserball/Fußball/Wurfringe
Frisby/Indiaca usw.
Schlauchboot/Pumpe/Ruder
Luftmatratzen
Sandspielzeug
Schwimmflügel/Schwimmreif
Surfbrett/Zubehör
Photoapparat/Filme
Videokamera/Kassetten
GPS-Gerät
Ersatzbatterien/Ladegerät für 12 V
Rucksäcke
Kartentasche
Fernglas/Kompass
Isomatten/Zelt/Kochtopfset
Feldflaschen/Taschenmesser/Angelzeug
SOS-Kettchen (vor allem für Kinder)
Mitbringsel für evtl. Einladungen

_____

_____

Lebensmittel
Getränke (Limo, Bier, Wein)
H-Milch/Dosenmilch/Coffeemate
Milchpulver/Limopulver/Zitronenteepulver
Wurst-, Fischdosen
Fertiggerichte/Beutelsuppen
Tee/Kaba/Kaffee
Müsli
Butter/Margarine
Brot/Dosenbrot
Reis/Nudeln/Gries
Kartoffelbrei/Mehl
Babykost
Puddingpulver
Schokolade/Bonbons/Kaugummi
Marmelade/Nutella
Bratfett/Öl/Essig
Mayonaise/Senf
Zwiebeln
Gewürze
Ketchup/Maggi/Salz
Zucker/Süßstoff
Kartoffeln
Eier
Zwieback/Salzstangen

_____

_____

Wäsche/Toilettenartikel
Schlafsäcke, Bettwäsche, Kopfkissen
Laken (Spannlaken)
Hand-, Badetücher, Waschlappen
Geschirrtücher
Tempo/Taschentücher
Kämme/Bürsten
Haarfestiger/Lockenwickel/Haarspangen
12 V-, Akku- oder Nassrasierer
Nageletui/Hygieneartikel
Empfängnisverhütungsmittel
Windeln/Creme/Babycreme
Seife/Rei in der Tube
Sonnencreme, -öl
Fettstift (Labello)
Zahnbürsten/Zahnpasta
Autan gegen Mücken
Ohropax gegen Lärm

_____

_____

Nicht vergessen!
Post/Zeitung abbestellen
Offene Rechnungen bezahlen
Haustier abgeben
Blumen versorgen
Mülleimer leeren
Kühlschrank abstellen?
Antennen herausziehen
Wasch-, Spülmaschine, Bügeleisen aus?
Wasser, Gas, Heizung, Boiler abgestellt?
Rolläden schließen
Haustür verschließen
Nachbarn/Verwandte benachrichtigen:
Reiseroute, Autokennzeichen mitteilen,
Reserveschlüssel abgeben

_____

_____

Stichwortverzeichnis

Crni vrh 118
Črnomelj 189
Cube 144

A
Adelsberger Grotte 196
(Postojna Jama)
Ajdovščina 232
Ankaran 216
Antonijev Rov 224
(Antonius Stollen)
Arboretum Volcjipotok 62
(Park nahe Kamnik)

B
Banovci 140
Baza 20 182
Begunje 43
Bistrica 45
Bled 25
Bleder See 25
Bloška Polica 193
Bogensperk (Burg) 94
Bohinjska Bistrica 30
Bohinjsko See 31
Bovec 240
Brežice 167
Brezje 42
Brezno 120
Brezovica 167

C
Čatež 168
Celje 83
Cerknica 193/195
Cerknisko Jezero 195
Cerkno 225
Colnarna 86
Crnikal 217

D
Dobrna 104
Dobrovnik 136
Dobrovo 236
Dolenjci 189
Dolenje Jezero 195
Dolenjske Toplice 101/181
Dolga Gora 156
Domžale 61
Dornava 146
Dovje 29
Drava-Tal 115
Dravograd 115
Dreierbrücke 54
Dvor 101

F
Filovci 134
Franja 225
(Partisanenspital)
Frankolovo 103

G
Godovič 222
Golobinjek 166
Gorenje Jezero 195
Gornja Radgona 128
Gornji Grad 70
Gozd Martuljek 20

H
Hrastovlje 207
(Wehrkirche)

I
Idr. Bela	222
Idrija	223
Imeno	166
Ivančna Gorica	96
Izakovci	138
Izola	212

J
Jama pekel	82
Jasna See	18
Jeruzalem	142
Jesenice	24

K
Kamen (Burg)	44
Kamnik	64
Kamnisker Alpen	66
Kanal	237
Kobarid	237
Kobilje	136
Kočevje	192
Koper	214
Kostanjevica	172
Kostanjevica (Höhle)	174
Kozina	206/217
Kozje	166
Kranj	47
Kranjska Gora	17
Krapje	144
Krka	99
Krka Tal	99
Kromberk	233
Kropa	46
Krško	161

L
Lahinja Park	190
Laško	158
Lenart	128
Lendava	136
Lesce	25/40
Lipica	218
Litja	94
Ljubljana	52
Ljubno	71
Ljutomer	142
Logarska Dolina	71/73
Log Pod Mangartom	242
Lokev	218
Lomanoše	128
Lož	193
Luče	72/74

M
Majšperk	151
Maribor	122
Maribor (Lent)	122
Martjanci	132
Melinci	138
Metlika	185
Mežica (Bergbaumuseum)	114
Mislinja	110
Mislinja Tal	111
Mojstrana	21
Moravske Toplice	132
Moskanjci	146
Most na Soči	227
Motvarjevci	136
Mozirje	79
Mozirski gaj	79
Murska Sobota	130
Muta	117

N
Nazarje	77
Nedelja	145
Nedelja (Schloss)	145

Nova Gorica	234
Novo Mesto	178

O

Ožbalt	120
Okonina	77
Olimje	169
Ormož	145
Otočec	176
Otok	188
Otok Ljublzui	138

P

Piran	209
Pivka	203
Pivka Jama	199
Planica	15
Planina	221
Pleterje (Kloster)	175
Podčetrtek	161
Podhom	29
Podkoren	15
Podplat	156
Podsreda	166
Podturn	182
Podvelka	119
Podzemelj	188
Pohorje Gebirge	118
Portorož	208
Prebold	81/93
Predjamski Grad	199
Prevalje	114
Primostek	188
Ptuj	146
Ptuj (Burg)	148
Ptujska Gora	151
Pudob	195
Pusti Gradac	190
Postojna	196
Postojna Jama	196

R

Radenci	129
Radlje	117
Radmirje	71
Radohova	96
Radovljica	40
Radvanje	120
Ravne na Korošnem	114
Razdrto	219
Razkrižje	144
Rateče	15
Rečica	77
Ribčev Laz	31
Ribnica	118
Ribnica	193
Rimska Nekropola	82
Rimske Toplice	159
Rogaska Slatina	154
Rogatec	152
Rogla	90
Rogovilc	73
Rosalnice	187

S

Sava Bohinjka Tal	30
Sava Dolinka Tal	21
Sava Tal	94
Savinja Tal	158
Selnica ob Dravi	120
Selo	134
Šempas	233
Šempeter	82
Senožeče	206
Sentjernej	175
Sevnica	160
Sežana	219
Škocjan	205
Škocjanske Jama	204
Škofja Loka	49
Škoflje	203
Sladka Gora	156

Slap Boka	240	Trbovlje	93
Slap Rinka	75	Trenta	244
Slap Pericnik	22	Triglav	22/31
Slap Sarvica	33	Tržič	46
Slovenje Gradec	111		
Smarješke Toplice	178		
Šmartinsko See	86	**U**	
Šmartno (am See)	86	Ukanc	33
Šmartno	94	Unec	196
Šmartno (bei Nova Gorica)	236		
Smarje	208	**V**	
Smiednik	51	Velenje	105
Snežna Jama	75	Velenje (Burg)	106
Snežnik (Schloss)	193	Velenje (Bergbaumuseum)	107
Snovik Therme	66		
Sobrače	96	Velika Planina	67
Soča	244	Veliki Nerajec	189
Socerb	217	Verzej	139
Sodražica	193	Vilenica	218
Solčava	73	Vinica	189
Soštanj	109	Vipava	232
Sotesca	101	Vipava Tal	232
Spednja Vas	39	Vipavski Kriz	233
Stahovica	66	Vojnik	86
Stanjel	230	Vrata Tal	21
Stara Fužina	37	Vršič Pass	246
Stična	96	Vuhred	118
Stranje	66		
Straža	225		
Strunjan	211	**W**	
Studeno	221	Wurzenpass	13
Studor	38		
Suhor	185		
Sveti Gora	235	**Z**	
Svetinje	142	Zbilje	51
		Zerovnica	195
		Žiče	157
T		Zidani Most	159
Tešnovci	134	Zlatorog	18
Tolmin	228	Zreče	88
Topolsiča	109	Žužemberg	100

Der WOMO®-Knackerschreck

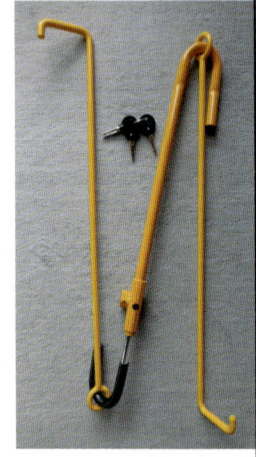

* ist die universelle und **sofort sichtbare Einbruchssperre**.
* Wird einfach in die beiden Türarmlehnen eingehängt, zusammengeschoben und abgeschlossen.
* Passend für Ducato, Peugeot, Renault Master, MB Sprinter und VW (alle Typen).
* Krallen aus 10 mm massivem, einbrennlackiertem Stahl, d. h. nahezu unverwüstlich.

Nur 54,90 € – und nur bei WOMO!

Der WOMO®-Aufkleber

* passt mit 14 cm Breite auch auf Ihr Wohnmobil.
* ist das weit sichtbare Symbol für alle WOMO-Freunde.

0,00 € – und nur bei WOMO!

Der WOMO®-Leserservice

Passend zu unseren Reiseführern bieten wir in unserem Online-Buchshop unter **www.womo.de** an:

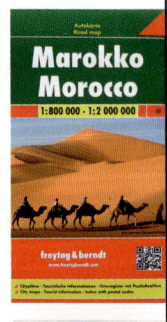

* Die besten **Autokarten** von Michelin, Freytag & Berndt, Reise-know-how, die garantiert die komplette Reiseroute abdecken.
* Die Kauderwelsch-**Wörterbücher** für jede Sprache unserer Reiseländer.
* Von jedem Reiseland mindestens einen Rother-**Wanderführer** über die schönsten Wanderregionen.
* Eine **GPS-CD** für jeden Reiseführer mit allen Koordinaten zur schnellen Übertragung auf Ihr Navi (Garmin, TomTom, Falk).

Info-Blatt aus dem WOMO-Buch: Slowenien '17
(komplett ausgefüllt erhalte ich 10% Info-Honorar auf Bestellungen direkt beim Verlag)

Lokalität: _____ **Seite:** _____ **Datum:** _____
(Stellplatz, Campingplatz, Wandertour, Gaststätte, usw.)
○ unverändert ○ gesperrt/geschlossen ○ folgende Änderungen:

_____

Lokalität: _____ **Seite:** _____ **Datum:** _____
(Stellplatz, Campingplatz, Wandertour, Gaststätte, usw.)
○ unverändert ○ gesperrt/geschlossen ○ folgende Änderungen:

_____

Lokalität: _____ **Seite:** _____ **Datum:** _____
(Stellplatz, Campingplatz, Wandertour, Gaststätte, usw.)
○ unverändert ○ gesperrt/geschlossen ○ folgende Änderungen:

_____

Lokalität: _____ **Seite:** _____ **Datum:** _____
(Stellplatz, Campingplatz, Wandertour, Gaststätte, usw.)
○ unverändert ○ gesperrt/geschlossen ○ folgende Änderungen:

_____

Lokalität: _____ **Seite:** _____ **Datum:** _____
(Stellplatz, Campingplatz, Wandertour, Gaststätte, usw.)
○ unverändert ○ gesperrt/geschlossen ○ folgende Änderungen:

_____

Lokalität: _____ **Seite:** _____ **Datum:** _____
(Stellplatz, Campingplatz, Wandertour, Gaststätte, usw.)
○ unverändert ○ gesperrt/geschlossen ○ folgende Änderungen:

_____

Meine Adresse und Tel.-Nummer:
(nur <u>komplett</u> ausgefüllte, <u>zeitnah</u> eingesandte Infoblätter können berücksichtigt werden)

_____
_____

Info-Blatt aus dem WOMO-Buch: Slowenien '17
(komplett ausgefüllt erhalte ich 10% Info-Honorar auf Bestellungen direkt beim Verlag)

Lokalität: **Seite:**   **Datum:**
(Stellplatz, Campingplatz, Wandertour, Gaststätte, usw.)

○ unverändert   ○ gesperrt/geschlossen   ○ folgende Änderungen:

Lokalität: **Seite:**   **Datum:**
(Stellplatz, Campingplatz, Wandertour, Gaststätte, usw.)

○ unverändert   ○ gesperrt/geschlossen   ○ folgende Änderungen:

Lokalität: **Seite:**   **Datum:**
(Stellplatz, Campingplatz, Wandertour, Gaststätte, usw.)

○ unverändert   ○ gesperrt/geschlossen   ○ folgende Änderungen:

Lokalität: **Seite:**   **Datum:**
(Stellplatz, Campingplatz, Wandertour, Gaststätte, usw.)

○ unverändert   ○ gesperrt/geschlossen   ○ folgende Änderungen:

Lokalität: **Seite:**   **Datum:**
(Stellplatz, Campingplatz, Wandertour, Gaststätte, usw.)

○ unverändert   ○ gesperrt/geschlossen   ○ folgende Änderungen:

Lokalität: **Seite:**   **Datum:**
(Stellplatz, Campingplatz, Wandertour, Gaststätte, usw.)

○ unverändert   ○ gesperrt/geschlossen   ○ folgende Änderungen:

Meine sonstigen Tipps und Verbesserungswünsche:

Wir bestellen zur sofortigen Lieferung:
(Alle Preise in € [D], Preisänderungen vorbehalten)

- ☐ Wohnmobil Handbuch .... 19,90 €
- ☐ Wohnmobil Kochbuch .... 12,90 €
- ☐ Albanien .... 19,90 €
- ☐ Allgäu .... 17,90 €
- ☐ Auvergne .... 19,90 €
- ☐ Baltikum .... 20,90 €
- ☐ Bayern (Nordost) .... 19,90 €
- ☐ Bayern (Südost) .... 19,90 €
- ☐ Belgien & Luxemburg .... 19,90 €
- ☐ Bretagne .... 18,90 €
- ☐ Burgund .... 17,90 €
- ☐ Dänemark .... 19,90 €
- ☐ Elsass .... 19,90 €
- ☐ England (Süden) .... 19,90 €
- ☐ Finnland .... 19,90 €
- ☐ Franz. Atlantikküste (Nord) .... 19,90 €
- ☐ Franz. Atlantikküste (Süd) .... 17,90 €
- ☐ Franz. Jura .... 19,90 €
- ☐ Griechenland .... 19,90 €
- ☐ Hessen (Norden + Osten) .... 19,90 €
- ☐ Hessen (Mitte + Süden) .... 19,90 €
- ☐ Hunsrück/Mosel/Eifel .... 19,90 €
- ☐ Irland .... 19,90 €
- ☐ Korsika .... 18,90 €
- ☐ Kroatien/Montenegro .... 19,90 €
- ☐ Latium/Rom/Abruzzen .... 18,90 €
- ☐ Ligurien .... 17,90 €
- ☐ Loire-Tal/Paris .... 17,90 €
- ☐ Languedoc/Roussillon .... 19,90 €
- ☐ Marokko .... 19,90 €
- ☐ Mecklenburg-Vorpommern (Ost) .. 18,90 €
- ☐ Mecklenburg-Vorpommern (West) .. 18,90 €
- ☐ Namibia .... 19,90 €
- ☐ Neuseeland .... 24,90 €
- ☐ Niederlande .... 19,90 €
- ☐ Nord-Frankreich .... 18,90 €
- ☐ Normandie .... 19,90 €
- ☐ Norwegen (Nord) .... 19,90 €
- ☐ Norwegen (Süd) .... 19,90 €
- ☐ Österreich (Ost) .... 19,90 €
- ☐ Österreich (West) .... 18,90 €
- ☐ Ostfriesland .... 20,90 €
- ☐ Peloponnes .... 18,90 €
- ☐ Pfalz .... 19,90 €
- ☐ Piemont/Aosta-Tal .... 19,90 €
- ☐ Polen (Nord/Masuren) .... 19,90 €
- ☐ Polen (Süd/Schlesien) .... 17,90 €
- ☐ Portugal .... 19,90 €
- ☐ Provence & Côte d'Azur (Ost) .. 19,90 €
- ☐ Provence & Côte d'Azur (West) .. 19,90 €
- ☐ Rumänien .... 19,90 €
- ☐ Pyrenäen .... 19,90 €
- ☐ Sachsen .... 18,90 €
- ☐ Sardinien .... 17,90 €
- ☐ Schleswig-Holstein .... 19,90 €
- ☐ Schottland .... 18,90 €
- ☐ Schwarzwald .... 17,90 €
- ☐ Schweden (Nord) .... 18,90 €
- ☐ Schweden (Süd) .... 18,90 €
- ☐ Schweiz (Ost) .... 19,90 €
- ☐ Schweiz (West) .... 19,90 €
- ☐ Sizilien .... 18,90 €
- ☐ Slowenien .... 18,90 €
- ☐ Spanien (Nord/Atlantik) .... 19,90 €
- ☐ Spanien (Ost/Katalonien) .... 18,90 €
- ☐ Spanien (Süd/Andalusien) .... 18,90 €
- ☐ Südafrika (Krüger NP) .... 24,90 €
- ☐ Süditalien (Osthälfte) .... 19,90 €
- ☐ Süditalien (Westhälfte) .... 19,90 €
- ☐ Süd-Tirol .... 18,90 €
- ☐ Thüringen .... 19,90 €
- ☐ Toskana & Elba .... 20,90 €
- ☐ Trentino/Gardasee .... 18,90 €
- ☐ Tschechien .... 18,90 €
- ☐ Tunesien .... 17,90 €
- ☐ Türkei (West) .... 18,90 €
- ☐ Türkei (Mitte-Kappadokien) ...... 17,90 €
- ☐ Umbrien & Marken mit Adria .... 18,90 €
- ☐ Ungarn .... 17,90 €
- ☐ Venetien/Friaul .... 19,90 €
- ☐ Wales .... 18,90 €